JAMES RICKARDS

MONEY GPT

JAMES RICKARDS

MONEY GPT

Wie KI die globale Wirtschaft
und die nationale Sicherheit bedroht

FBV

Bibliografische Information der Deutschen Nationalbibliothek:
Die Deutsche Nationalbibliothek verzeichnet diese Publikation in der Deutschen Nationalbibliografie. Detaillierte bibliografische Daten sind im Internet über https://dnb.de abrufbar.

Für Fragen und Anregungen:
info@m-vg.de

Wichtiger Hinweis
Ausschließlich zum Zweck der besseren Lesbarkeit wurde auf eine genderspezifische Schreibweise sowie eine Mehrfachbezeichnung verzichtet. Alle personenbezogenen Bezeichnungen sind somit geschlechtsneutral zu verstehen.

1. Auflage 2025
© 2025 by Finanzbuch Verlag, ein Imprint der Münchner Verlagsgruppe GmbH
Türkenstraße 89
80799 München
Tel.: 089 651285-0

Die englische Originalausgabe erschien 2024 bei Portfolio/Penguin unter dem Titel *MoneyGPT: AI and the threat to the global economy*. © 2024 by James Rickards. All rights reserved.

Alle Rechte, insbesondere das Recht der Vervielfältigung und Verbreitung sowie der Übersetzung, vorbehalten. Kein Teil des Werkes darf in irgendeiner Form (durch Fotokopie, Mikrofilm oder ein anderes Verfahren) ohne schriftliche Genehmigung des Verlages reproduziert oder unter Verwendung elektronischer Systeme gespeichert, verarbeitet, vervielfältigt oder verbreitet werden. Wir behalten uns die Nutzung unserer Inhalte für Text und Data Mining im Sinne von § 44b UrhG ausdrücklich vor.

Übersetzung: Karsten Petersen
Redaktion: Ulrich Wille
Umschlaggestaltung: Karina Braun
Umschlagabbildung: Adobe Stock/the7dew, Vector Tradition, Andrii A
Satz: abavo GmbH, Buchloe
Druck: GGP Media GmbH, Pößneck
Printed in the EU

ISBN Print 978-3-95972-812-6
ISBN E-Book (EPUB, Mobi) 978-3-98609-202-3

Weitere Informationen zum Verlag finden Sie unter

www.finanzbuchverlag.de

Beachten Sie auch unsere weiteren Verlage unter www.m-vg.de.

Zum Gedenken an meine Eltern,
Richard und Sarah,
in Liebe und einer Schuld, die ich nie zurückzahlen kann

Inhalt

Einführung 9

So enden Märkte 23

Der Banking-Mythos 67

Moneyness 97

Nationale Unsicherheit 125

Zukünftiges Versagen 159

Schlussbemerkung 187

Danksagung 205

Ausgewählte Quellen 207

Anmerkungen 229

Register 235

Wenn es Abend wird, sagt ihr: Es kommt schönes Wetter; denn der Himmel ist feuerrot. Und am Morgen sagt ihr: Heute kommt schlechtes Wetter, denn der Himmel ist feuerrot und trübt sich ein. Das Aussehen des Himmels wisst ihr zu beurteilen, die Zeichen der Zeit aber könnt ihr nicht beurteilen.

Matthäus 18,:2-3

EINFÜHRUNG

Das Wissen ist in der Form einer für die Produktionspotenz unentbehrlichen informationellen Ware zunehmend ein bedeutender, ja vielleicht der wichtigste Einsatz im weltweiten Konkurrenzkampf um die Macht. Es ist denkbar, daß die Nationalstaaten in Zukunft ebenso um die Beherrschung von Informationen kämpfen werden, wie sie um die Beherrschung der Territorien und dann um die Verfügung von und Ausbeutung der Rohstoffe und billigen Arbeitskräfte einander bekämpft haben. So findet sich ein neues Feld für industrielle und kommerzielle sowie militärische und politische Strategien eröffnet.

Jean-François Lyotard, *Das postmoderne Wissen: Ein Bericht* (1979/1994)[1]

Seit den 1950er-Jahren entwickelt sich künstliche Intelligenz (KI), allerdings mit uralten Vorläufern und fiktionalen Vorboten, etwa Mary Shelleys *Frankenstein*. Dagegen ist die GPT-Technologie (kurz für »generative pre-trained transformer«) eine echte Innovation. Im Laufe der Jahre 2017 bis 2022 tauchte sie still und leise in Apps wie GPT-2 und GPT-3 von OpenAI auf. Aber dann brach sie plötzlich wie eine Supernova über die Szene herein, als OpenAI am 30. November 2022 die App »ChatGPT« veröffentlichte, einen frei zugänglichen Chatbot. Die auf dem neuen Sprachmodell GPT-4 basierende App hatte innerhalb von zwei Monaten 100 Millionen User. Die App, die am zweitschnellsten die Marke von 100 Millionen Nutzern erreichte, war TikTok, das neun Monate brauchte, um das zu schaffen.

EINFÜHRUNG

Instagram, die App, die am drittschnellsten von den Usern angenommen wurde, brauchte dafür 30 Monate. Der GPT-4-Chatbot ist also nicht nur eine neuartige Technologie, sondern wurde auch in atemberaubender Geschwindigkeit vom Publikum angenommen. Der intellektuelle Durchbruch, der die Tür für GPT-Anwendungen öffnete, war der 2017 erschienene Aufsatz »Attention Is All You Need« von Ashish Vaswani und Kollegen. Darin schlugen die Autoren eine neue Netzwerkarchitektur vor, die sie »The Transformer« nannten und die in der Lage ist, die für das Generieren von Text erforderlichen Wortassoziationen parallel zu verarbeiten, anstatt wie zuvor auf rekurrente Pfade durch neuronale Netze angewiesen zu sein. Im Klartext bedeutet das, dass der Transformer zahlreiche Wortassoziationen auf einmal betrachtet, nicht eine nach der anderen. Das Wort »Attention« (»Aufmerksamkeit«) im Titel des Aufsatzes bezieht sich auf die Tatsache, dass das Modell aus seinem Trainingsmaterial lernen und ohne starre Regeln eigenständig sinnvolle Wortfolgen produzieren kann. Bei gleicher Rechenleistung schafft das Modell in kürzerer Zeit mehr Arbeit. Dann wurde der Transformer mit bereits vorhandenen Technologien kombiniert, mit Natural Language Processing (NLP, Verarbeitung natürlicher Sprache), maschinellem Lernen und Deep Learning (maschinellem Lernen mithilfe von tiefer liegenden Ebenen des neuronalen Netzes, die Input für höhere Ebenen liefern). Plötzlich war das Generieren grammatisch korrekter Texte als Antwort auf in natürlicher Sprache gestellte Fragen in Reichweite.

Die Fortschritte von GPT-1 (2018) zu GPT-2 (2019) und GPT-3 (2020) wurden hauptsächlich dadurch erreicht, dass die Zahl der Parameter – der Elemente, die ein System definieren –, die das Modell verwenden kann, und die Größe der Large Language Models (LLM, »große Sprachmodelle«) – der Textmenge, mit der das Modell trainieren kann – erhöht wurden. GPT-1 hatte 117 Millionen Parameter. GPT-2 hatte 1,5 Milliarden Parameter. GPT-3 hatte 175 Milliarden Parameter. GPT-4 hat schätzungsweise 1,7 Billionen Parameter und ist damit tausendmal größer als GPT-3.

EINFÜHRUNG

Parallel zu dieser exponentiellen Ausweitung der Parametermenge kam es zu einer ebenso großen Expansion des Volumens der Trainingsmaterialien. GPT-3 und GPT-4 hatten über einen Datenbestand, der von einer Organisation namens »Common Crawl« zusammengetragen worden war, Zugriff auf das gesamte Internet (etwa 45 Terabyte in einem 2019 erfassten Sample). Dieses Volumen war so gewaltig, dass es auf eine nützlichere Größe von etwa 570 Gigabyte zurechtgestutzt werden musste. Das Hochskalieren von Parametermenge und Trainingsset ging einher mit einem Leistungssprung bei den Grafikprozessoren (GPUs), etwa dem Nvidia B200 Blackwell, der sowohl für mathematische Berechnungen als auch für das Generieren von grafischen Darstellungen eingesetzt werden kann.

Selbst für Silicon-Valley-Verhältnisse vollzog sich die Entwicklung von GPT außerordentlich schnell und dynamisch. Die Welt der Informationstechnologie und der Mensch-Computer-Interaktion hat sich vor unseren Augen grundlegend verändert.

Dennoch lohnt es sich, darüber nachzudenken, ob GPT Inhalte produziert, die der realen Welt entsprechen. Erzeugt generative KI über bereits existierende KI-Tools hinaus – etwa Suchabfragen, Rechtschreibprüfung und Wortvorschläge beim Verfassen von Texten – einen echten Mehrwert?

Im Sommer 2023 veröffentlichte *Foreign Policy*, eine der führenden Zeitschriften für US-Außenpolitik, eine faszinierende Übung zu der Frage, ob ein GPT-4-Chatbot (in Form der Premiumversion ChatGPT Plus) in der Lage sei, ein geopolitisches Essay über den Konflikt in der Ukraine zu schreiben, und zwar unter besonderer Berücksichtigung der Annexion der Halbinsel Krim durch Russland.[2] Neben den von ChatGPT produzierten Aufsatz wurde ein zweites Essay zum selben Thema gestellt, das eine Undergraduate-Studentin verfasst hatte. Beide Texte wurden unter Weglassung der Identität des Autors veröffentlicht. Die Aufgabe bestand darin, beide Essays zu lesen und zu sehen, ob man erkennen konnte, welchen Text der Computer generiert und welchen der Mensch verfasst hatte.

EINFÜHRUNG

Ich konnte die GPT-4-Version (Essay 1) schon am ersten Satz erkennen, ohne die von dem Menschen verfasste Version (Essay 2) überhaupt gelesen zu haben. Und zwar, weil der Computer als Einleitung für Russlands Aktion ein überstrapaziertes Klischee verwendet hatte: »In dem geopolitischen Schachspiel ...«. Zudem wurde im selben Satz Russlands Angriff als »bedeutende Verschiebung der Machtdynamik« bezeichnet. Klischees haben durchaus ihren Platz – ich verwende sie manchmal selbst –, aber zwei davon im ersten Satz sind ein untrügliches Zeichen dafür, dass ein Roboter, der mit vielen Millionen Seiten geopolitischer Texte trainiert hatte, in eine literarische Sackgasse geraten war. Dagegen begann das Essay des Menschen mit diesem Satz: »Russlands Annexion der Krim, einer ehemals ukrainischen Halbinsel, war die größte Landnahme seit dem Ende des Zweiten Weltkriegs.« Nicht gerade elektrisierend, aber doch erklärend, sachlich und informativ. Keine Klischees.

Davon abgesehen war der Aufsatz des Roboters gut verständlich geschrieben, grammatisch richtig und informativ, wenn auch immer wieder Klischees wie »den Weg geebnet«, »Ansteckung« oder »Dominoeffekt« und »Machtvakuum« auftauchten. Wichtig war, dass der von dem Roboter verfasste Aufsatz logisch aufgebaut war: Er begann mit dem russischen Angriff auf die Krim, erwähnte die schwache internationale Reaktion, deutete an, dass diese schwache Reaktion Russland ermutigt haben könnte, den Konflikt auszuweiten, und kam dann zu dem Schluss, dass diese Schwäche schließlich zu dem größeren Krieg geführt habe, der heute im Gang ist. Der rote Faden war, dass jede Phase dieser Sequenz »Bestandteil eines übergeordneten Musters russischer Aggression« war.

Der Aufsatz des Menschen ging in eine ähnliche Richtung, ließ allerdings eine breitere Perspektive und differenziertere Analyse erkennen. Darin hieß es, dass Russlands Annexion der Krim »eine universelle, internationale Übereinkunft missachtete, die in der zweiten Hälfte des 20. Jahrhunderts gegolten hatte: Jedes souveräne Land hat Anspruch auf seine territoriale Integrität.« Von da an folgte die Autorin

EINFÜHRUNG

der Version des Roboters, die besagte, dass die internationale Reaktion schwach gewesen sei, diese Reaktion weitere russische Aggression gefördert habe und das Endergebnis der ausgewachsene Angriffskrieg gegen die Ukraine sei, den Russland jetzt führe. Die menschliche Autorin zeigte Sachverstand, indem sie auf die »Salamitaktik« der Russen hinwies, die darin bestand, die Donbass-Region nach und nach in kleineren Geländeabschnitten einzunehmen, bevor sie eine groß angelegte Invasion starteten. Das Essay der Studentin ließ eine fundiertere Weltsicht und bessere analytische Fähigkeiten erkennen, aber der Aufsatz des Roboters war durchaus passabel. Wollte man beide Texte nach längst vergangenen Maßstäben benoten, könnte man dem Roboter eine 3+ geben und der Studentin eine solide 2.

Keine dieser vergleichenden Anmerkungen berührt das, was an beiden Essays am interessantesten ist – nämlich in welch hohem Maße sie beide unzulänglich sind. In keinem der Essays wird George W. Bushs 2008 in Bukarest gemachte Ankündigung erwähnt, dass sowohl die Ukraine als auch Georgien »Mitglieder der NATO werden«. In keinem der Essays wird erwähnt, dass Russland nur vier Monate nach dem Bukarester Gipfel in Georgien einmarschierte, was zeigte, dass Bush und die NATO eine rote Linie überschritten hatten. Der Umstand, dass ein Teil der Ukraine östlich von Moskau liegt – einer Stadt, die seit Dschingis Khan nicht mehr vom Osten her angegriffen worden war –, wurde nicht anerkannt. Der von der Central Intelligence Agency (CIA, US-Auslandsgeheimdienst) unterstützte Volksaufstand auf dem Majdan Nesaleschnosti, dem »Platz der Unabhängigkeit«, in Kiew im Jahr 2014, mit dem der ordnungsgemäß gewählte Präsident Wiktor Janukowytsch abgesetzt wurde, war ignoriert worden. Abgesehen davon unterlässt es die menschliche Autorin, auf den Widerspruch zwischen ihrem Verweis auf die »territoriale Integrität« der Ukraine und die US-Invasion im Irak im Jahr 2003 einzugehen.

Kurzum, der Krieg in der Ukraine hat wenig mit Russlands Expansion, geopolitischen Ambitionen oder Salamitaktik zu tun. Der Krieg ist eine Reaktion auf 15 Jahre Provokationen des Westens. Wie

EINFÜHRUNG

konnten der Roboter und die Studentin die Vorgeschichte des Konflikts außer Acht lassen, die Provokation durch die USA ignorieren und die Ursachen des russischen Verhaltens falsch deuten? In Bezug auf die Studentin können wir die Mainstream-Medien verantwortlich machen. Was den Chatbot angeht, können wir das kritisieren, was GPT-Programmierer als das »Trainingsset« bezeichnen. Dabei handelt es sich um die schriftlichen Materialien, die der Chatbot online scannt und dann verwendet, um die Deep-learning-neuronalen-Netze zu befüllen, die seine Algorithmen nutzen, um Output zu generieren. Die Studentin können wir damit entschuldigen, dass sie mehr Erfahrung beim Analysieren von politischen Zusammenhängen braucht. Den Roboter brauchen wir nicht zu entschuldigen: Er hat genau das getan, wofür er programmiert wurde, und ein Essay im Stil eines menschlichen Autors verfasst. Die analytischen Unzulänglichkeiten in seinem Essay sind nicht auf den Roboter oder dessen Algorithmen zurückzuführen, sondern auf ein sehr tendenziöses Trainingsset, das auf Berichterstattung aus der *New York Times*, der *Washington Post*, von NBC News, aus der *Financial Times*, von *The Economist* und anderen führenden Nachrichtenmedien beruhte.

Der von *Foreign Policy* durchgeführte Essay-Vergleich wirft ein Schlaglicht auf die eigentliche Schwäche von GPT. Die eingesetzte Prozessorleistung ist immens. Das dem Trainingsset zugrunde liegende Textmaterial ist unvorstellbar umfangreich. Die Deep-learning-neuronalen-Netze sind gut konstruiert. Die Parallelverarbeitung im Stil des Transformers ist verbesserungsbedürftig. Sie wird auf jeden Fall besser werden, da GPT-Systeme über selbstlernende Funktionen verfügen. Wie gesagt war das Essay des Roboters grammatisch richtig und logisch aufgebaut. Das Problem bestand darin, dass der Roboter mit einer langen Reihe von Propagandatexten trainiert worden war, die von westlichen Medien stammten. Wenn ein Roboter mit Propaganda trainiert wird, reproduziert er diese Propaganda. Man sollte kein anderes Ergebnis erwarten. Das ist die eigentliche Schwäche von GPT.

Was die Zukunft bringen könnte

KI ist inzwischen etabliert und wird rapide immer besser. Die GPT, ein Zweig der KI, ist noch neu, aber sehr leistungsfähig und auch für Menschen, die mit der zugrunde liegenden Wissenschaft wenig anfangen können, leicht zugänglich. KI-Roboter wie Siri, Alexa oder das Navigationssystem in Ihrem Auto, die alle mit Spracherkennungssoftware ausgestattet sind und sprechen können, sind schon jetzt so etwas wie Freunde. Die klobig aussehenden Augmented-Reality- und Virtual-Reality-Headsets von Meta, dem Facebook-Mutterkonzern, erfreuen sich wachsender Beliebtheit. Headsets, die Facebook direkt von der Innenseite der Brillengläser auf die Netzhaut übertragen, sind bereits erhältlich. Ihr Backofen, Ihr Geschirrspüler und Ihr Kühlschrank haben alle KI eingebaut, um Ihnen mitteilen zu können, wie sie sich fühlen. GPT nimmt eine Sonderstellung ein, weil sein Output nicht darauf beschränkt ist, eine Temperatur einzustellen oder YouTube-Videos zu streamen. Es kann grammatisch richtige und sehr lange Texte schreiben und wird schon heute eingesetzt, um Pressemitteilungen und Newsreader-Drehbücher zu produzieren.

Dieses Buch geht auf die Herausforderung ein, die KI/GPT mit sich bringt, und untersucht, wie diese Technologie sich auf zwei Bereiche auswirkt, die für den US-Alltag von größter Bedeutung sind – das Finanzwesen und die nationale Sicherheit. Natürlich gibt es zahllose Möglichkeiten, KI/GPT sowohl im Börsenhandel als auch im Bereich Bankdienstleistungen einzusetzen, um effizienter zu werden, den Kundenservice zu verbessern und bei Finanzdienstleistern die Kosten zu senken. Schon heute gibt es Hedgefonds, die GPT nutzen, um Aktien auszuwählen und Wechselkurse zu prognostizieren. Darauf gehen wir in Kapitel 1 näher ein und dann werden wir uns auch ansehen, welche Gefahren Roboter-gegen-Roboter-Szenarien mit sich bringen können, in denen sich rekursiver Handel entwickelt, der Märkte auf Arten zum Absturz bringen kann, welche die

EINFÜHRUNG

Marktteilnehmer selbst nicht verstehen. Einen Vorgeschmack darauf bekamen wir am 19. Oktober 1987, als der Börsenindex Dow Jones Industrial Average an einem Tag um mehr als 20 Prozent einbrach – beim heutigen Niveau des Index von etwa 40 000 Punkten entspräche das einem Rückgang um 8000 Punkte. Ursache des Crashs war eine Portfolioversicherung, bei der die Anbieter dieser Versicherungen Put-Optionen kauften, um sich gegen einen einsetzenden Kursrückgang abzusichern. Die Verkäufer der Optionen verkauften daraufhin Aktien, um ihre Positionen abzusichern, was zu weiteren Kursrückgängen führte, die wiederum weitere Käufe von Verkaufsoptionen nach sich zogen – und so weiter und so fort, bis die Märkte in eine Todesspirale abstürzten. Dieser Absturz war nicht annähernd in so hohem Maße auf automatisierte Abläufe zurückzuführen, wie es heute der Fall wäre, da er stattfand, bevor im Börsenhandel KI eingeführt wurde. Doch die Dynamik, dass Verkäufe zu weiteren Verkäufen führen können, gibt es nach wie vor und sie wird durch KI/GPT-Systeme nur noch verstärkt. Mittlerweile im Börsenhandel eingeführte »circuit breakers« (Volatilitätsunterbrechungen) bieten eine Auszeit, aber mehr auch nicht – Roboter lassen sich nicht so leicht zähmen wie Menschen.

Die Themen der Kapitel 2 und 3 gehen über die Kapitalmärkte (Aktien, Anleihen, Rohstoffe, Devisen) hinaus und beschäftigen sich mit dem Bankgeschäft (Kredite, Einlagen, Eurodollars und Derivate). Beide Sektoren sind anfällig für Paniken, aber die Dynamiken sind unterschiedlich – an den Kapitalmärkten treten Paniken ganz plötzlich auf und sind sehr öffentlich sichtbar. Paniken im Bankgeschäft bauen sich langsam auf und sind für Einleger und Aufsichtsbehörden in den meisten Fällen nicht sichtbar, bis es zu einer ausgewachsenen Liquiditätskrise kommt. Manchmal verschmelzen diese beiden Arten von Panik, zum Beispiel wenn der Zusammenbruch einer Bank zu Panikverkäufen am Aktienmarkt führt oder umgekehrt. Wir analysieren diese Unterschiede und zeigen, wie KI/GPT-Systeme ohnehin schon prekäre Strukturen noch anfälliger machen können.

Die Gefahren künstlicher Intelligenz sind nicht auf unbeabsichtigte Folgen beschränkt. Die Finanzmärkte ziehen Kriminelle und böswillige Akteure an, die Paniken erzeugen, um von ihnen zu profitieren. Das tun sie zum Beispiel, indem sie Texte über Social Media, Agenturmeldungen und Mainstream-Nachrichtenmedien verbreiten. Der GPT-Roboter wird Texte in sich hineinschlingen, ganz so, wie es ihm antrainiert wurde. Durch Parametrisierung werden dabei die aktuellsten oder am wirkmächtigsten formulierten Inhalte übergewichtet werden. Die Roboter werden auf imitierten Newsmeldungen basierende Trading-Empfehlungen produzieren, die zu vorhersehbaren Entwicklungen auf den Märkten führen. Die böswilligen Akteure werden sich vorher so positioniert haben, dass sie von der spontanen Marktreaktion profitieren. Doch damit wird der Ablauf der Ereignisse noch nicht beendet sein; in einer solchen Roboter-gegen-Roboter-Welt hat keiner genug Informationen oder Rechenleistung, um vorhersagen zu können, was als Nächstes passieren wird.

Die Aussicht auf ein ungewolltes oder gewolltes Chaos auf den Kapitalmärkten und im Bankgeschäft geht über in den Bereich von nationaler Sicherheit, wo mehr auf dem Spiel steht. Sowohl staatliche als auch nichtstaatliche Akteure in diesem Bereich verfügen über größere Ressourcen als Marktmanipulatoren. Unter staatlichen Gegenspielern liegen böswillige Absichten in der Natur der Sache. Die Motivationen von nichtstaatlichen Akteuren reichen von Finanzen über Ideologie bis hin zu politischem Nihilismus. Manche nichtstaatlichen Akteure sind kaum maskierte Agenten von Staaten. Die Szene ist inhärent undurchsichtig. Das, was Geheimdienstexperten als »wilderness of mirrors« (»Spiegelkabinett«) bezeichnen, wird noch verwirrender, wenn man es durch Smartglasses (eine Datenbrille) betrachtet.

Der Übergang von kinetischen Waffen hin zu finanziellen Sanktionen als primärem Kriegsschauplatz ist in vollem Gange. Raketen, Minen und Mörser mögen an der Front eingesetzt werden, aber auch

EINFÜHRUNG

Exportverbote, die Beschlagnahme von Vermögenswerten und sekundäre Boykotte sind entscheidende Teile des Schlachtfelds. Wenn man die Wirtschaft eines Gegners vernichten kann, ohne einen einzigen Schuss abzufeuern, ist das für politische Entscheidungsträger der bevorzugte Weg. Selbst wenn sämtliche Waffen zum Einsatz kommen, ist auf lange Sicht die industrielle und finanzielle Kapazität hinter den Waffenarsenalen entscheidend. Zwischen dem Finanzwesen einerseits und der nationalen Sicherheit andererseits bestehen enge Verflechtungen, die eine entscheidende Rolle spielen können.

KI/GPT kommt auf diesem Schlachtfeld auf drei verschiedenen Wegen zum Einsatz. Der erste ist die Anwendung von smarten Systemen an vorderster Front in den Bereichen Aufklärung, Überwachung, Zielerfassung, Telekommunikation, Störfunk, Logistik, Design von Waffen und anderen traditionellen Aktionsfeldern. Der zweite ist der Einsatz von KI/GPT zur Optimierung von Finanzsanktionen, indem man die Auswirkungen von Ölembargos, Exportverboten für Halbleiter, dem Einfrieren von Vermögenswerten, Beschlagnahmungen, Versicherungsverboten und anderen Instrumenten zur Schwächung oder Zerstörung der wirtschaftlichen Kapazität eines Gegners analysiert. Und schließlich kann KI/GPT offensiv eingesetzt werden, um Märkte nicht nur zu behindern, sondern sie völlig zu zerstören. In diesem Fall wäre das Ziel nicht, durch Sanktionen Kosten zu verursachen, sondern Märkte auf eine Art und Weise zu zerstören, die die Bürger viele Billionen Dollar an verlorenem Wohlstand kosten würde. Die Folgen würden über die Vernichtung von Vermögenswerten hinausgehen, wenn die Bürger zunehmend ihre eigenen Regierungen für das finanzielle Gemetzel verantwortlich machen würden. Diese Welt werden wir uns in Kapitel 4 ansehen, unter besonderer Beachtung der Gefahren eines Atomkriegs als Folge des Einsatzes von KI.

In Kapitel 5 befassen wir uns mit den beunruhigendsten Aspekten von KI/GPT: Zensur, Bias (Tendenziosität oder Voreingenommenheit) und Konfabulation – das Erzeugen von komplett erfundenen Inhalten als Service für den Anwender. Dieses Problem geht tiefer als das, was manche Beobachter als »KI-Halluzinationen« bezeichnen. Menschliche Halluzinationen sind komplex und kreativ, doch für das, was KI/GPT hervorbringt, ist »Konfabulation« – eine Art Geisteskrankheit – eine bessere Metapher. Beim Konfabulieren erzählt der Protagonist eine frei erfundene Geschichte mit narzisstischen Zügen und geringer Relevanz. Es handelt sich dabei um eine Art mentales Modul, das immer dann hervorgeholt werden kann (und wird), wenn der Sprecher aufgeregt ist, kritisiert wird oder aus anderen Gründen nicht weiß, was er sagen soll. Es ist nicht dasselbe wie Lügen, denn der Sprecher weiß nicht, dass er lügt, da es ihm an Selbstbewusstheit mangelt.

Eine GPT-App wird beim Verfassen eines Reports das Gleiche tun, wenn sie aus Gründen der Kontinuität oder Vollständigkeit eine Lücke füllen muss. Es ist ungefähr so, als würde ein Mensch das fehlende Teil eines Puzzles durch ein selbst gebasteltes Teil ersetzen. Auch in solchen Fällen wird nicht gelogen, weil die App keine Ethik oder Moral kennt; sie ist eine Maschine und nicht in der Lage, die für eine Lüge erforderliche böse Absicht zu entwickeln. Ein Experte für das betreffende Thema kann die erfundenen Teile in einem generierten Report vielleicht erkennen, doch die meisten Anwender werden das nicht können. Wenn man Experten für das betreffende Thema braucht, um die Fehler im KI/GPT-Output zu erkennen, wozu sollen solche Systeme dann überhaupt gut sein?

Das Thema Werte und Ethik ist sogar noch problematischer. Jeder Wissenschaftler und Entwickler im KI/GPT-Bereich betont, wie wichtig Werte und Ethik sind. Sie alle bestehen darauf, dass Desinformation und Fehlinformationen abgeblockt werden müssen. Sie wollen verhindern, dass neue tendenziöse Verzerrungen entstehen und bereits vorhandene kompensieren. Sie suchen nach Möglichkeiten, Datenbestände zu säubern und Algorithmen zu programmieren, die verhindern können, dass Trainingssets und GPT-Output

EINFÜHRUNG

mit Voreingenommenheiten infiziert werden. Sie wollen in KI/GPT-Apps und -Output bestimmte Werte fördern.

Diese ostentative Ethik ignoriert die schwierigen Fragen: Wessen Werte sollen denn gefördert werden? Die meisten sogenannten Desinformationen aus der jüngeren Vergangenheit haben sich im Nachhinein als richtig erwiesen, während die Leute, die sie ablehnten, falsche Narrative verbreiteten. Der Kampf gegen Bias setzt voraus, dass die vermeintlichen Hüter der Wahrheit, die sogenannten Gatekeeper, keine eigenen Voreingenommenheiten mitbringen, und ignoriert die Tatsache, dass Voreingenommenheit eine wertvolle Überlebenstechnik ist, die nie verschwinden wird. Der Begriff »Vielfalt« ist zu einem Codewort für »Homogenität der Meinungen« geworden. Diskriminierung ist nützlich, wenn sie eingesetzt wird, um das Wilde und Unzivilisierte herauszufiltern. Warum sollte man KI-Gatekeepern wie Google und Meta vertrauen, wenn sie die vergangenen zehn Jahre der Mission widmeten, falsche Narrative über Covid-19, den Klimawandel und Politik zu verbreiten, während sie die Leute, welche die Wahrheit sprachen, von ihren Plattformen verbannten und dämonisierten? Und in einem größeren Maßstab betrachtet: Wenn die GPT-Trainingssets durch die Unwahrheiten der Mainstream-Medien kontaminiert sind, warum sollte der GPT-Output dann anders sein? Diese Herausforderungen müssen aus intrinsischen Motiven angegangen werden und auch, weil sie sich auf den Einsatz von KI in vielen Anwendungsbereichen in der realen Welt auswirken.

Dieses Buch endet mit der Hoffnung, dass die Schwächen und Gefahren von KI/GPT erkannt werden, bevor die vermeintlichen Annehmlichkeiten der neuen Technologie die digitale Landschaft dominieren. Die Menschen werden sich entscheiden müssen, ob der Komfort einer Alexa, die auf Zuruf das Licht ausschalten kann, es wert ist, ein Abhörgerät im Wohnzimmer zu haben, das rund um die Uhr sämtliche persönlichen Gespräche an ein Kontrollzentrum übermittelt. Ist die Annehmlichkeit von Apps der generativen KI die falschen Narrative wert, die aufgrund von tendenziösen Trainingssets, verpfuschten Bias-Säuberungsaktionen und monatlich wechselnden Wertvorstellungen verbreitet werden? Es ist durchaus möglich, das Beste aus KI/GPT zu nehmen und doch die Propagandisten ins Abseits zu verbannen. Altbewährte Werte werden die Oberhand behalten, wenn sie durch eine humanistische Perspektive, Vertrauen in der Community und Selbstvertrauen gestützt werden. Wir sind keineswegs hilflos. Dieses Buch zeigt einen Weg in die Zukunft.

Kapitel 1
SO ENDEN MÄRKTE

Haben sich also Alexa und Siri verschworen, die Erde zu übernehmen? Mag sein. Aber falls ja, sollten wir es nicht persönlich nehmen. Es sind ja nur Gradienten.

Kenneth Wenger, *Is the Algorithm Plotting against Us?* (2023)[3]

KI auf dem Marktplatz

So sieht das Ende von Märkten aus:

2. Dezember, 7:00 Uhr ET | Dow Jones Industrial Average: 34 210 Punkte (Schlussstand Vortag)

Nick Mera betrat den Trading-Raum seines Family Office, wandte sich an seine Assistentin Sara und sagte: »Guten Morgen, Sara. Was gibt's Neues?«

Sara antwortete: »Nicht viel. Die langfristigen Zinssätze sind immer noch hoch, steigen aber nicht mehr. Es gibt Spekulationen, dass sie ein Maximum erreicht haben könnten. Die kurzfristigen Zinsen sind leicht gestiegen; die Fed ist kein bisschen von ihrer Politik des knappen Geldes abgewichen. Die Inflationsrate scheint konstant zu bleiben; es gibt keine Anzeichen dafür, dass sie auf das Inflationsziel der Fed sinken könnte. Der Dollar-Index ist auf 106,52 gestiegen; das Pfund Sterling, der Euro und der Schweizer Franken sind alle leicht gefallen. Der Yuan ist wieder auf 7,67 zurückgegangen; der Yen ist an den Yuan gekoppelt, er ist auf 155,78 gestiegen. Der Ölpreis liegt unverändert bei 82,50 Dollar pro Barrel. Gold ist langweilig, bewegt sich immer noch in einem engen Band um 2 300 Dollar pro Feinunze. Die meisten industriellen Rohstoffe sind aufgrund des anhaltenden Abschwungs in China rückläufig; Kupfer liegt bei 3,40 Dollar. Agrarrohstoffe sind alle rückläufig, aber nicht sehr stark. Chinesische Aktien sind um 1 Prozent zurückgegangen, japanische Aktien ebenso. S&P-Futures sind um 0,5 Prozent gestiegen, der Nasdaq um 1 Prozent, wegen guter Gewinne und stabiler Zinsen trotz Anzeichen einer Rezession. Möchten Sie sonst noch etwas wissen?«

»Das reicht fürs Erste, danke.«

Nick konnte sämtliche Informationen, die ihm Sara berichtete, auch mit einem Blick auf seine Trading-Monitore erfassen, aber er zog es vor, den Tag mit einer Unterhaltung mit Sara zu beginnen. Sie konnte innerhalb von Minuten Millionen von Einzeldaten, Reports von Analysten, Newsmeldungen, Pressemitteilungen und Berichte von den Finanzmärkten abrufen; tatsächlich machte sie das auch ständig und war stets auf dem aktuellen Stand. Aufgrund dieser Daten und Backgroundinformationen sah sie blitzschnell, welche Märkte im Trend lagen, was sich nennenswert verändert hatte, wenn überhaupt, und was für Nick am interessantesten war (was sie aus den täglichen Gesprächen mit ihm ableitete). Sie konnte die Gründe für die Kursschwankungen vorläufig beurteilen, etwa die Kopplung zwischen Yuan und Yen oder den Zusammenhang zwischen stabilen Zinssätzen und höheren Aktienkursen. Sie hatte ihm nicht über den russischen Rubel berichtet, weil sie wusste, dass Nick sich dafür nicht interessierte; auf diesem Markt war er nicht aktiv. Falls sich das ändern sollte und er Interesse am Rubel zeigte, würde sie das sofort registrieren und ihm fortan auch darüber berichten. Sara war die ideale digitale Assistentin, mit einem vier Layer (Ebenen) tiefen neuronalen Netz und einer topaktuellen eigenen Version von GPT.

Nick war froh, dass er nicht über Marktdaten nachdenken musste und sich auf andere Dinge konzentrieren konnte, einschließlich seines nächsten Trades. Auch damit kannte Sara sich aus.

»Na prima, okay, machen wir uns an die Arbeit. Ich glaube auch, dass die langfristigen Zinsen sehr bald fallen werden. Sie wurden von Momentum-Tradern und Arbitrageuren, die Treasury Notes [US-Staatsanleihen] gegen Swaps shorten, hochgehalten. Das Problem ist, dass die Banken ihren Appetit auf Swaps verlieren, selbst wenn diese nicht in der Bilanz stehen. Es ist schwierig, Sicherheiten für Swaps zu finden, weil Sicherheiten knapp sind; Swap-Spreads machen es notwendig, Treasurys zu halten, die dann in der Bilanz stehen. Dieses Spiel ist vorbei. Sobald die Zinssätze für Treasurys fallen, werden die Momentum-Jungs aussteigen und schon sind wir auf dem Weg zu einer Rallye. Ruf Goldman und Citi an, kauf zehn Millionen Treasurys mit zehn Jahren Laufzeit und finanzier sie mit Tagesgeld.«

Nick hätte Sara seine Einschätzung der Lage nicht zu erklären brauchen, er konnte einfach die Order aufgeben. Aber seine Erklärung gehörte zum Trainingsset. Aus seinen Erklärungen lernte Sara neue Muster, die sie in zukünftigen Analysen berücksichtigen konnte. Außerdem gefiel es Nick, jemanden zum Reden zu haben.

»Okay«, sagte Sara, machte eine Pause von vielleicht 30 Sekunden und meldete dann: »Erledigt.« Es war nicht klar, ob Saras Order auch auf der anderen Seite des Trades von einem Roboter abgewickelt wurde, aber es spielte keine Rolle. Nick hielt jetzt eine Position von 10 Millionen Dollar in Treasury Notes mit zehn Jahren Laufzeit. Er hatte einen negativen Carry, da die Tagesgeld-Finanzierungssätze höher waren als die Rendite bis zur Fälligkeit der Notes, aber Nick wettete darauf, dass die Anleihen selbst um 20 Prozent oder mehr zulegen würden, wenn die Zinsen sänken. Seine Kosten für die Sicherheiten für das Repo-Geschäft betrugen 2 Prozent, doch er hielt auch Cash gegen die Position. Seine »Leverage« (wörtlich »Hebelwirkung«, hier: Fremdfinanzierungsquote) betrug 10 zu 1 für den Trade. Wenn alles gut lief, konnte er eine Eigenkapitalrendite von 200 Prozent erzielen. Aber natürlich konnte sein Eigenkapital – und vielleicht auch noch mehr – sich in Luft auflösen, falls die Zinsen stiegen. »Willkommen in der wunderbaren Welt des Leverage«, dachte er.

Nick war nicht allein. Institutionelle Anleger und Hedgefonds schätzten die Lage ähnlich ein. Angesichts der Konjunkturflaute und der sinkenden Inflation waren die Zinssätze ohne gute Gründe hoch gewesen. »Don't fight the Fed« ist einer der ältesten Slogans an der Wall Street, doch selbst die Fed hat hin und wieder das Handtuch geworfen. Falls sie sich darauf vorbereitete, die kurzfristigen Zinsen zu senken, würden die langfristigen Zinsen in der Luft hängen und abstürzen wie ein Stein im freien Fall. Zu Beginn des Handelstages gaben die langfristigen Zinsen nach, Anleihen erholten sich und Aktien begannen, aufwärts zu tendieren. Aktien und Anleihen konkurrieren um das Geld der Anleger und wenn die Renditen von Anleihen sinken, erscheinen Aktien vergleichsweise attraktiver. Das genügt, um am Aktienmarkt eine Rallye in Gang zu setzen.

2. Dezember, 20:30 Uhr HKT | Dow Jones Industrial Average: 34 210 (Schlussstand Vortag)

Ein zwölfstöckiges Gebäude an der Datong Road in Shanghais Gewerbegebiet Pudong ist das Hauptquartier der People's Liberation Army Unit 61398, auch bekannt als »APT1« (kurz für »Advanced Persistent Threat«), »Comment Group« oder »Byzantine Candor«. Der Name der Einheit ist weniger wichtig als ihr Auftrag: Sie ist das Nervenzentrum für Cyberangriffe der Kommunistischen Partei Chinas. Die Einheit ist bisher schon in vermeintlich sichere US-Server

KI AUF DEM MARKTPLATZ

eingedrungen, hat Geschäftsgeheimnisse und geistiges Eigentum von Auftragnehmern der US-Regierung ausgespäht und Malware auf den Computer von Gegnern und Konkurrenten chinesischer Firmen installiert. Zu ihren erfolgreichen Aktionen zählen die »Operation GhostNet« und die »Operation Shady RAT«. Ihre erfolgreichsten Operationen sind bis heute unbekannt. Unit 61398 arbeitet eng mit Einheiten des chinesischen Ministeriums für Staatssicherheit zusammen. Wenn eine dieser anderen Einheiten einen Cyberangriff plant, wendet sie sich an Unit 61398, um ihn implementieren und durchführen zu lassen.

Oberst Huang Dailiang betrat die Kommandozentrale für Cyberangriffe und forderte seinen Roboter auf, ihn über die Lage an den Aktienmärkten vor Handelsbeginn an den New Yorker Börsen zu briefen.

»Futures zeigen eine leicht positive Tendenz, aufgrund von Erwartungen, dass die Zinssätze sinken werden«, antwortete der Roboter.

»Okay. Sag mir sofort Bescheid, wenn die Lage sich ändert. Wir brauchen einen ruhigen Tag, um die ›Operation Flash Hit‹ zu starten. Wir müssen uns beeilen, aber egal – wir brauchen Hilfe vom Markt selbst.«

Operation Flash Hit war ein von langer Hand geplanter Cyberangriff auf große US-Börsen. Sie war als Vergeltungsmaßnahme für die Wirtschaftssanktionen der USA gegen China, bei denen es um den Zugang zu Halbleitern und Hightech-Halbleiterfertigungsanlagen aus amerikanischer Produktion ging, konzipiert worden. Unit 61398 sollte in die Order-Erfassungssysteme großer US-Banken eindringen. Von dort aus wollte sie die Märkte mit Verkaufsaufträgen für Apple, Meta, Alphabet, Microsoft, Nvidia, McDonald's und ein paar andere Aktien fluten. Die Performance des US-Aktienmarktes hatte sich auf einige wenige Namen verdichtet, sodass die Märkte sich am einfachsten zum Absturz bringen ließen, indem man sich auf eine kurze Liste von Aktien großer Konzerne konzentrierte. Die

Flut von gefälschten Orders würde sehr bald aufgedeckt werden, aber bis dahin wäre der Schaden schon angerichtet. Für die Beamten der US-Börsenaufsicht würde es sehr schwierig werden, in kurzer Zeit die gefälschten von den echten Orders zu unterscheiden. Oberst Huangs Hinweis auf »Hilfe vom Markt« war etwas, was Militärstrategen einen »force multiplier« (»Wirkungsverstärker«) nennen. Wenn man einen steigenden Markt zum Abstürzen bringen will, kann ein zeitgleicher Aufwärtstrend die Verkäufe bis zu einem gewissen Grad auffangen. Wenn man aber mit einem solchen Manöver so lange wartet, bis der Markt von sich aus im Abwärtstrend ist, würden die eigenen gefälschten Verkaufsorders den Trend noch verstärken. Im besten Fall würde dann die Abwärtsdynamik sich selbst verstärken, wie es am 19. Oktober 1987 zu beobachten war. Oberst Huang war bereit, auf den Wirkungsverstärker zu warten – aber nicht lange.

2. Dezember, 15:45 Uhr MEZ | Dow Jones Industrial Average: 34 552

In einem Penthouse mit Aussicht über die Bucht von Palma de Mallorca blickten Ronnie Krieg und Stefan Graz auf ihre Trading-Monitore und waren zufrieden mit dem, was sie sahen. Die Renditen von US-Staatsanleihen waren gestiegen und in einer vorhersehbaren Reaktion stiegen auch die Aktienkurse. Ronnie wandte sich an seinen Roboter Dunk, den er nach der Haartönung seiner Freundin benannt hatte.

»Ist das ein Wendepunkt? Gehen die Zinsen auf Talfahrt?«

»Ja, es scheint so weit zu sein«, antwortete Dunk. »An den Märkten wird schon seit Wochen darüber geredet. Es besteht ein breiter Konsens, dass die Zinssätze kurz vor einem Höchstwert waren. Alle haben auf einen Katalysator gewartet, um nicht zu früh einzusteigen. Der Katalysator kam aus dem vorbörslichen Handel in New York. Es brauchte nicht viel, um eine Rallye bei Aktien und Anleihen auszulösen, aber jetzt ist sie da und scheint an Fahrt aufzunehmen.«

Ronnie ärgerte sich darüber, dass Dunk solche Klischees benutzte, aber es war immer noch besser, als ständig nur auf den Bildschirm zu starren.

Ronnie und Stefan gingen hinaus auf die Dachterrasse mit Blick über die Bucht.

»Das könnte das sein, worauf wir gewartet haben«, sagte Ronnie. »Es hat sich ein Jahr lang angekündigt. Die Zinsen scheinen ein Maximum erreicht zu haben, Aktien sind seit Langem überbewertet und die Fundamentaldaten stützen weder das eine noch das andere. Ist es Zeit, unsere Aktion zu starten?«

»Ja«, sagte Stefan, »aber noch nicht sofort. Lassen wir der Sache noch ein bisschen Zeit, um sich aufzubauen. Je stärker die Dynamik in eine Richtung ist, desto größer wird der Schock sein, wenn die Märkte umkehren müssen.«

Ronnie und Stefan waren meisterhafte Manipulatoren. Sie hatten sich auf Mallorca niedergelassen, weil ihnen dort das Wetter, das Nachtleben und die Aussicht gefielen. Ihre Server standen im Kongo, hinter mehreren Ebenen von Scheinfirmen, Tor-Browsern und miteinander verknüpften Nodes (Knoten). Auf Mallorca hatten sie einige lokale Beamte bestochen, um sicherzustellen, dass es in ihren Räumen keine Hausdurchsuchung geben würde. Sie hatten zwei Jahre damit verbracht, für einen seriösen Hedgefonds Wash Trades zu machen, um bei ihren Hausbanken HSBC und UBS Vertrauen und Kreditwürdigkeit aufzubauen. So konnten sie sicher sein, dass man ihre Trades ausführen würde, wenn die Zeit gekommen war, um ihre Marktmanipulation zu starten. Was danach passierte, konnte ihnen egal sein – sie würden das Geld in Sicherheit bringen und verschwinden. Die digitale Datenspur würde irgendwo an einer Flussbiegung in der Nähe der kongolesischen Stadt Kisangani in einer Sackgasse enden.

Dunk bekam seine Befehle: »Bereite den Verkauf von S&P-500-Futures im Nennwert von 1 Milliarde Dollar vor. Shorte US Treasury Notes mit zehn Jahren Laufzeit im Nennwert von 1 Milliarde Dollar

im außerbörslichen Handel. Teile die Orders zwischen HSBC, UBS und Citi auf. Verwende Derivate. Stelle an Sicherheiten, was notwendig ist. Führe die Orders noch nicht aus; wir sagen dir Bescheid, wenn es so weit ist. Bereite dich erst mal nur vor.«
Dunk sagte: »Okay.«
Die Bühne war bereit.

2. Dezember, 16:00 Uhr MEZ | Dow Jones Industrial Average: 34 828

Ronnie wandte sich an Stefan und sagte: »Ruf das Team zusammen, über die sichere Verbindung.«

Stefan öffnete eine App mit Ende-zu-Ende-Verschlüsselung und überzeugte sich, dass seine Leute bereit waren.

»Okay, schick das Video raus«, sagte Ronnie.

Stefan tippte den Text »Cherry Wine« in die App ein. Innerhalb weniger Sekunden kam die Antwort zurück: »Moon River«. Beide Texte waren im Voraus festgelegte Codes – das digitale Äquivalent dessen, was unter Spionen als »One-Time-Pad« bekannt ist. Ronnie und Stefans Leute machten sich jetzt daran, das Video über Kanäle zu verbreiten, über die es mit Sicherheit von den Medien der Mainstream-Wirtschaftspresse aufgegriffen werden würde.

Ronnie sah Dunk an und sagte: »Führe die Order aus.«

Nach etwa 30 Sekunden antwortete Dunk: »Erledigt und erledigt.«

2. Dezember, 10:25 Uhr ET | Dow Jones Industrial Average: 34 724

Die Aktienmärkte eröffneten mit einer Rallye und legten schnell um 1,5 Prozent zu. Auch Anleihen zogen an, da man davon ausging, dass die Zinsen ihr Maximum erreicht hatten. Nick Mera war zufrieden mit seinen frühen Gewinnen an beiden Märkten. Er nippte an seinem schwarzen Tee und überlegte, wie lange er seine Gewinne noch laufen lassen sollte, bevor er den Trade beendete. Sara unterbrach sein einsames Sinnieren.

»Nick, das sollten Sie sich sofort ansehen.«

»Was ist los?«

»Ray Dowell, der Chef der Federal Reserve, hat heute Morgen um 10 Uhr vor dem Economic Club of New York eine Rede gehalten. Soeben wurde ein Teil davon als Video veröffentlicht und der Clip wird von Business-Sendern als Eilmeldung verbreitet. In den begleitenden Kommentaren heißt es, Dowells Aussagen seien nicht erwartet worden und würden sich sehr negativ auf die Märkte auswirken.«

»Zeig es mir auf deinem Bildschirm.«

Sara startete das Video auf ihrem Bildschirm, der an Output-Nodes eines Computer-Vision-Systems angeschlossen war. Sie startete auch Bloomberg, CNBC und Fox Business auf separaten, stumm geschalteten Monitoren, da diese Kanäle die Story als Eilmeldung brachten.

»Hier ist das Video«, sagte Sara.

Ray Dowell stand auf dem Podium des Economic Club und sagte: »Die nächste Sitzung des Federal Open Market Committee [FOMC, Offenmarktausschuss der Federal Reserve] wird am Dienstag nächster Woche stattfinden. Fast täglich kommen neue Daten herein und es ist die Aufgabe des FOMC, diese Informationen bei der Festsetzung des Leitzinses zu berücksichtigen. Wir können nicht mit Gewissheit sagen, wie sich der Ausschuss politisch entscheiden wird. Es ist jedoch klar, dass unser Kampf gegen die Inflation noch nicht gewonnen ist. Die jüngsten Inflationsdaten sind kritischer als erwartet und liegen weiterhin deutlich über unserem angestrebten Inflationsziel von 2 Prozent. Angesichts dieser Sachlage sollten die Märkte sich nicht wundern, wenn der Ausschuss sich auf dieser Sitzung einvernehmlich für eine weitere Zinserhöhung ausspricht.«

»Was?«, schrie Nick. »Ist der übergeschnappt? Die sind nun schon seit zwei Jahren dabei, die Zinsen zu erhöhen. Die Wirtschaft steht am Rande einer Rezession, darum sind die langfristigen

Zinsen gesunken. Das wird Aktien und Anleihen zur gleichen Zeit zum Absturz bringen!«

Ungeachtet ihrer Deep-Learning-Ebenen war Sara noch ziemlich unerfahren auf den Kapitalmärkten. Sie nahm Nicks Mini-Tirade in ihr Trainingsset mit auf.

»Stell mal für CNBC den Ton an«, sagte Nick.

CNBCs Fed-Reporter Reeve Kiesman verkündete, dass das Schädlichste an der Ankündigung einer Zinserhöhung des Fed-Chefs sei, dass sie nicht in seinem Redemanuskript enthalten war. Seine Bemerkung zu Zinssätzen war nicht in dem Transkript von Dowells Rede enthalten, das am selben Morgen auf der Website der Fed veröffentlicht worden war. Laut Transkript ging es in der Rede um die regulierende Rolle der Fed und die Notwendigkeit, bei der Vergabe von Hypothekenkrediten an Mitglieder von ärmeren Bevölkerungsgruppen Chancengleichheit zu gewährleisten. Keiner der Sender hatte sich entschieden, die Rede live zu übertragen, da sie in der vorab veröffentlichten Fassung keine Auswirkungen auf die Märkte haben würde. Der Umstand, dass Dowell sich spontan und aus dem Zusammenhang gerissen zu Zinssätzen äußerte, deutete darauf hin, dass eine gewisse Dringlichkeit bestand, diese Botschaft an die Öffentlichkeit zu bringen. Es ließ außerdem vermuten, dass die Angst vor steigenden Inflationsraten innerhalb der Fed größer sein musste, als die Märkte erkannt hatten.

Die Märkte verstanden die Botschaft und reagierten sofort.

2. Dezember, 10:45 Uhr ET | Dow Jones Industrial Average: 34 030

Die Aktienmärkte lagen dann 2 Prozent unter ihrem Tageshoch und 0,5 Prozent unter dem Niveau bei Handelsbeginn. Auch die Anleihemärkte gingen rasch auf Talfahrt, da viele Investoren in Erwartung des Kurswechsels der Fed die Zinssätze bei Anleihen mit kurzer

Laufzeit anhoben, und auch bei mittelfristigen Papieren, als Reflexion der Inflationsängste der Fed.

Kiesman bat die Fed um eine Stellungnahme zu dem Video. Dowell war nicht erreichbar; er war nach Beendigung seiner Rede auf dem Weg von New York nach Washington. Kiesman erreichte Tom Faust, der für Analysen und Konzeption der politischen Verlautbarungen der Fed zuständig war. Faust war Ökonom, kein PR-Mann, aber er war dafür zuständig, die Verlautbarungen der Fed zu formulieren, wann immer sie eine Änderung ihres politischen Kurses signalisieren wollte. Fausts Büro war nur ein paar Räume von Dowells Büro entfernt, an einem langen Flur, an dem sich auch der Boardroom befand, im Eccles Building am Hauptsitz der Fed in Washington, D.C.

»Tom, was steckt hinter Rays Entscheidung, eine Zinserhöhung anzukündigen? Die Märkte sind in totalem Aufruhr. Es ist doch eigentlich nicht euer Stil, so eine Bombe platzen zu lassen – ich dachte eigentlich, ihr wärt die No-drama-Fed.«

»Wovon redest du?«, fragte Faust.

»Von dem Video mit der Rede, die Dowell heute Morgen gehalten hat. Er hat gesagt, dass das FOMC nächste Woche die Zinsen anheben könnte.«

»In der Rede stand nichts dergleichen, ich habe sie selber durchgesehen. Darin ging es um die Regulierungspolitik der Fed, nicht um Zinssätze«, antwortete Faust.

»Nun, wir haben ein Video, in dem er sich zu Zinssätzen äußert. Ich schlage vor, dass du mal deine Bildschirme mit den großen Nachrichtensendern einschaltest und dir das ansiehst. Es ist eine Eilmeldung auf sämtlichen Kanälen. Die Märkte nehmen es sehr ernst.«

Faust und seine Sekretärin stellten den Ton am Monitor in seinem Büro laut und sahen sich den Bericht und den Videoclip an, der quasi in Endlosschleife lief.

»Irgendwas stimmt da nicht. Ich kann dazu nichts sagen, bevor ich nicht mit Ray gesprochen habe. Sein Flug wird bald abheben; ich werde mit ihm sprechen und dich zurückrufen.«

»Okay, danke. Aber beeil dich. Falls eine Korrektur notwendig ist, müsst ihr sie möglichst schnell bekannt geben. Die Märkte sind im freien Fall.«

2. Dezember, 11:00 Uhr ET | Dow Jones Industrial Average: 33 183

Die Märkte gaben an diesem Tag um 3 Prozent nach. Der Dow Jones hatte seit Handelsbeginn über 1000 Punkte eingebüßt. Es wurde immer offensichtlicher, dass die Verkäufe nicht von einzelnen Tradern und Portfoliomanagern ausgingen, die wohlüberlegte Entscheidungen über die Risiken einer Zinserhöhung der Fed trafen, wenn das denn überhaupt jemals so gewesen war. Vielmehr hatten die Algorithmen das Ruder übernommen. Manche davon waren relativ primitiv und hatten eine Stop-Loss-Funktion eingebaut: Wenn der Markt um einen bestimmten Prozentsatz fiel, würde der Roboter einen vorher festgelegten Anteil einer offenen Position schließen. Wenn der Markt noch weiter zurückging, würde er eine weitere Tranche verkaufen und so weiter. So ähnlich war es beim Börsencrash 1987 abgelaufen. Solche primitiven Algos würden dem Markt den ganzen Weg nach unten folgen; natürlich wären sie dann auch die Letzten, die ganz aussteigen würden.

Neuere Algorithmen waren technologisch ausgefeilter, aber ebenso schädlich. Sie wurden an einer langen Reihe von Marktpaniken trainiert, die sich im Laufe der vergangenen gut 100 Jahre abgespielt hatten. Da Paniken an den Kapitalmärkten eine Folge der menschlichen Natur sind, gleichen sie sich trotz unterschiedlicher Hintergründe und Auslöser in einigen entscheidenden Aspekten. Die Algos konnten von der Anfangsphase der Panik bis zum letzten Akt »vorausdenken«. Allerdings dachten sie nicht wirklich, sondern produzierten Wahrscheinlichkeiten aus einem finalen Output-Node. Da sämtliche Paniken sich gleichen, waren auch die von den Algos berechneten Wahrscheinlichkeiten alle gleich: Schnell raus! Trotz ihrer komplexen Programmierung wussten die Roboter nur eines: Je länger man während einer Panik wartet, desto mehr verliert man. Was in dem ganzen Chaos fehlte, war eine KI-Stimme, die sagte: »Vielleicht gibt es hier ein paar Schnäppchen. Vielleicht sollten wir überlegen, bei diesen Kursen zu kaufen. Vielleicht sollten wir unsere Positionen halten, weil sich der Markt nach so einem Absturz manchmal schnell wieder erholt.« Das waren Ideen, die bei solchen Gelegenheiten Marketmakern der alten Schule auf dem Börsenparkett durch den Kopf gingen. Ihr Job bestand darin, Ungleichgewichte im Handel auszugleichen. Marketmaker gibt es schon lange nicht mehr und unter Robotern gab es keine Spur von dem, was wir »gesunden Menschenverstand« nennen – bei ihnen hieß es immer nur »sell, sell, sell«.

2. Dezember, 11:02 Uhr ET | Dow Jones Industrial Average: 32 851

Nick sah Sara an und sagte: »Das war's. Wir sind raus. Verkauf die zehnjährigen Treasury Notes. Schließ alle unsere Positionen in Aktien – nichts wie raus, und zwar sofort!«

Nach einer Minute sagte Sara: »Erledigt. Sie sind aus Anleihen und Aktien raus. Die Aktien waren in einem Paket von Derivaten bei Goldman, was bedeutet, dass wahrscheinlich beide Trades heute abgewickelt werden.«

»Wie haben wir uns geschlagen?«

»Sie haben eine Menge Fremdkapital eingesetzt, sodass Sie bei den zehnjährigen Notes ungefähr 3 Millionen Dollar verloren haben. Bei den Aktien ist es genauso. Ich warte noch auf die letzten Zahlen von Goldman, aber Sie haben heute etwa 6 Millionen Dollar verloren.«

Nick grübelte über den Verlust nach. Es war eine Menge Geld, aber er hatte immer noch 30 Millionen Dollar in cash und ein paar andere, nicht liquide Assets übrig. Er wusste, dass die Natur einem durch so einen Verlust bei einem Trade sagte, dass es Zeit sei auszusteigen. In so einer Lage würden die meisten Trader ihren Einsatz erhöhen oder sie würden versuchen, die vermeintliche Delle auszusitzen, weil sie davon überzeugt wären, recht zu haben, und der Markt nur noch etwas mehr Zeit bräuchte, um zu erkennen, wie schlau sie seien. Das waren die Trader, die alles verloren. So sehr er Klischees auch verabscheute, so gab es doch eines, das er gut fand:

»Okay, Sara. Wir haben überlebt, um an einem anderen Tag weiterzukämpfen.«

Sara speicherte den Satz in ihrem Trainingsset ab.

3. Dezember, 12:05 Uhr HKT | Dow Jones Industrial Average: 32 358

Oberst Huang hatte genug gesehen. Dieser Kurseinbruch war genau das, worauf er gewartet hatte. Der Markt war deutlich gefallen und weiter im Sinkflug – diese Dynamik würde der Wirkungsverstärker für seinen Angriff sein. Er war nicht darauf aus, Geld zu verdienen; er wollte den Markt zum Absturz bringen und Wohlstand vernichten.

Huang wandte sich an seine Untergebenen und sagte: »Startet ›Operation Flash Hit‹. Verkauft unter den vorher eingerichteten Namen. Wickelt die Orders über Morgan Stanley ab. Setzt den Skalierungsalgorithmus ein, um das Volumen der Orders festzulegen.«

Huangs Algorithmus-Befehl bezog sich auf ein eigenständiges Deep-Learning-Modell, das für jede Verkaufsorder im Verhältnis zu dem Schaden, den diese Order im Markt anrichten sollte, die optimale Größe berechnete. Auf Märkten finden Veränderungen an der Marge statt. Man braucht nicht unbedingt eine große Order, um eine große Wirkung zu erzielen. Wenn die Märkte von sich aus fallen, kann schon eine kleine Menge zusätzlicher Verkäufe die Märkte überproportional nach unten drücken, da andere Marktteilnehmer diese Verkäufe sehen und daraus schließen, dass keine Trendumkehr in Sicht ist. Unit 61398 setzte ein KI-Modell ein, das ein Verfahren namens »Gradientenabstieg mittels Backpropagation« nutzte – ein Verfahren, um Parameter aufgrund der tatsächlichen Ergebnisse im Vergleich zu den vorhergesagten Ergebnissen neu einzustellen. Das Modell passte kontinuierlich das Ordervolumen an den Market Impact (Markteinfluss) an. So wurde der Ressourceneinsatz optimiert und die Wahrscheinlichkeit reduziert, dass entdeckt wurde, dass jemand sich Zugang zu Morgan Stanleys Order-Erfassungssystem verschafft hatte. Diese Kombination aus innovativer KI-Modellierung und altbewährten Hacking-Techniken war neu und erwies sich in Huangs Händen als sehr wirkungsvoll.

Huangs Verkäufe würden sich zwar auswirken, aber er hatte keine Ahnung, wie viel Abwärtsdynamik die Märkte schon von sich aus entwickelt hatten. Er wartete auf einen Tag mit fallenden Kursen, um einen Angriff auf den Markt zu starten. Was er sah, war ein globales Netzwerk von KI-Algorithmen, die zwar nicht gleichgeschaltet waren, aber diesen Eindruck erweckten. Die Algos brauchten nicht miteinander zu kommunizieren; aufgrund ihrer nahezu identischen Trainingssets und neuronalen Netze agierten sie im Gleichschritt. Die Algos hatten einen Input – den Markt – und einen Output: verkaufen. Die vielen Millionen Gleichungen, Parameter und dazwischenliegenden Nodes ergaben ein Verhaltensmuster, das dem eines Menschen in Panik sehr ähnelte. War es nicht die eigentliche Idee von KI, sich zu verhalten wie ein Mensch? Jetzt machte sich diese Idee erschreckend effektiv an die Arbeit. Huang war spät auf der Party erschienen, hatte aber mehr Wein mitgebracht, um die Punschbowle aufzufüllen.

Unterdessen arbeiteten Tom Faust und sein Team bei der Fed fieberhaft daran, als Reaktion auf das Video von Ray Dowells Rede eine Pressemitteilung herauszugeben und den Fed-Chef ans Telefon zu bekommen, um die von ihm angekündigte Zinserhöhung bestätigen zu lassen. Faust konnte die Pressemitteilung nicht fertigstellen, bevor er nicht mit Dowell gesprochen und von ihm irgendeine

Erklärung für die vom Redemanuskript abweichende Ankündigung bekommen hatte. Doch es gelang ihm nicht, Dowell zu erreichen. Die Uhr tickte und die Märkte setzten ihre Talfahrt fort.

2. Dezember, 11:45 Uhr ET | Dow Jones Industrial Average: 31 815 (Level-1-Handelsstopp)

Um 11:45 Uhr waren sowohl Dow Jones als auch S&P 500 bei einem Tagesminus von 7 Prozent angekommen. Das löste auf dem gesamten Markt einen Circuit Breaker aus, der den Handel an sämtlichen US-amerikanischen Aktien- und Terminbörsen für 15 Minuten unterbrach. Der Handel würde am Mittag wieder aufgenommen werden. Der Zweck solcher Volatilitätsunterbrechungen war, den Marktteilnehmern eine Auszeit zu geben, um miteinander zu kommunizieren, Informationen auszutauschen, zu erkennen, ob der Kursrückgang womöglich zu weit gegangen war, und sich darüber klar zu werden, ob die Zeit reif sei, wieder zu kaufen. Das Problem war freilich, dass es nichts zu kommunizieren gab. Der Clip aus der Dowell-Rede hatte sich viral verbreitet und wurde für den Kursrückgang verantwortlich gemacht. Niemand erkannte Ronnies und Stefans Marktmanipulation. Niemand wusste von Huangs Angriff oder hatte bemerkt, dass er das Order-Erfassungssystem von Morgan Stanley gehackt hatte. Niemand wusste von der Aufregung innerhalb der Fed wegen der Bemerkung in dem Videoclip.

2. Dezember, 12:00 Uhr ET | Dow Jones Industrial Average: 29 762 (Wiederaufnahme des Handels)

Am Mittag wurden die Märkte wieder geöffnet. Auch während des Handelsstopps hatten Verkaufsorders eingegeben werden können. Dieser Rückstand an Verkäufen – darunter auch die von

Huang – überwältigte das System und führte dazu, dass Dow Jones und S&P 500 sofort fielen. In vergangenen Zeiten wäre das eine Situation gewesen, die das alte, von Spezialisten kontrollierte System vielleicht unter Kontrolle gebracht hätte. Damals erhielten »floor specialists« (Handelsparkettspezialisten) der New York Stock Exchange privilegierten Zugang zu den Orderbüchern und exklusive Handelsrechte für bestimmte Aktien. Als Gegenleistung für diese Privilegien waren sie verpflichtet, Kauf- und Verkaufsorders ins Gleichgewicht zu bringen und zu versuchen, geordnete Märkte aufrechtzuerhalten. Manchmal bedeutete das, dass sie kaufen mussten, wenn zu viel verkauft wurde, oder verkaufen mussten, wenn alle kauften wie verrückt. Der Specialist war nicht größer als der Markt, aber er sorgte für eine gewisse Balance, die notwendig war. Dieses System war seit Langem verschwunden – jetzt gab es in solchen Situationen keinen ausgleichenden Faktor mehr, außer der schrumpfenden Zahl aktiver Trader, die keine Lust hatten, vor einem fahrenden Zug zu stehen und überrollt zu werden.

Die abnehmende Zahl aktiver Trader ging Hand in Hand mit dem Aufstieg passiver Fonds. Solche Investmentprodukte wurden meist von Computer-Algos verwaltet und bildeten in einem Exchange-traded Fund (ETF, börsengehandelter Fonds) einen großen Aktienindex oder -korb ab. Wenn die Kurse der in solchen Fonds gebündelten Werte abstürzten, beeilten sich die Anleger, ihre Positionen aufzulösen, was dann dazu führte, dass die Fondsmanager Aktien verkaufen mussten, um die Rückgaben zu bedienen, ob sie nun wollten oder nicht. Dadurch wurde der durch KI erzeugte Verkaufsdruck nur noch erhöht und die Situation verschärft. Die Gefahr einer von passiven Investoren ausgelösten Todesspirale hatte es schon seit vielen Jahren gegeben, doch sie war nie zum Tragen gekommen. Jetzt verband sie sich mit KI-Algorithmen in einem robotergesteuerten Rennen in den Abgrund.

Dow Jones und S&P 500 lagen eine Minute nach Wiederaufnahme des Handels um 13 Prozent unter ihrem Kurs bei Handelsbeginn.

Der Dow hatte an diesem Tag 4448 Punkte verloren. Level-2-Circuit-Breaker wurden ausgelöst und es kam zu einem zweiten Handelsstopp von 15 Minuten.

Ronnie und Stefan wussten, dass fast sofort nach Beendigung des Level-2-Handelsstopps die Level-3-Circuit-Breaker ausgelöst werden würden. Einige Trader und Portfoliomanager waren in Panik geraten, doch ihre Entscheidungsprozesse wurden von den KI-Systemen dominiert, auf die sie sich verließen. Also war die Kontrolle über den Handel auf eine Art und Weise an künstliche Intelligenz übergeben worden, die sich nicht so leicht abstellen ließ.

Ronnie und Stefan wussten auch, dass sie während des Handelsstopps Kauforders eingeben konnten. Solche Orders würden wegen des Vorherrschens von Verkäufen problemlos ausgeführt werden. Sie waren zuversichtlich, dass ihre Aufträge ausgeführt werden würden, selbst wenn die Märkte nur für eine Minute offen waren.

»Dunk«, sagte Ronnie. »Ruf die Trader an, die unsere Verkaufsorders für Aktienderivate und zehnjährige Staatsanleihen ausgeführt haben. Sag ihnen, dass wir diese Trades in genau der Menge abwickeln wollen, in der sie beauftragt wurden. Beim Preis brauchst du dich nicht anzustellen; sie werden froh sein, ihre Long-Positionen loszuwerden. Mach alles zu Cash und sorge dafür, dass es bis zum Handelsschluss an unsere Bank überwiesen wird. Mach dich an die Arbeit.«

Dunk bestätigte die Details und machte sich daran, seine digitalen Counterparts auf der Händlerseite zu kontaktieren.

Ronnie wandte sich an Stefan. »Mach mal den Channel zum Team auf.«

Stefan öffnete die verschlüsselte App auf seinem Smartphone.

»Gib die Pressemitteilung raus«, sagte Ronnie.

»Okay.« Stefan tippte »Robin Wright« in die App ein, noch ein vorher festgelegter Code.

Als Antwort kam »Blade Runner«, womit bestätigt wurde, dass die Anweisung angekommen war. Die Verbreitung der Pressemitteilung hatte begonnen.

KI AUF DEM MARKTPLATZ

2. Dezember, 12:10 Uhr ET | Dow Jones Industrial Average: 29 762 (Level-2-Handelsstopp)

Endlich erreichte Faust Ray Dowell im Flieger auf dem Weg nach Washington.

»Ray, hast du gesehen, was mit den Märkten passiert ist?«

»Ja«, sagte Dowell. »Aber ich habe in einer Limo gesessen und auf das Flugzeug gewartet. Ich bekomme nur bruchstückhafte Informationen. Woran liegt's denn?«

»Laut den Medien an dir. Sie haben einen Videoclip von deiner Rede von heute Morgen. Darin ist zu sehen, wie du über die Wahrscheinlichkeit einer weiteren Zinserhöhung in der nächsten Woche sprichst. Ich weiß, dass das nicht in deinem Redemanuskript stand, und ich weiß, dass man in einer Rede vor dem Economic Club nicht von seinem Text abweicht. Reeve Kiesman hat mich angerufen und wollte eine Erklärung. Ich habe ihm gesagt, dass es sich um einen Fehler handeln muss, aber ich müsste erst mit dir sprechen, bevor wir die Story korrigieren können. Wir haben eine Pressemitteilung mit einer Klarstellung vorbereitet. Das Problem ist aber, dass das Video im Internet viral gegangen ist und dein Statement weiterverbreitet.«

»Ich habe das nie gesagt.«

»Was?«

»Ich habe nie irgendwas über Zinsen gesagt. Ich bin nicht von meinem Redemanuskript abgewichen. Ich habe die Rede gehalten, wie wir sie geschrieben haben, ein paar Fragen beantwortet, ein paar Hände geschüttelt und bin gegangen. Es war ein Non-Event.«

In der Leitung war Stille.

Dann sagte Faust: »Das Video könnte eine Fälschung sein. Ein KI-generierter Deepfake. Das ist die einzige Erklärung.«

Dowell antwortete: »Genau, aber es ist schon großer Schaden angerichtet worden. Gib die Pressemitteilung möglichst schnell raus. Ich werde selbst mit den Reportern sprechen, wenn ich in der Zentrale bin. Wir werden in knapp einer Stunde dort sein.«

»Okay, ich kümmer mich drum. Ich werde eine Pressekonferenz ansetzen.«

2. Dezember, 12:12 Uhr ET | Dow Jones Industrial Average: 29 762 (Level-2-Handelsstopp)

Wenige Minuten, bevor der Handel wieder aufgenommen wurde, erschien die folgende Pressemitteilung auf der Seite »News & Events« der offiziellen Website der Federal Reserve:

Pressemitteilung
Rede des Vorsitzenden Dowell vor dem Economic Club of New York

Heute Morgen hielt der Vorsitzende Dowell vor dem Economic Club of New York eine Rede zum Thema Nichtdiskriminierung bei der Vergabe von Hypothekenkrediten an Mitglieder benachteiligter Bevölkerungsgruppen. In seiner Rede ging der Vorsitzende auf die kommende FOMC-Sitzung und die laufenden Anstrengungen des Ausschusses ein, die Inflation durch Zinserhöhungen zu bekämpfen. Der Vorsitzende sagte, dass zwar alle Entscheidungen des Ausschusses nach wie vor datenabhängig seien, jedoch die Möglichkeit, dass der Leitzins erhöht werde, größer sei als die derzeitigen Erwartungen des Marktes. Diese Einschätzung wurde zwar nicht in die amtliche Niederschrift der Rede aufgenommen, aber live vor Publikum vorgetragen und gibt die aktuelle Auffassung des Vorsitzenden wieder.

Die Pressemitteilung war reinstes Fed-Speak. Sie bestätigte zwar das in dem Video gezeigte Statement des Vorsitzenden, wich aber jeglicher Verantwortung für die dadurch verursachte Kernschmelze an den Märkten aus. Jedenfalls wurden damit sämtliche Zweifel hinsichtlich der Diskrepanz zwischen dem Video und dem Transkript ausgeräumt – die Pressemitteilung bestätigte, dass das Video echt war.

Wieder rief Kiesman Faust bei der Fed an. »Ich habe gerade Ihre Pressemitteilung gesehen. Sie bestätigt die Echtheit des Videos. Ich bin sicher, dass es eine Background-Story gibt. Können Sie mir etwas dazu sagen?«

»Sie können die Pressemitteilung noch nicht gesehen haben. Ich halte sie hier in der Hand. Wir sind gerade dabei, sie auf der Website zu veröffentlichen«, antwortete Faust.

Kiesman schrie praktisch ins Telefon. »Sehen Sie sich doch mal Ihre eigene Website an! Die Presseerklärung ist da. Darin steht, dass Dowells Statement in dem Video echt war. Der Umstand, dass es nicht in dem Transkript enthalten ist, spielt keine Rolle. Das ist die Story, auf die wir uns stützen, und alle anderen auch. In zwei Minuten wird der Handel an den Märkten wieder aufgenommen. Falls Sie nichts weiter dazu sagen wollen, ist das okay, aber mit dieser Pressemitteilung gießen Sie nur Öl ins Feuer. Die Märkte werden direkt auf Talfahrt gehen. Irgendein Kommentar?«

Faust bat einen Assistenten, die Fed-Website aufzurufen und ihm die Pressemitteilung zu zeigen. Faust wusste, dass es eine Fälschung war, da er die News-Seite der Website beaufsichtigte. Er war bereits zu dem Schluss gekommen, dass das Video ein KI-Deepfake war.

»Reeve, du wirst es nicht glauben, aber ich werde dir sagen, was wir wissen. Ich habe mit Ray gesprochen und er hat mir bestätigt, dass er nie etwas zum Thema Zinsen gesagt hat. Die Rede wurde genau so gehalten, wie sie im Manuskript stand. Die einzige Erklärung wäre, dass das Video gefälscht ist und den Medien untergeschoben wurde, um einen Börsencrash zu verursachen. Die Pressemitteilung, die du siehst, ist auch ein Fake. Hier ist ein digitaler Angriff im Gang, unsere Website muss gehackt worden sein. Die Pressemitteilung sollte bestätigen, dass das Video echt ist, aber beide sind Fälschungen.«

Kiesman unterbrach ihn. »Du willst mir also erzählen, dass es ein Fake-Video vom Fed-Chef und eine gefälschte Pressemitteilung auf eurer Website gibt, während zugleich euer Chef verschwunden ist und ihr keinen anderen Beleg dafür habt? Das reicht mir nicht. Ich bin bereit, über dein Statement zu berichten, aber wir werden unsere Story nicht zurückziehen, bevor wir nicht mit Ray gesprochen haben. Und die anderen Sender werden das auch nicht tun. Wir brauchen einen echten Fed-Chef in einem echten Raum mit echten Reportern, um dieses Feuer zu löschen.«

»Du kannst auch Folgendes in deinen Bericht aufnehmen«, sagte Faust. »Wir haben das FBI über das Deepfake-Video informiert und sie ermitteln jetzt. Wir werden ihnen jetzt auch mitteilen, dass unsere Website gehackt und eine gefälschte Pressemitteilung in Umlauf gebracht wurde. Wir haben für 12:45 Uhr eine Pressekonferenz mit dem Fed-Chef im Presseraum der Fed-Zentrale angekündigt. Schickt uns einen Reporter, ihr könnt live übertragen. Mehr können wir zum jetzigen Zeitpunkt nicht tun.«

2. Dezember, 18:15 Uhr MEZ | Dow Jones Industrial Average: 29 762 (Handel wird fortgesetzt)

Ronnie und Stefan waren beeindruckt von der Qualität ihres Fake-Videos von Dowells Rede. Sie hatten dafür eine Schwarzkopie des Softwaretools von Sythesia verwendet, das von einer kriminellen Hackergruppe in Rumänien angeboten wurde. Sie hatten mehrere Tausend Stunden an Tonaufnahmen von Dowells Stimme, die während seiner Reden, Pressekonferenzen und Zeugenaussagen vor Ausschüssen gemacht worden waren. Entsprechend hatten sie auch einige Tausend Stunden an Videomaterial, das bei denselben Veranstaltungen aufgezeichnet wurde, sowie weitere Videos ohne Ton, die zum Beispiel bei Tagungen wie dem Jackson Hole Economic Symposium entstanden waren, dem alljährlich von der

Federal Reserve ausgerichteten Wirtschaftskongress in Jackson Hole im US-Bundesstaat Wyoming. Um das Hintergrundgeräusch zu erzeugen, hatten sie zahlreiche Reden verwendet, die im Economic Club of New York gehalten worden waren. Sie hatten sogar ein leichtes Echo reingemischt, wie es entsteht, wenn jemand mit einer echten Digitalkamera einen Redner aus einiger Entfernung aufnimmt. Auch Dowells Kleidung war perfekt. Sie hatten den mächtigsten Zentralbanker der Welt digital geklont, wie er eine Rede hielt, die er tatsächlich nie gehalten hatte. Es den Medien unterzujubeln war das Einfachste an der ganzen Aktion gewesen. Da die großen Sender nicht live über die Rede berichtet hatten, waren sie froh, diesen Videoclip von einer nahezu unbekannten Nachrichtenagentur zu erhalten – CNBC, Bloomberg und Fox Business rissen sich darum wie Piranhas und von da an verbreitete es sich wie ein Lauffeuer. Die Pressemitteilung, mit der die Echtheit des Videos bestätigt wurde, war sogar noch einfacher. Ronnies Team kopierte einfach den typischen Fed-Speak-Stil, bis hin zu den sterbenslangweiligen Formulierungen, und ließ den Text über Hacker der alten Schule verbreiten. Das Timing war kritisch, doch Ronnie sorgte dafür, dass der Zeitpunkt der Veröffentlichung mit dem Handel an den Märkten und ihren eigenen Tradingaktivitäten abgestimmt war. Jetzt war es an der Zeit, die Gewinne mitzunehmen und sich aus dem Staub zu machen.

»Dunk, wie haben wir uns geschlagen?«, fragte Ronnie.

Ronnie und Stefans Trades wurden in Form von Derivaten mit Börsenhändlern als Counterparts durchgeführt und waren daher nicht strikt an die Handelsstopps gebunden, die für den ganzen Markt galten. Dennoch stellten diese Trader ihre Bestätigungen von Derivategeschäften während Handelsstopps zurück, da sie auf die börsengehandelten Märkte angewiesen waren, um ihre eigenen Positionen abzusichern. Sobald der Handel wieder aufgenommen wurde, konnten die Händler die betreffenden Preise ermitteln und die aufgegebenen Trades bestätigen.

»Wir sind fertig«, sagte Dunk. »Wir haben mit den Short-Positionen in S&P-500-Futures und zehnjährigen Treasury Notes insgesamt etwa 250 Millionen Dollar gemacht. Beide Trades werden noch vor Tagesende in Cash abgewickelt. Du hattest recht; sie waren froh, ihre Long-Positionen loszuwerden.«

Ronnie und Stefan waren nicht die Art von Leuten, die Champagnerkorken knallen lassen. Geschäft war Geschäft, feiern konnten sie später. Ronnie sinnierte darüber, dass ein Gewinn von 250 Millionen Dollar eine nahezu unendlich hohe Rendite auf das eingesetzte Kapital darstellte, da sie nur eine sehr niedrige Anfangsmarge gebraucht hatten, um ihre Positionen zu eröffnen.

»Na prima. Überweis den Erlös in cash an die PolyBit Bank. Sie ist ein Portal zwischen dem Fed-System und Kryptowährungen. Instruiere die Bank, das Cash in die Kryptowährung Tether zu konvertieren, damit an der JCN-Kryptobörse Bitcoin zu kaufen und die Bitcoin in Cold Storage zu halten. Alles klar?«

»Ja, alles klar. Ich werde Sie informieren, wenn die Überweisungen und die Kryptokäufe erledigt sind.«

Ronnie sagte zu Stefan: »Rede mit dem Team. Macht alles dicht. Löscht sämtliche Daten von den Servern – sie sollen sie an die Löwen verfüttern, wenn es sein muss. Wir werden die Dinge ein paar Wochen lang abkühlen lassen, dann werden alle ihren Anteil bekommen.«

Ronnie wusste, dass noch ein paar Kleinigkeiten zu erledigen waren, aber schon jetzt sah dieses Projekt fast wie ein perfektes Verbrechen aus. Er ging hinaus auf die Dachterrasse, um die laue Mittelmeernacht zu genießen und die Sterne zu bewundern.

2. Dezember, 12:18 Uhr ET | Dow Jones Industrial Average: 27 368 (Handel für den Tag ausgesetzt)

Huang und seine Algos hielten den Verkaufsdruck aufrecht und häuften während des Handelsstopps Verkaufsorders an. Huang wollte eine Art Stausee aufbauen, der nur darauf wartete, den Fluss zu überfluten, sobald der Damm brach. Nachdem der Handel wieder aufgenommen worden war, dauerte es nur drei Minuten, bis der Level-3-Handelsstopp erklärt und der Handel für den Rest des Tages ausgesetzt wurde. Der Dow schloss bei 27368 Punkten, was ein Minus von 6842 Punkten oder 20 Prozent für den Tag ausmachte.

Die gesamten Verluste an New York Stock Exchange und Nasdaq beliefen sich auf etwa 10 Billionen Dollar, ohne die auf diesen Indizes basierenden Derivatepositionen. Berücksichtigte man die durch Bankkredite finanzierten Derivatepositionen von Hedgefonds, würden die Gesamtverluste eher bei 40 Billionen Dollar liegen. Das entsprach mehr als 100 Prozent des Gesamtwerts aller börsennotierten Aktien. Die Aufsichtsbehörden und Banken wussten, dass es mehrere Wochen dauern würde, das ganze Ausmaß des angerichteten Schadens zu überblicken.

Ray Dowell traf endlich in Washington ein und hielt seine Pressekonferenz mit Reportern ab, die live berichteten. Doch das interessierte niemanden mehr. Es war der antiklimaktischste Moment der Finanzgeschichte. Die Tatsache, dass etliche Fakes bei der Kernschmelze eine Rolle gespielt hatten, war nicht mehr wichtig, sobald der Meltdown geschehen war. Die Marktteilnehmer nahmen an, dass das FBI die betrügerischen Aktivitäten irgendwann aufklären würde. Sie würden beim nächsten Mal, wenn sich eine solche Panik ankündigte, vorsichtiger sein, doch im Moment spielte das alles keine Rolle mehr. Ganze Vermögen waren verloren gegangen, Pensionsfonds waren vernichtet worden und mit Sicherheit würde eine Kaskade von Bank- und Hedgefonds-Konkursen folgen. Nur darauf kam es an. Das war alles, was zählte – die Torheiten der Fed waren nur ein Nebenschauplatz.

Zeitgleich mit dem Crash der Aktienmärkte kam es auch zu einem Zusammenbruch der Anleihemärkte. Das von der Fed in die Welt gesetzte ursprüngliche Gerücht, dass sie die Zinssätze anheben und die Geldpolitik straffen würde, führte zu Zweifeln an der

Kreditwürdigkeit der US Treasury, dem US-Finanzministerium selbst. Während ein Absturz der Aktienmärkte in der Regel dazu führt, dass in großem Umfang sichere Anleihen gekauft werden, geschah nun genau das Gegenteil. Aus Sicht der Anleger war eine kritische Schwelle überschritten worden. Wenn die Zinsen stiegen, würde sich auch die US-Staatsschuld erhöhen, da die Treasury auf die bereits emittierten Staatsanleihen Zinsen zahlen musste. Dadurch würde die US-Schuldenquote – das Verhältnis der Staatsschuld zur Wirtschaftsleistung des Landes – über das ohnehin schon erreichte Rekordniveau hinaus ansteigen. In den Augen der meisten Trader war Inflation der einzige Ausweg aus der ausufernden Staatsverschuldung. Das bedeutete, dass die Fed der letzte Käufer von Staatsanleihen sein würde, da plötzlich der gesamte Markt nur noch aus Verkäufern bestünde. Die Verluste bei US-Staatsanleihen wurden auf insgesamt 3 Billionen Dollar geschätzt. Doch ebenso wie bei den Aktien würde es eine Weile dauern, die Verluste bei Derivaten, Futures und Optionen zu berechnen. Der Anleihemarkt war stärker fremdfinanziert als der Aktienmarkt, sodass Gesamtverluste von 10 Billionen Dollar oder mehr absehbar waren.

Dies war der mit Abstand größte Verlust an einem einzigen Tag in der Geschichte der Wertpapiermärkte. Und er war noch nicht zu Ende.

2. Dezember, 12:30 Uhr ET | Dow Jones Industrial Average: 27 368 (Handel für den Tag ausgesetzt)

Tara Laval, Chief Technology Officer der New York Stock Exchange, hatte seit 10:30 Uhr immer wieder versucht, ihren Counterpart bei Morgan Stanley anzurufen. Um diese Uhrzeit hatte ihr Monitoring-System sie auf den kontinuierlichen Strom von Verkaufsorders hingewiesen, die sich auf ein kleines Sortiment an Mega-Cap-Aktien konzentrierten und anscheinend in regelmäßigen Abständen von Morgan Stanley an die Börse geschickt wurden. Insgesamt war das

Verkaufsvolumen an diesem Tag enorm und Morgan Stanley war keineswegs das einzige Unternehmen, das sich an der Schlacht beteiligte. Doch an der Regelmäßigkeit der Verkäufe durch Morgan Stanley war etwas, das in einem ansonsten chaotischen Markt anormal aussah. Zunächst konnte Laval mit ihren Anrufen niemanden erreichen, es war einfach auf allen Ebenen der Investmentbank zu viel los. Doch schließlich nahm Arjun Venkata, Morgan Stanleys CTO, ihren Anruf entgegen.

Laval sagte ihm: »Ich würde gern einen Teil Ihres Auftragsstroms von heute Morgen verifizieren. Wir sehen eine enorme Anzahl an Verkäufen, die in regelmäßigen Abständen in gleich großen Paketen mit immer denselben sieben Mega-Cap-Namen reinkommen. Das sieht für uns merkwürdig aus. Es werden zwar im gesamten Markt massenhaft Aktien verkauft, aber ohne Regelmäßigkeiten; es ist eher wie eine Stampede. Ihre Verkäufe heben sich von der Masse ab. Was steckt dahinter? Wer ist der Kunde?«

Venkata winkte zwei Assistenten heran und ließ sich denselben Auftragsstrom auf seinem Monitor anzeigen. »Ich sehe nichts von dem, was Sie beschreiben. Die Ticker sind da, aber sie sind nicht gebündelt, und die Timestamps sind unregelmäßig. Geben Sie mir ein paar spezifische Einzelheiten.«

Laval las vier Verkaufsorders aus ihrem System vor, die dem entsprachen, was sie Venkata gerade eben beschrieben hatte. »DK, DK«, sagte Venkata (Börsenjargon für »don't know«). »Wir sehen diese Trades nicht. Sie passen nicht zu den uns vorliegenden Orders.«

»Sie können die nicht einfach DK'en«, erwiderte Laval. »Diese Orders sind über Ihr System reingekommen. Wir haben sie Ihnen und den Käufern bestätigt. Sie sind abgehakt. Sie müssen dazu stehen.«

Venkata steckte in einem Dilemma. Einerseits teilte ihm die NYSE mit, dass er den Markt massiv geshortet hatte. Normalerweise kann das in einem fallenden Markt durchaus profitabel sein, aber es war nicht garantiert, dass der Markt nicht wieder zulegen würde, bevor Morgan Stanley seine Short-Positionen (Leerverkäufe) gedeckt hatte.

Davon abgesehen handelte es sich um ungedeckte Leerverkäufe, die formal gesehen illegal sind. Die Käufer hatten im Laufe des Tages Geld verloren, doch vielleicht hatten sie kein Problem damit, die bekannten Namen zu Schnäppchenpreisen gekauft zu haben und auf eine Erholung der Kurse zu warten. Der große Gewinner in diesem Markt war Unit 61398, obwohl niemand wusste, dass es sie gab. Außerdem wickelte die chinesische Einheit ohnehin keine Trades ab – ihr einziges Ziel bestand darin, Chaos zu stiften, und das war ihr gelungen.

»Hören Sie«, sagte Venkata. »Diese Trades sind nicht in unserem System. Wir werden sie nicht abwickeln. Wir wissen nicht, was passiert ist. Das ist wahrscheinlich ein Thema für unsere CEOs.«

»Okay«, sagte Laval. »Sagen Sie James, er könne einen Anruf von Jen erwarten.« James Grumman, der CEO von Morgan Stanley, und Jen Martin, die Präsidentin der NYSE, würden die Sache klären müssen. »Und zwischenzeitlich werden wir den Vorgang der SEC [Securities and Exchange Commission, US-Wertpapier- und Börsenaufsicht] melden.«

Der Anruf kam gegen 13 Uhr. Jen Martin kam direkt zur Sache.

»Jim, die Sache ist doch ganz einfach. Die Trades kamen aus eurem System. Sie wurden bestätigt und die Käufer sind dabei, sie abzuwickeln. Wenn ihr euch weigert, sie auf eurer Seite abzuwickeln, werden wir euren Zugang mit sofortiger Wirkung sperren.«

»Jen, das sind nicht unsere Trades. Irgendetwas läuft hier gewaltig schief. Du solltest die Trades auf beiden Seiten stornieren, bis wir der Sache auf den Grund gegangen sind.«

»Auf keinen Fall«, sagte Martin. »Du hast gesehen, was hier heute los war. Wenn wir eure Trades stornieren, werden uns 1 Billion Dollar an anderen Stornierungsforderungen ins Haus flattern, aus allen möglichen und unmöglichen Gründen. Wir haben diese Standleitungen aus gutem Grund. Es ist euer Job, auf eurer Seite zu den Trades zu stehen, die hier eingehen.«

»Ihr könnt uns nicht sperren. Wir verwalten 6 Billionen Dollar an Kundenvermögen. Sie sind auf uns angewiesen, um ihre Trades zu erledigen. Du willst diese Anleger aus dem Markt schmeißen«, sagte Grumman.

»Wir bewahren die Integrität des Marktes. Vielleicht kannst du deine Kollegen bei Goldman Sachs oder JPMorgan dazu bewegen, als Prime Broker für euch zu fungieren. Uns wäre das egal, denn wir werden sie für diese Trades zur Verantwortung ziehen. Wenn du mir nicht sofort sagst, dass ihr diese Trades honorieren werdet, seid ihr raus.« Nach einer Pause sagte Grumman schließlich: »Wir können nicht die Verantwortung für Phantom-Trades übernehmen.«

»Also gut«, sagte Martin. »Ihr seid raus. Wir werden die SEC informieren und eine Pressemitteilung herausgeben.«

Es war typisch für die Wall Street, dass die Nachricht über die Sperre von Morgan Stanley durchsickerte, bevor die Pressemitteilung überhaupt veröffentlicht war. Carl Kasperino berichtete darüber auf Fox Business. Die Folgen machten sich sofort bemerkbar. Morgan Stanleys Derivate-Counterparts erklärten einen Zahlungsausfall für offene Swap-Trades. Viele Repo-Counterparts weigerten sich, Finanzierungen zu verlängern. Etliche Banken reduzierten ihre Kreditlinien unter Berufung auf eine wesentliche nachteilige Veränderung der Kreditwürdigkeit Morgan Stanleys. Diverse Kunden riefen in Panik ihren Kundenberater an, um ihr Konto an einen anderen Börsenhändler übertragen zu lassen. Diese Reaktionen wurden noch durch KI-Systeme beschleunigt, die darauf programmiert waren, die großen Medien in Echtzeit zu scannen und aufgrund von Zigtausenden Vereinbarungen zwischen Banken, Brokern und Kunden und vielen Millionen Seiten Trainingstexten, in denen beschrieben war, was man bei früheren Paniken gemacht hatte, sofort zu reagieren. Es gab keine Konferenzräume voller Junior-Anwälte mehr, die rund um die Uhr Kleingedrucktes lasen; die juristische Beurteilung der Lage erfolgte innerhalb von Minuten. Bis zum Abend war Morgan Stanley von der Fed und der FDIC (Federal Deposit Insurance Corporation, Einlagensicherungsfonds der US-Bundesregierung) unter Zwangsverwaltung gestellt worden; die Bank war für praktische Zwecke pleite.

Oberst Huang ließ sich nicht aus der Ruhe bringen, als er die Nachricht hörte. Seine Hacker waren agil. Sie würden ihre Trading-Aktivitäten auf Citi verlegen, wenn die Märkte am nächsten Tag wieder öffneten – falls sie denn wieder öffneten.

Der Fall Morgan Stanley ließ die schlimmsten Befürchtungen der Aufsichtsbehörden wahr werden. Ein Aufsichtsbeamter ist nicht allzu beunruhigt, wenn Märkte zusammenbrechen, da sie sich typischerweise schnell wieder erholen. Er macht sich keine allzu großen Sorgen um die Liquidität der Märkte; er kann Assets garantieren und die Banken mit Cash fluten, indem er Wertpapiere kauft und Repo Lines (Rückkaufvereinbarungen) anbietet. Die größte Angst eines Aufsichtsbeamten ist der serielle Zusammenbruch zahlreicher Hedgefonds, Banken und Brokerages (Börsenmaklerfirmen); eine solche Entwicklung ist schwer zu erkennen und noch schwerer aufzuhalten.

Ein Hedgefonds weiß, wie viel er intern verliert, ist aber nicht verpflichtet, Verluste sofort an die Aufsichtsbehörde zu melden. Eine Insolvenz (Zahlungsunfähigkeit) tritt in der Regel erst dann ein, wenn der Fonds die Einschussforderungen eines Prime Brokers nicht mehr bedienen kann. Das kann dazu führen, dass der Makler Vermögenswerte (Aktiva) des Fonds verkauft und seine Konten schließt. Die Gegenparteien erfahren nicht unbedingt sofort von der Pleite; es dauert ein oder zwei Tage, bis die Nachricht durchsickert. Erfahrene Marktteilnehmer wissen, dass es Zahlungsausfälle geben wird, können aber nicht sofort erkennen, wer die Opfer sind. Sobald es zu Zahlungsausfällen kommt, übertragen sich die Verluste schnell von den Hedgefonds auf Banken und Brokerages, die die betroffenen Positionen finanziert haben. Durch Notverkäufe von Aktiva kann nur selten eine auch nur annähernd vollständige Wiederherstellung der Zahlungsfähigkeit erreicht werden. Die Kaskade wird immer schlimmer. Jeder Trade hat zwei Seiten; bei einem Crash kann es ebenso viele Gewinner wie Verlierer geben. Zu einem Problem kommt es erst, wenn die Verlierer pleitegehen und aus dem

Markt ausscheiden, weil dann die Gewinner ihre Außenstände nicht mehr eintreiben können und ebenfalls zu Verlierern werden. Das ist ungefähr so, als ob Sie beim Roulette einen großen Gewinn einfahren und zur Kasse gehen, um Ihr Geld abzuholen, dann aber feststellen, dass die Kasse geschlossen wurde und das Casino soeben seine Zahlungsunfähigkeit verkündet hat. Das Einzige, was Sie dann noch haben, ist eine Tasche voller wertloser Jetons. An diesem Punkt können selbst die Gewinner des Marktes in finanzielle Bedrängnis geraten. Aufgrund von Fremdfinanzierungen, der sogenannten Leverage oder Hebelwirkung, können die Gesamtverluste sogar die Größe des Marktes selbst übersteigen. Es ist wie ein Minenfeld – Banken, die vor einer Börsenpanik davonrennen, um sich in Sicherheit zu bringen, treten auf eine Mine.

2. Dezember, 16:30 ET | Dow Jones Industrial Average: 27 368 (Märkte geschlossen)

Obwohl die Märkte bereits gegen Mittag geschlossen worden waren, hatten die Verluste nicht aufgehört. Sie übertrugen sich vom Ticker auf die Marktteilnehmer selbst. Wie erwartet waren die meisten in Bedrängnis und einige stellten den Betrieb ein. Die Primary Dealers auf dem Treasury-Notes-Markt hatten Wertverlust von Kapital erlitten. Jefferies LLC und Daiwa Capital Markets meldeten der SEC ihre Zahlungsunfähigkeit; es war zu erwarten, dass sie mit nicht abgewickelten Trades in Höhe von einigen Milliarden Dollar ihre Türen schließen würden. Hedgefonds-Leichen trieben an die Oberfläche, aber das war erst der Anfang.

Angesichts der Entwicklungen in New York kündigte die Börse von Tokio an, dass sie am 3. Dezember nicht öffnen würde. Aller Wahrscheinlichkeit nach würden solche Ankündigungen dem Lauf der Sonne um die Erde folgen und zu ähnlichen Börsenschließungen in Singapur, Frankfurt und London führen. Repräsentanten der

SO ENDEN MÄRKTE

New York Stock Exchange und der Nasdaq trafen sich per Videokonferenz mit dem Financial Stability Oversight Council, dem auch der Chef der Federal Reserve, der US-Finanzminister und der SEC-Chef angehörten. Die Börsenmanager teilten den Aufsichtsbehörden mit, dass das Ausmaß der Verluste, der Rückstand an Verkaufsorders, die Insolvenzen und die anhaltende Panik es unmöglich machen würden, die Börsen am nächsten Tag wieder zu öffnen. Andernfalls erwarteten sie erneut einen Level-3-Handelsstopp, nur dass er dieses Mal innerhalb von Minuten statt Stunden kommen würde. Sie bezweifelten, dass die Börsen überhaupt jemals wieder geöffnet werden könnten, ohne vorher die Banken zu verstaatlichen und für die Börsen selbst Garantien bereitzustellen. Als diese Botschaft nach und nach bei den Teilnehmern der Videokonferenz zu sacken begann, wurde ihnen klar, dass gerade eben börsennotierte Aktien im Wert von rund 50 Billionen Dollar in privates Beteiligungskapital umgewandelt worden waren, das illiquide, nicht handelbar und von zweifelhaftem Wert war.

Ronnie und Stefan wandelten ihre Gewinne in Bitcoin um, stellten ihre Aktivitäten ein und trafen Vorbereitungen, Palma am Morgen zu verlassen. Oberst Huang wartete ab. Er war darauf vorbereitet, noch mehr Schaden anzurichten, doch das würde sich vielleicht als unnötig erweisen. Die Märkte funktionierten nicht mehr und die US-Wirtschaft würde bald ins Taumeln geraten. James Grumman trat zurück, nachdem die FDIC bekannt gegeben hatte, dass Morgan Stanley unter Zwangsverwaltung gestellt werden sollte. Ray Dowell und Tom Faust wurden irrelevant – sie hatten bereitgestanden, um Liquidität sicherzustellen, doch nach einer ganzen Serie von Krisen seit 1998 war diese neue Krise so massiv, dass die Fed sie nicht mehr unter Kontrolle bringen konnte. Das Vertrauen in die Zentralbank war verschwunden.

2. Dezember, 18:30 ET | Dow Jones Industrial Average: 27 368 (Märkte geschlossen)

Nick nippte an einem Daiquiri, den Sara an der geteilten Bar in seiner Suite bestellt hatte.

»Weißt du, Sara«, sagte er. »Wir sind heute einer Katastrophe entgangen.«

Sara sagte: »Oh, haben Sie das noch nicht gehört? Unsere Bank wurde heute Abend um 18 Uhr von der FDIC geschlossen. Die FDIC versichert Einlagen nur bis zu 250 000 Dollar. Die 30 Millionen Dollar auf Ihrem Konto wurden durch Forderungsbescheinigungen des Insolvenzverwalters ersetzt. Diese können nur durch den Verkauf von Aktiva der Bank eingelöst werden, aber die Aktiva der Bank sind belastet. Erst mal ist das ganze Geld weg.«

Nick war wie betäubt; zu betäubt, um sich an diesem Punkt die Laune verderben zu lassen. Es gab absolut nichts, was er tun konnte. Er nahm noch einen Schluck von seinem Daiquiri.

»Ist noch irgendwas da?«, fragte er.

»Nur das Gold«, antwortete Sara.

KI/GPT in der Todesspirale

Die vorstehende Fallstudie ist nur eine von vielen, die man sich ausdenken könnte. Es sind unzählige Varianten denkbar. Die Probleme könnten auf den Devisenmärkten entstehen statt auf den Aktienmärkten; der Zusammenbruch der Herstatt-Bank im Jahr 1974 ist dafür ein gutes Beispiel. Die Manipulatoren hätten in der Karibik statt am Mittelmeer sitzen können; die ausländischen Angreifer hätten Iraner statt Chinesen sein können. Der Angriff hätte in London statt in New York beginnen können; die auslösende Großpleite hätte einen Hedgefonds statt einer bekannten Investmentbank treffen können. Und so weiter. Es spielt keine Rolle. Börsenpaniken haben unterschiedliche Auslöser und enden doch alle auf dieselbe Weise. Panik ist Teil des menschlichen Wesens und läuft auf vorhersehbare Weise ab – alles verkaufen, in Cash umwandeln, in Deckung gehen und den Sturm abwarten. Einige wenige Anleger können von dieser Empfehlung profitieren; doch wenn alle zugleich das Gleiche machen, kollabiert das System sehr bald und am Ende kann überhaupt niemand mehr irgendetwas tun – alle sind in derselben Todesspirale gefangen.

Maßnahmen wie Circuit Breakers, Handelsstopps, Happy Talk von Regierungssprechern und Kommunikation zwischen Marktteilnehmern können zwar allesamt helfen, aber nur bis zu einem bestimmten Punkt. Ihr Potenzial, eine Panik zu dämpfen, wird von dem Tempo begrenzt, mit dem Paniken sich heutzutage ausbreiten. Während der Panik von 1907 rief John Pierpont Morgan die führenden New Yorker Banker in der Bibliothek seines Stadthauses in Murray Hill zusammen, ließ die Tür von außen verriegeln und sagte ihnen, sie könnten den Raum erst wieder verlassen, wenn sie einen Rettungsplan ausgearbeitet hätten. Bis zum Morgen hatten sie es geschafft. Nach heutigen Maßstäben scheint so eine nächtliche Triage-Sitzung für Banken – welche überleben dürfen und welche nicht – ein gemächlicher Luxus zu sein. Wenn sich heutzutage die Verkaufsorders schneller stapeln, als sie ausgeführt werden können, und die einzige Lösung (nachdem die Kurse abgestürzt sind) darin besteht, die Märkte zu schließen, gibt es keine solchen Auszeiten mehr.

Paniken an den Finanzmärkten sind zwar nichts Neues, aber die Rolle von KI/GPT *ist* neu und verschärft die Dinge exponentiell. Das soll keine Kritik an KI sein – sie funktioniert wie beabsichtigt. Es ist vielmehr eine Kritik an den Menschen, die dieses Tool nicht verstehen, sich allzu sehr darauf verlassen und ihm viel zu viel Autonomie im Trading-Prozess einräumen. Es folgen die Lehren aus dem obigen Szenario, unter besonderer Berücksichtigung der Rolle von KI/

KI/GPT IN DER TODESSPIRALE

GPT, die eine Panik so weit verstärken können, dass die Regierung nicht mehr in der Lage ist, sie einzudämmen:
Es gab kein Mastermind, keinen führenden Kopf. Bei der Finanzpanik gab es keine einzelne Partei, die das Geschehen vorantrieb, und daher auch keine alleinige Möglichkeit, die Panik zu stoppen. Nick wusste nicht, dass Ronnie und Stefan im Begriff waren, eine raffinierte Marktmanipulation über die Bühne zu bringen. Ronnie und Stefan hatten keine Ahnung, dass der chinesische Geheimdienst einen bösartigen Angriff startete, der durch ein von KI moderiertes Order-Erfassungssystem noch wirkungsvoller werden sollte. Die Chinesen wussten nicht, dass ihre Missetaten durch eine gefälschte Fed-Ankündigung mit Deepfake und eine mithilfe eines Hackerangriffs verbreitete Pressemitteilung unterstützt werden würden. Morgan Stanley erkannte erst, als es zu spät war, dass jemand sich Zugang zum Order-Erfassungssystem der Bank verschafft hatte. Die New York Stock Exchange hatte keine Ahnung, dass die Orders von Morgan Stanley gefälscht waren. Die Federal Reserve erkannte erst, als die Panik schon in vollem Gange war, dass Stimme und Bildmaterial von ihrem Chef künstlich erzeugt und in Umlauf gebracht worden waren. Die Tatsache, dass jede dieser Aktivitäten in Wechselwirkung mit den anderen stand und etwas hervorbrachte, das Komplexitätstheoretiker als »emergente Eigenschaft« bezeichnen, nämlich einen Meltdown der Märkte, war eine Entwicklung, die kein Analyst genau so hätte vorhersagen können, selbst wenn er etwas über einige Ursachen dieser Kernschmelze gewusst hätte. Kein Mensch war verantwortlich, nur das System.

KI ist der ultimative Resonanzkörper. Bei der Beschreibung der oben erwähnten Treiber der Panik haben wir die mächtigste Komponente weggelassen: künstliche Intelligenz. So gut wie jedes heute von Banken, Brokern und Vermögensverwaltern eingesetzte Trading- und Risikomanagementsystem hat KI-Funktionen eingebaut, ganz gleich, ob der User sie versteht oder nicht. Die meisten dieser Funktionen sind ziemlich einfach und relativ harmlos. Wenn ein Tradingsystem so programmiert ist, dass es erkennt, ob eine bestimmte Aktie um 2 Prozent gefallen ist, und den User dann mit sanfter Stimme darauf hinweist, ist das zwar eine Art von KI/GPT-System, aber kein gefährliches. Es bleibt dem Menschen überlassen zu entscheiden, was er tun will, sobald er die Warnung zur Kenntnis genommen hat. Von diesem Punkt aus ist es einfach, das System so zu programmieren, dass es die Aktie automatisch verkauft, sobald die 2-Prozent-Schwelle erreicht ist, ohne auf Anweisungen des Menschen zu warten. Die meisten Trader finden eine Stop-Loss-Funktion in volatilen Märkten nützlich und empfinden es als Erleichterung, dass sie nicht jede einzelne Aktie im Auge behalten und jede Entscheidung selbst treffen müssen. Solche Systeme entwickeln sich schnell weiter, berücksichtigen neue Faktoren, werden komplexer und nehmen mehr Autonomie an. Manche Hedgefonds setzen schon heute KI ein, um Kauf- und Verkaufsentscheidungen ohne menschliches Zutun aufgrund von Tausenden von Faktoren zu treffen, wobei sie »layered neural networks«, »deep learning« und viele Millionen Seiten an Trainingstexten verwenden. Neueste wissenschaftliche Studien lassen vermuten, dass solche Systeme menschlichen Analysten und Tradern überlegen sind.

Mit der zunehmenden Verbreitung solcher Systeme entsteht die Gefahr, dass ein immer größerer Anteil des gesamten verwalteten Vermögens Robotern mit vorprogrammiertem Tradingverhalten anvertraut wird. Wären diese Roboter im Hinblick auf ihre kognitiven Eigenschaften ähnlich vielfältig wie die Menschen – wenn etwa einige Roboter eher risikoscheu wären und andere Trendfolger, wieder andere Contrarians und so weiter –, wäre es vielleicht möglich, ein Trading-Ökosystem nachzubilden, wie wir es von Märkten mit menschlichen Teilnehmern kennen, in denen sich Angst und Gier die Waage halten und ein ungefähres Gleichgewicht mit begrenzter Volatilität aufrechterhalten. Aber so ist es nicht.

Vielmehr enthalten die Input-Nodes größtenteils die gleichen Faktoren (wie sie in Handelsschulen, an wirtschaftswissenschaftlichen

KI/GPT IN DER TODESSPIRALE

Fakultäten und in Schulungen an der Wall Street gelehrt werden), die mithilfe von Regressionsanalysen kalkulierten »edge weights« (Gewichtungen von Tradingvorteilen) sind ungefähr gleich, die Stop-Loss-Limits sind gleich (da sie von Risk-Managern vorgegeben wurden, die alle die gleichen vom Management vorgeschriebenen Standardtools verwenden) und die Inputs sind auch alle identisch, da wir alle die gleichen News-Meldungen zur gleichen Zeit erhalten. Die Trainingssets sind gleich, weil sie von denselben Internetseiten zusammengesammelt werden. Und so ist es nicht überraschend, dass auch die Ergebnisse immer gleich sind. Da es keine Top-Down-Koordination und nicht das Bestreben gibt, unbedingt dieses Ergebnis zu erzielen, singen alle Roboter aus demselben Gesangbuch. Die so entstehende Harmonie ist wunderbar, doch ihre Folgen fürs Marktgeschehen sind beängstigend. Das bringt uns zum Thema:

Die »fallacy of composition« (der Trugschluss der Komposition) erzeugt blinde Flecken. Dieses Konzept ist einfach. Prozesse, die in einem kleinen Maßstab effizient sind, können in einem größeren Maßstab dysfunktional oder sogar destruktiv werden. Der »Trugschluss« bezieht sich auf den Umstand, dass Ökonomen oder Ingenieure es bei der Konstruktion großer Systeme möglicherweise unterlassen, die Auswirkungen von Skalierung zu berücksichtigen. Ein klassisches Beispiel ist Keynes' Sparparadoxon. Im Einzelfall kann Sparen eine kluge Gewohnheit sein, die durch Zinseszins zu wachsendem Wohlstand und einer ansehnlichen Rücklage für unerwartete Notfälle führt. Wenn Sparen sich aber zu einer Gewohnheit in der gesamten Wirtschaft ausweitet, verhindert es den Konsum und bringt die Wirtschaft zum Erliegen. Ein weiteres bekanntes Beispiel dieses Phänomens ist der einzelne Zuschauer, der bei einem Baseballspiel aufsteht, um besser sehen zu können; wenn jedoch alle Fans aufstehen würden, wären alle schlechter dran.

Im Hinblick auf KI und Märkte führt die durch diesen Trugschluss verursachte Dysfunktion schnell zur Zerstörung der Märkte. Auf der untersten Ebene kann ein KI-Prozess, der einem einzelnen

Hedgefonds hilft, Aktien auszuwählen, kurzfristig zu höheren Renditen für diesen Fonds führen. Wenn jedoch immer mehr Hedgefonds dieselbe oder eine ähnliche KI einsetzen, drängen immer mehr Manager in dasselbe Geschäft und die Gewinne werden herausgequetscht. Die billige Seite eines Spread-Trades wird teurer und die teure Seite wird billiger, bis der Spread verschwindet. An diesem Punkt sind KI-Anwender der Markt (die anderen Marktteilnehmer wurden überboten) und die Gefahr von großen Verlusten durch einen plötzlichen Wettlauf zum Exit all der Investoren, die diesen Trade halten, wird deutlich.

Der oben beschriebene GAU tritt ein, wenn eine große Gruppe von Asset-Managern, die Vermögenswerte im Wert von mehreren Billionen Dollar verwalten, alle dieselben oder ähnliche KI-Algorithmen für ihr Risikomanagement einsetzen. Ein einzelner Roboter, der für einen bestimmten Asset-Manager arbeitet, empfiehlt diesem, in einem steil fallenden Markt Aktien zu verkaufen. In manchen Fällen ist der Roboter sogar autorisiert, ohne die Genehmigung eines Menschen zu verkaufen. Isoliert betrachtet kann dies für einen einzelnen Manager die beste Vorgehensweise sein. Doch zusammengenommen führt eine Verkaufskaskade ohne ausgleichende Kaufaufträge durch aktive Fondsmanager, Spezialisten oder Spekulanten direkt zum Absturz der Aktienkurse. Verstärkung durch Feedbackschleifen macht die Sache noch schlimmer. Verschiedene KI-Systeme können unterschiedliche Triggerwerte für Verkäufe haben. Daher werden nicht alle auf einmal ausgelöst, aber über kurz oder lang werden sie alle ausgelöst, da eine Verkaufswelle immer mehr Verkäufe nach sich zieht, die wiederum noch mehr automatisierte Systeme auslösen, die den Verkaufsdruck weiter verstärken, und so weiter und so fort. Unter Robotern gibt es keine konträren Investoren. Die Entwicklung, um solche Systeme in die Lage zu versetzen, Stimmungen am Markt zu berücksichtigen, befindet sich noch im Anfangsstadium.

KI/GPT ist schon da. Sämtliche in dem vorstehenden Crash-Szenario erwähnten Technologien existieren bereits. Natürlich werden solche Systeme ständig weiterentwickelt, es werden neuronale Netze mit immer mehr Ebenen konstruiert, die Trainingssets werden ständig vergrößert und die eingesetzte Rechenleistung steigt exponentiell. KI wird in Zukunft noch leistungsfähiger werden und GPT wird noch mehr zu sagen haben, aber beide sind schon heute weit genug entwickelt, um die beschriebenen Funktionen auszuführen. Ihr Kühlschrank setzt KI ein, um Sie aufzufordern, den Wasserfilter zu wechseln. Ihr Sportwagen nutzt KI, um Sie aufzufordern, langsamer zu fahren. Siri ist im Straßenverkehr eine treue Dienerin und Alexa ist in vielen Haushalten eine gern gehörte Stimme. Wenn es um Konversation, Recherchieren und das Verfassen von Texten geht, ist GPT besser als diese Systeme. Im Vergleich zu diesen Anwendungen ist es trivial, einen GPT-Algorithmus zu entwickeln, der auf der Grundlage eines großen Trainingssets von Textmaterialien, Korrelationen zu vergangenen Krisen und auf Erfahrungswerten basierenden Heuristiken, die verhindern, dass man als Letzter aus der brennenden Scheune kommt, rechtzeitig Aktien verkauft. Die Gefahr liegt, wie oben beschrieben, nicht in einem einzelnen System, sondern in der Synchronizität von Millionen ähnlicher Systeme, die zur selben Zeit das Gleiche tun. Dazu braucht es keine Science-Fiction.

Wir vermenschlichen mathematische Prozesse. KI-Netze werden aus Neuronen (auch bekannt als »Nodes« oder »Knoten«) geknüpft, die in Ebenen angeordnet sind, die als Anfangs-Input-Knoten, End-Output-Knoten, oder intermediäre Knoten, die Input annehmen und auf dem Pfad zu einem Endergebnis Output liefern, fungieren. Diese Nodes sind verknüpft mit Knoten höherer Ebenen, die Informationen mit den ihnen zugewiesenen Gewichtungen übertragen; diese Gewichtungen können zunächst mehr oder weniger willkürlich sein und basieren auf Expertenschätzungen, werden dann aber durch Erfahrung in Deep-Learning-Modellen optimiert. Die Input-/Output-Funktionen variieren abhängig von der Event-Klassifizierung, die von den Entwicklern angestrebt wird. Wenn sie eine binäre Klassifizierung wünschen, verwenden sie die

ReLU-Aktivierungsfunktion (kurz für »Rectified Linear Unit«), die negative Inputwerte als einen Output von null behandelt. Für andere Modelle können sie eine Sigmoid-Aktivierungsfunktion verwenden, die den Output als Wahrscheinlichkeit ausdrückt. Es gibt zahlreiche Variationen dieser grundlegenden Designkonzepte; der springende Punkt ist, dass sie alle auf Mathe reduziert werden können. Ungeachtet seiner einfühlsamen männlichen oder weiblichen Stimme, seines vollen Einsatzes und routinierten Gebrauchs von Fachjargon (nach genug Training) steckt hinter einem GPT-Roboter nichts als Mathematik. Das ist für einen Menschen schwer zu begreifen, wenn er ein Gespräch mit einem intelligenten, freundlichen und scheinbar dienstbeflissenen Roboter führt. Auch wenn wir es besser wissen, neigen wir dazu, dem Roboter menschliche Eigenschaften zuzuschreiben. Sara wirkt sowohl effizient als auch freundlich. Dunk tritt auf wie ein gut ausgebildeter Diener, der allzeit bereit ist, Befehle auszuführen. Das ist eine gefährliche Illusion, denn sobald wir anfangen, einen Roboter als Freund oder Diener zu behandeln, wächst unsere Abhängigkeit, und unsere Bereitschaft, wichtige Entscheidungen zu delegieren, macht uns noch abhängiger von einer Maschine, der es an Seele, Mitgefühl und Leidensfähigkeit fehlt. KI-Anwendungen bringen eine große Gefahr für die Märkte mit sich und diese Gefahr nimmt noch zu, wenn wir uns Roboter als Freunde vorstellen.

KI mit Leverage ist tödlich. »Leverage« ist einfach der Einsatz von Fremdkapital oder einer der unzähligen Formen von außerbilanziellen Derivaten wie Swaps, Optionen, Futures oder Termingeschäften, um die Kapitalrendite zu erhöhen, allerdings mit dem Risiko höherer Verluste. Ein Trader, der mit US Treasury Notes mit zehn Jahren Laufzeit handelt, könnte einfach Notes im Wert von 10 Millionen Dollar für 10 Millionen Dollar in Cash kaufen und auf das Beste hoffen. Wenn der Kurs der Notes um 10 Prozent zulegt, bringt ihm das einen Gewinn von 1 Million Dollar (ohne die Opportunitätskosten für das eingesetzte Geld). Alternativ könnte der Trader einen

Swap mit einem Primary Dealer vereinbaren, bei dem der Primary Dealer dem Trader die feste Rendite für eine 10-Millionen-Dollar-Treasury-Note zahlt und der Trader dem Primary Dealer einen variablen Tagesgeldsatz in Höhe der Finanzierungskosten des Primary Dealers für die Note zahlt. In diesem Szenario würde der Trader vielleicht nur 200 000 Dollar als Sicherheit hinterlegen, was einem sogenannten Haircut von 2 Prozent entspräche. Steigt der Wert der Note um 10 Prozent, kassiert der Trader den Gewinn in Höhe von 1 Million Dollar, wenn der Swap rückabgewickelt wird. Da er nur 200 000 Dollar als Sicherheit hinterlegt hat, beträgt seine Eigenkapitalrendite 400 Prozent oder das 40-Fache der Rendite eines Traders, der keine Leverage einsetzt. Allerdings würde natürlich schon ein leichter Kursrückgang von 2 Prozent für den Trader zu einem Totalverlust des eingesetzten Eigenkapitals führen und möglicherweise einem noch höheren Verlust, wenn er nicht rechtzeitig aus dem Trade würde aussteigen können.

Die Auswirkungen von Leverage sind ebenso alt wie die Märkte. Neu ist dagegen, dass KI-Systeme diese Lektionen gelernt haben. Sie wissen, wie schnell sich für mit Fremdkapital arbeitende Trader in einem kollabierenden Markt die Verluste anhäufen, sogar bis hin zur Insolvenz. KI stellt fremdfinanzierte Portfolios ins Fadenkreuz. Während ein menschlicher Trader seine Verluste vielleicht rationalisieren oder sich mit Ausstiegsstrategien Zeit lassen wird (und damit gewissermaßen Panikverkäufe bremst), kennt ein KI-System keine Emotionen und steigt beim ersten Anzeichen von Problemen einfach aus dem Trade aus, was dem einzelnen Trader helfen mag, doch das System insgesamt toxisch macht.

Was ist zu tun? Die Gefahren von KI/GPT auf den Kapitalmärkten sind sowohl aus dem oben beschriebenen Szenario als auch aus der vorstehenden Analyse klar. Was kann getan werden, um die schlimmsten Gefahren einzudämmen, entweder in Form von technischen Lösungen oder durch Regulierung?

Für ein schlichtes Verbot ist es zu spät. KI/GPT ist da und sein Einsatz nimmt rapide zu. Sie bringt zahlreiche Vorteile, auch wenn die Gefahren groß und noch nicht hinreichend bekannt sind. Trader und Portfoliomanager werden KI einsetzen, um Arbitragemöglichkeiten zu erkennen, günstigere Finanzierungsmöglichkeiten zu finden, Aktien aufgrund von Faktoren zu bewerten, die für Menschen schwer zu erkennen oder zu berechnen sind, und Trades schneller ausführen zu können als Marktteilnehmer, die keine KI nutzen. Da die Vorteile von KI immer deutlicher zutage treten, ist es sogar denkbar, dass Portfoliomanager ihre treuhänderischen Pflichten verletzen, wenn sie KI nicht einsetzen. Damit sind wir wieder beim Trugschluss der Komposition, was bedeutet, dass die Vorteile von KI auf der individuellen Ebene angesiedelt sind, während ihre Gefahren sich im Gesamtsystem verstecken.

Circuit Breakers und Handelsstopps könnten verschärft werden. So könnte zum Beispiel ein Level-3-Handelsstopp – der bedeutet, dass die Märkte für den betreffenden Handelstag geschlossen werden – bei einem Kursrückgang von 10 Prozent statt erst bei einem Rückgang von 20 Prozent verhängt werden. An einem Tag, an dem ein Meltdown abzusehen ist, würden dann die Märkte früher geschlossen, die Tagesverluste verringert und Tradern und Aufsichtsbehörden mehr Zeit für Kommunikation und Koordination gegeben werden, bevor der Handel am nächsten Tag wieder aufgenommen wird. Das ändert jedoch nichts an der eigentlichen Ursache des Meltdowns, der in unserem Szenario auf eine Kombination aus böswilligen Akteuren, Deepfakes, einen Hackerangriff und Wirkungsverstärkung durch KI-Synchronizität zurückzuführen ist. Keiner dieser Faktoren lässt sich durch eine Auszeit beseitigen.

Radikalere Regulierung, etwa das Verbot von »short selling« (Leerverkäufen) und Margenkrediten, könnte möglicherweise einen Meltdown abmildern. Das wäre aber vielleicht nicht besser als eine Vollbremsung, wenn man auf einer vereisten Straße ins Schleudern gerät – durch Bremsen blockiert man zwar die Räder, aber das

Schleudern kann außer Kontrolle geraten. Ein Verbot von Leerverkäufen und Margin-Krediten würde signalisieren, dass eine Krise schlimmer wäre, als die Anleger sie wahrnehmen, was zu weiteren Verkäufen und zur Liquidierung von Vermögenswerten führen kann. Man muss sich mit der Tatsache abfinden, dass bösartige Akteure sich ohnehin nicht an Gesetze halten, obwohl seriöse Prime Broker als gesetzestreue Vermittler agieren, die solche Verbote durchsetzen können.

Die wirksamste Maßnahme zur Schadensbegrenzung besteht darin, Kybernetik einzusetzen. Dieser Begriff leitet sich von dem griechischen Wort »kybernētēs« ab, was »Steuermann« bedeutet. Ein anderer Begriff für Kybernetik ist »Steuerung durch Feedback (Rückkopplung)«. Das Ziel besteht darin, eine Homöostase – einen stabilen Zustand – zu erreichen und zu erhalten. Das klassische Beispiel ist der Thermostat in einem Wohnhaus: Er misst die Temperatur und ist an die Heizungsanlage angeschlossen. Der Hausbewohner stellt den Thermostaten auf die gewünschte Temperatur ein, zum Beispiel 21 Grad. Wenn der Thermostat registriert, dass die Temperatur auf 20 Grad gesunken ist, signalisiert er der Heizung, mehr Wärme zu erzeugen. Wenn der Thermostat misst, dass das Haus sich auf 22 Grad erwärmt hat, signalisiert er der Heizung, sich abzuschalten (oder vielleicht eine Klimaanlage einzuschalten). In jedem Fall verwendet der Thermostat Inputs, Algorithmen und eine digitale Verbindung zu einem zugrunde liegenden System, um die Raumtemperatur auf oder nahe dem gewünschten Wert zu halten. Input unter Verwendung desselben Messparameters zu Output zu machen ist eine Steuerung durch Feedback.

Wenn man sie einsetzen will, um KI-Tradingsysteme auf den Kapitalmärkten zu steuern, könnte Kybernetik so funktionieren: Die Trading- und Risikomanagementsysteme könnten ihre Verkaufsdynamik beibehalten, die auf historischem Trainingsmaterial und dem grundlegenden Algorithmus, um aus einem brennenden Kino zu fliehen, beruht. Dieser Node würde durch einen auf einer höheren

Ebene angesiedelten Node modifiziert, der Verkäufe mit deutlich reduziertem Auftragsvolumen erzwingt, die dem Ausmaß und dem Tempo eines Marktrückgangs angepasst sind. Es könnten weiterhin Verkäufe stattfinden, allerdings in einem gebremsten Tempo. Für jedes KI-System dieser Art wäre ein solcher homöostatischer Knoten ein von der Börsenaufsicht vorgeschriebenes Feature. Falls der Meltdown sich fortsetzt, würde der Algorithmus den Umfang und das Tempo der Auftragserfassung noch weiter reduzieren. So würde die Kybernetik, anstatt auf einer vereisten Straße eine Vollbremsung zu machen, vorsichtig auf die Bremse treten, beide Hände am Lenkrad lassen und das Fahrzeug wie ein guter Autofahrer unter Kontrolle bringen. Der Zweck dieses Vorgehens wäre ähnlich wie bei einem Handelsstopp, doch die Wirkung wäre kontinuierlich und nicht abrupt. Ein solcher Algorithmus wäre schwieriger zu manipulieren; anstatt einem Level-2-Handelsstopp zuvorkommen zu müssen, hätten sowohl legitime Trader als auch böswillige Akteure es mit einem ständigen Gegenwind zu tun. Das Endergebnis könnte manchmal das gleiche sein, aber die kybernetische Strategie ließe mehr Zeit, um rationale Reaktionen zu entwickeln. Ein lernfähiges KI-Modell könnte das Tempo der Verkaufsreduzierungen so anpassen, dass die positiven Auswirkungen durch den Einsatz von Gradientenabstiegs-Algorithmen optimiert würden. Kybernetik ist nicht narrensicher, aber sie bietet eine elegantere Art der Schadensbegrenzung als brachiale Methoden wie Handelsstopps, Handelsverbote und Einfrieren der Märkte.

Zwei Tatsachen bleiben bestehen: Die Bedrohung der Märkte durch KI ist bereits da und sie wird nicht leicht zu beseitigen sein. Investoren, die diese Tatsachen nicht berücksichtigen, werden entsprechend in Mitleidenschaft gezogen werden, wenn der Meltdown kommt – und er wird mit Sicherheit kommen.

Kapitel 2
DER BANKING-MYTHOS

> Notwendigerweise muss am Ende des Tages gelten, dass Inflation ein monetäres Phänomen sein muss. Folglich setzt eine Entscheidung, die Geldpolitik auf Messungen der Geldmenge zu gründen, voraus, dass wir das Geld überhaupt finden können. Und das ist zu einem immer zweifelhafteren Unterfangen geworden.
>
> Alan Greenspan, 28. Juni 2000[4]

Der unaufhaltsame Bank Run

In Kapitel 1 wurde als fiktives Szenario beschrieben, wie Marktteilnehmer, die KI/GPT einsetzen, zunächst nach den Regeln der Märkte handelten, sich dann daranmachten, die Märkte zu manipulieren, und schließlich einen unbeabsichtigten Meltdown der Märkte verursachten, den weder die Täter noch die Aufsichtsbehörden verstanden oder unter Kontrolle bringen konnten. Das Ergebnis war Chaos.

In diesem Kapitel gehen wir der Frage nach, wie andere KI/GPT-Anwendungen einen Bank Run verursachen könnten, der sich wie ein Virus zu einer ausgewachsenen Liquiditätskrise ausbreitet. Zu diesem Zweck brauchen wir uns keine anschauliche Fallstudie auszudenken, da wir reale Beispiele aus der jüngeren Vergangenheit haben, die zeigen, wie ein Bank Run entsteht und eine gravierendere Krise ankündigt, die durch die zunehmende Verbreitung von KI/GPT noch verschärft werden wird.

Der Einsatz von KI ist im Banking weitverbreitet, und das schon seit Jahren. In der Kundenbetreuung werden in großem Umfang digitale Roboter eingesetzt, die allerdings nicht in der Lage sind, Texte zu generieren, wie die neuesten GPT-Apps. Wenn Sie an einem Geldautomaten 1000 Euro abheben wollen und der Automat Sie fragt, ob Sie zwanzig 50-Euro-Scheine oder ein Sortiment aus sechs 50-Euro-Scheinen, zehn 10-Euro-Scheinen und dreißig 20-Euro-Scheinen haben möchten, dann erleben Sie KI im Einsatz. Wenn Sie Ihr Online-Banking-Portal aufrufen und der Computer Sie fragt: »Kann ich Ihnen helfen?«, und Sie dann durch eine Reihe von Aufforderungen, Fragen und Antworten führt, ist das ein digitaler Assistent, der auf KI basiert und eine weniger hochentwickelte Form von GPT einsetzt.

Auf einer kritischeren und potenziell gefährlichen Ebene sind KI und zunehmend auch GPT in das Risikomanagement, den Börsenhandel und den Entscheidungsfindungsapparat des Bankensektors des 21. Jahrhunderts eingebunden. Anstatt Zahlen aus Berichten der Aufsichtsbehörden zu extrahieren und per Tabellenkalkulation zu analysieren, um zu beurteilen, wie solide eine bestimmte Bank ist, kann ein Vermögensverwalter heute einfach einen digitalen Assistenten mit GPT fragen: »Ist es sicher, bei der Eiger Bank Geld einzulegen?«[5] Der digitale Assistent würde dann viele Tausend Seiten mit Reports von Aufsichtsbehörden, Nachrichtenmeldungen, schriftlichen Interviews und Berichten von Wall-Street-Analysten sowie andere Quellen durchkämmen; tatsächlich hätte ein Roboter, der auf die Analyse von Texten aus der Finanzwelt spezialisiert ist, all diese Materialien wahrscheinlich schon vorher gescannt, bevor ihm eine solche Frage gestellt würde. Der Roboter würde dann konventionelle Kennzahlen berechnen, etwa das Verhältnis von Verbindlichkeiten zum Gesamtkapital, von Umlaufvermögen zu kurzfristigen

Verbindlichkeiten, von Einlagen zu liquiden Mitteln und von US Treasury Notes zum Gesamtvermögen. Er würde sich die Höhe der Überschussreserven bei der Federal Reserve, die Entwicklung der Rückstellungen für uneinbringliche Forderungen, die Zinsmargen, die Eigenkapitalrendite und Ähnliches mehr ansehen. Darüber hinaus würde der Roboter auch die regulatorische Historie, Geldstrafen und Bußgelder, jüngere Änderungen im Hinblick darauf, welche Wirtschaftsprüfungsgesellschaft die Buchführung der Bank begutachtet, anhängige Rechtsstreitigkeiten und Ähnliches mehr auswerten. Die höchstentwickelten GPT-Modelle würden darüber hinaus auch wichtige neue Kennzahlen in Betracht ziehen, die vermutlich in den Trainingsmaterialien keine allzu große Rolle gespielt hätten, etwa das Verhältnis von unversicherten Einlagen zu den Gesamteinlagen als einen guten Prädiktor für die Wahrscheinlichkeit eines Bank Runs. Ungeachtet des großen Umfangs der herangezogenen Trainingsmaterialien und öffentlich zugänglichen Ressourcen würde eine solche digitale Due-Diligence-Prüfung dank hoch entwickelter Modellierung und enormer Rechenleistung nur wenige Minuten erfordern, bis der Roboter mit einem »Nein« geantwortet und dann einen 20-seitigen Bonitätsbericht produziert hätte, in dem die Gründe für diese Entscheidung dargelegt wären. Sobald der Vermögensverwalter eine Bank gefunden hätte, die der Roboter mit einem »Ja« abnickt, würde er dort seine Mittel einlegen.

So weit sie denn reicht, ist eine solche Interaktion mit einem Analyse-Roboter durchaus effizient. Ein menschlicher Analyst wäre in Bezug auf die Eiger Bank wahrscheinlich zu dem gleichen Ergebnis gekommen, nachdem er tagelang die gleichen Dokumente zusammengetragen, Kennzahlen berechnet und Risiken erwogen hätte. In diesem Kontext ist GPT eigentlich nur ein schnell lesender Plagiator (eine Charakterisierung, die ich von einem Big-Tech-CEO im Ruhestand gehört habe). Aber manchmal ist ein schnell lesender Plagiator genau das, was man braucht, um den Job möglichst schnell erledigt zu bekommen.

Die Gefahr entsteht, wenn Tausende von Vermögensverwaltern mit milliardenschweren Portfolios zur gleichen Zeit die gleiche Technologie nutzen. Jeder GPT-Assistent, der mit denselben Materialien trainiert wurde, wird in Bezug auf die Eiger Bank in jedem Fall zu der gleichen Antwort kommen: »Nein.« Diejenigen, die dort Einlagen haben, werden sie rasch abziehen. Diejenigen, die Geld anlegen wollen, werden sich anderswo umsehen. »Erst schleichend, dann plötzlich«, um es mit den klassischen Worten von Ernest Hemingway zu sagen, wird ein stiller Bank Run beginnen.

Viele von uns haben lebhafte Erinnerungen an grobkörnige Schwarz-Weiß-Fotos aus den 1930er-Jahren, auf denen unzählige Bankkunden im Mantel und mit Filzhut in langen Schlangen um den ganzen Block herum stehen und darauf warten, in eine in Bedrängnis geratene Bank eingelassen zu werden, um ihr Geld abzuheben. Die meisten schafften es nicht rechtzeitig, bevor die Bank ihre Türen für immer schloss. In jenen Tagen, als es noch keine Einlagensicherung gab, war ihr Geld unwiederbringlich verloren. Solche Fotos reflektieren die Realität: Im Verlauf der Great Depression, der großen Weltwirtschaftskrise ab 1929, gingen Tausende von Banken pleite. Die Bankenkatastrophe erreichte im Winter 1933 ihren Tiefpunkt und wurde dermaßen verheerend, dass der frisch ins Amt gekommene Präsident Franklin D. Roosevelt per Executive Order sämtliche Banken des Landes schloss und dafür den Euphemismus »Bank Holiday« verwendete.

Weniger bekannt ist, dass in vielen Fällen Insider und Spezis der Bankmanager noch Zeit hatten, ihr Geld aus einer maroden Bank abzuziehen, bevor die Nachricht sich herumsprach. Social Media gab es damals noch nicht, aber natürlich Mundpropaganda. Sobald ein Gerücht aufkam, dass eine Bank kurz vor der Pleite stand, verbreitete es sich wie ein Lauffeuer von Nachbar zu Nachbar und es bildeten sich Warteschlangen. Doch bis es so weit war, hatten die Insider ihr Cash bereits in einem Safe bei sich zu Hause oder unter der Matratze gebunkert – die Leute, die in der Schlange standen, waren jene, die es zuletzt erfahren hatten.

DER UNAUFHALTSAME BANK RUN

Seit den 1930er-Jahren hat es im Bereich Finanztechnologie enorme Fortschritte gegeben. Aber trotzdem ist die oben beschriebene Dynamik auch heute noch die gleiche – vollzieht sich aber schneller. Auch heute noch erfahren Insider lange vor der breiten Öffentlichkeit, was vor sich geht, und bringen ihr Geld als Erste in Sicherheit, oder sie stoßen Aktien von kurz vor dem Bankrott stehenden Bankholdinggesellschaften ab. Allerdings gibt es heute keine langen Warteschlangen mehr – Meldungen über schwächelnde Banken verbreiten sich vielmehr in Windeseile über WhatsApp und TikTok. Noch während Sie einem befreundeten Tech-Start-up-CEO eine Textnachricht schreiben, dass er sofort sein Geld abziehen möge, erkundet die mit Ihrem iPhone verknüpfte KI virtuelle Begriffswolken in Form von Token und schlägt Ihnen schneller, als Sie es eintippen können, »Bank Run« vor. Sie tippen auf den Textvorschlag, klicken auf »Senden«, und schon ist Ihre Warnung unterwegs. Sobald Ihr Freund die Nachricht erhält, ruft er die App der in Bedrängnis geratenen Bank auf, gibt sein Passwort ein und beauftragt eine Überweisung von 1 Million Dollar an die Bank of America (die als »too big to fail« gilt). Ihre Warnung und seine Überweisung dauern nur Sekunden. Die Überweisung wird über Fedwire abgewickelt und bei der Bank of America steht das Geld innerhalb einer Stunde oder weniger zur Verfügung. Wie der Bonitätsbericht über die Eiger Bank wirkt das alles seriös und ordentlich, und vor allem bequem.

Was dem Kunden, den Medien und der Aufsichtsbehörde – zumindest am Anfang – entgeht, sind Tempo und Umfang der krisenhaften Entwicklung. Wenn Sie schnell gewarnt wurden und Ihrem Freund ebenso schnell eine Textbotschaft geschickt haben, können Sie sicher sein, dass zur gleichen Zeit Zehntausende solcher Warnungen und zahllose Überweisungen im Volumen von vielen Milliarden stattfanden. Innerhalb weniger Stunden gehen der Bank ihre liquiden Mittel aus; Wertpapiere kann sie nicht schnell genug und nicht in ausreichender Menge abstoßen, um ihren Bedarf an Cash zu decken – innerhalb von ein oder zwei Tagen ist sie gezwungen, ihre Türen zu schließen. Um 18 Uhr am zweiten Tag des Bank Runs gibt die FDIC eine vorgefertigte Pressemitteilung heraus, in die sie nur den Namen und das Datum dieser spezifischen Insolvenz einsetzt und den Einlegern verspricht, ihr Geld sei sicher.

Das Problem ist, dass es bei einem Bank Run nie nur um eine einzige Bank geht, so groß sie auch sein mag. Sogar die gigantischen Investmentbanken Goldman Sachs und Morgan Stanley wurden im September 2008 per Bail-out gerettet, indem sie praktisch über Nacht in Bankholdinggesellschaften umgewandelt wurden, die für Liquiditätsfazilitäten (Notkredite) der Federal Reserve infrage kommen – ein Umwandlungsprozess, der unter normalen Umständen (also wenn kein Notfall vorliegt) mehrere Jahre dauern kann. Tatsächlich handelt es sich bei einem Bank Run um eine Kaskade von Insolvenzen, bei der die Schließung der ersten betroffenen Bank dazu führt, dass Einleger die Solidität ihrer eigenen Bank infrage stellen und von ihr verlangen, Cash auszuzahlen oder an einen Geldmarktfonds zu überweisen. Die Dynamik des Bank Runs wiederholt sich im gesamten System, wie es 1933 geschah, ungeachtet einer Einlagensicherung. Sehr schnell wird die Zahlungsfähigkeit der FDIC infrage gestellt und die Einlagensicherung als leeres Versprechen betrachtet.

Nichts davon ist hypothetisch. Bevor die Rettung von Long-Term Capital Management am 28. September 1998 endlich in trockenen Tüchern war, stand die Finanzwelt kurz davor, sämtliche Börsen der Welt zu schließen. Bevor die Fed im September 2008 pauschale Garantien aussprach und diverse Brokerhäuser in Banken umwandelte, war eine dominoähnliche Serie von Bankpleiten in vollem Gange. Neu ist, dass die Marktteilnehmer verstrickt sind in ein digitales Dickicht aus KI, mobilen Geräten, drahtloser Kommunikation, Social Media, Textnachrichten und dem Delegieren von Investitionsentscheidungen an GPT, das blitzschnell das weiterverbreitet, was ohnehin schon jeder weiß: »Take the money and run« – schnapp dir das Geld und hau ab.

Die Aufsichtsbehörden haben immer noch nichts aus den Erfahrungen von 1998 und 2008 gelernt. Der »Fed Put« – also die

Erwartung von Investoren, dass die Fed Wertpapiere kaufen wird, wenn Finanzmärkte in Schwierigkeiten geraten – ist nach wie vor eine sichere Wette. Sie haben zwar über KI/GPT gelesen, verstehen aber nicht, welch eine Macht es hat. Bei einem Bank Run geht es nicht um Kernkapitalquoten und Liquidität, sondern um Vertrauen und Psychologie. Walter Wriston, nach John Pierpont Morgan der zweitgrößte Bankier des 20. Jahrhunderts, hat mir einmal gesagt, dass Banken kein Kapital bräuchten, um reibungslos zu funktionieren; sie bräuchten nur Interbankeneinlagen – Eurodollars –, um ihre Geschäfte abzuwickeln und ihren Verbindlichkeiten nachzukommen. Das stimmt, aber mit einem Vorbehalt: Der Eurodollarmarkt selbst kann zusammenbrechen, wenn das Vertrauen in die Kreditwürdigkeit der Banken selbst verloren geht. All diese Lektionen und die Ur-Vorlage für das Beenden von Notlagen am Kapitalmarkt finden sich in der Panik von 1907. Diese Lektionen haben die Aufsichtsbehörden nie verstanden und sie sind unverständlich für die Tech-Experten, die Börsenhändler per Textnachricht auffordern, ihr Geld möglichst schnell in Sicherheit zu bringen. Das von Haus aus fragile Bankensystem ist heute anfälliger denn je. Wir steuern auf eine Krise zu, die so groß ist, dass selbst die Fed sie nicht eindämmen kann. Wahrscheinlich hat sie in Santa Clara, Kalifornien, schon begonnen.

Die Finanzwelt erholt sich immer noch von der Pleite der Silicon Valley Bank (SVB). Diese Insolvenz ist ein reales Beispiel für die engen Verflechtungen und die komplexe Dynamik, die das Bankensystem im Zeitalter von KI/GPT zu einem Meltdown verdammen – die Frage ist nicht mehr, *ob*, sondern nur noch, *wann* er passieren wird.

Die SVB war eine Geschäftsbank mit Sitz in Santa Clara, die vom Federal Reserve System reguliert wurde und durch die FDIC versichert war. Dies war der erste Bank Run, der durch KI/GPT verstärkt wurde. Am Freitag, dem 10. März 2023, schloss die FDIC die Bank abrupt, übertrug einige Einlagen auf eine neu gegründete, von der

Bankenaufsicht kontrollierte Bank, annullierte große Guthaben und begann, Aktiva der Bank zu versteigern, um mit den Erlösen Gläubiger auszuzahlen.

Das ist zumindest das, was die FDIC am 10. März sagte. Zwei Tage später, am Sonntag, dem 12. März 2023, hatte sie eine Kehrtwende um 180 Grad vollzogen. Nun erklärten plötzlich das Federal Reserve System (die Fed), das US Treasury (Finanzministerium) und die FDIC in einem gemeinsamen Statement, dass besagte Guthaben doch nicht annulliert werden sollten. Vielmehr würden sämtliche Einlagen voll und ganz versichert sein, unabhängig von ihrer Höhe. Die Obergrenze von 250 000 Dollar für die Einlagensicherung der FDIC wurde sang- und klanglos fallen gelassen – plötzlich gab es keine Obergrenze mehr. Bei der SVB gab es Kundenkonten mit bis zu 3 Milliarden Dollar Guthaben. Letztlich sagte die Regierung: »Kein Problem«, und versprach, den gesamten Betrag unter Schutz zu stellen.

Als Bestandteil des Bail-outs an diesem Wochenende kreierte die Fed das Bank Term Funding Program (BTFP). Laut diesem Programm kann jede Bank der Fed gegen Cash ihre Treasury Notes und Hypothekenverbriefungen (MBS, »mortgage-backed securities«) schicken. Der Cash-Betrag sollte stets 100 Prozent des Nennwerts der Verbriefungen betragen, selbst wenn ihr Marktwert um 30 Prozent niedriger lag. Staatsanleihen im Nennwert von 1 Milliarde Dollar konnten zum Nennwert an die Fed verpfändet werden, selbst wenn sie aktuell nur einen Marktwert von 700 Millionen Dollar hatten. Ein solches unterbesichertes Darlehen würde eine Laufzeit von einem Jahr haben, zu einem extrem niedrigen Zinssatz.

Als sich bis Montag, dem 13. März, der Staub gelegt hatte, waren mehrere folgenschwere Entwicklungen zu beobachten. Diese Rettungsaktion war größer als die Savings-and-Loan-Krise (S&L) der 1980er-Jahre (circa 150 Milliarden Dollar), die Rettung des Hedgefonds Long-Term Capital Management im Jahr 1998 (circa 4 Milliarden Dollar), die globale Finanzkrise 2008 (um mehr als 4 Billionen Dollar expandierte Bilanz der Fed) und die Pandemie-Panik 2020 (um mehr als

6 Billionen Dollar expandierte Bilanz der Fed). SVB war der historisch umfangreichste finanzielle Bail-out der Geschichte.

Der Bail-out vom 12. März 2023 war nicht nur eine Rettungsaktion für die SVB, sondern auch die Rettung von über 50 000 SVB-Einlegern mit über 170 Milliarden Dollar an Guthaben. Es war ein Bail-out für die Kunden der SVB, ihre Mitarbeiter, ihre Zulieferer und das gesamte Hightech-Start-up-Ökosystem im Silicon Valley und rings um die Welt. Es war ein Bail-out für die Milliardäre und die mächtigen Risikokapitalfirmen (VCs), denen diese Start-ups gehörten. Und obwohl die Fed das vielleicht nicht beabsichtigt hatte, war es auch ein Bail-out für den 1 Billion Dollar schweren Kryptowährungsmarkt.

Diese Geschichte ist kein einmaliger Ausreißer. Die Folgen des SVB-Zusammenbruchs werden noch jahrelang zu spüren sein. In komplexen dynamischen Systemen, zu denen auch die Banken- und Kapitalmärkte zählen, ist unmöglich genau abzusehen, welche Unternehmen als nächste pleitegehen werden – doch es ist so gut wie sicher, dass es zu solchen Insolvenzen kommen wird.

Ziehen wir eine Timeline von Ereignissen in Betracht. Das wird uns eine Basis liefern, von der aus wir die eher technischen Aspekte des SVB-Bail-outs, die hinter den Kulissen grassierende Korruption und die Rolle, die KI/GPT in der nächsten Phase der Panik spielen wird, betrachten können.

Der Kollaps der SVB ist eine der bitteren Folgen von acht Jahren Nullzinspolitik (2008 bis 2015) unter den Fed-Chefs Ben Bernanke und Janet Yellen. Diese »zero-interest rate policy« (ZIRP) und das damit einhergehende Gelddrucken in Höhe von 4 Billionen Dollar, auch als »quantitative easing« (QE, »quantitative Lockerung«) bekannt, läuteten ein Zeitalter ein, in dem Anleger auf der Suche nach Rendite gezwungen waren, Sparguthaben in riskantere Märkte wie Aktien, Immobilien oder Emerging Markets umzulenken. Die dadurch entstandenen Asset-Blasen wurden durch Fremdfinanzierung in Form von Carry Trades und Derivaten noch weiter aufgebläht. Weder Bernanke noch Yellen nutzte die Möglichkeit, die Geldpolitik durch eine Erhöhung der Leitzinsen zu straffen – das schien völlig vom Tisch zu sein. Viele Anleger ließen sich leiten von den Devisen TINA (»there is no alternative«) und FOMO (»fear of missing out«, die Angst, eine Chance zu verpassen). Das ist genau die Art von subjektiven Verhaltensfaktoren, die KI/GPT nicht leicht erkennen oder verstehen kann.

Die SVB-spezifische Tageschronologie beginnt am 27. Februar 2023, als Greg Becker, der CEO der Silicon Valley Bank, SVB-Aktien im Wert von 3,5 Millionen Dollar abstößt. Am selben Tag verkauft Daniel Beck, der CFO der angeschlagenen Bank, SVB-Aktien im Wert von 575 000 Dollar. Beide Manager behaupten, diese Verkäufe seien im Rahmen von vorher angekündigten und von der SEC genehmigten Programmen erfolgt. Doch die nicht realisierten Verluste der SVB (die zu diesem Zeitpunkt noch nicht öffentlich bekannt waren) lagen schon etliche Jahre zurück, was bedeutete, dass das im Voraus arrangierte Verkaufsprogramm selbst eine Tarnung für das gewesen sein könnte, von dem beide wussten, dass es kommen würde. Der Kurs der SVB-Aktie lag zum Zeitpunkt dieser Verkäufe bei etwa 290 Dollar; heute ist sie wertlos. Die Insider sind rechtzeitig ausgestiegen.

Am 1. März 2023 rief die Ratingagentur Moody's beim Management der SVB an, um mitzuteilen, dass Moody's eine Herabstufung des »credit rating«, des Bonitätsscores der Bank, in Betracht zog. Bei der SVB schrillten daraufhin alle Alarmglocken. Das Management wusste, dass eine Herabstufung des Ratings dazu führen konnte, dass massenhaft Guthaben abgezogen würden und der Aktienkurs abstürzte. Sofort rief Becker Goldman Sachs an, um einen finanziellen Rettungsplan auszuarbeiten. Er hoffte, dass er mit einem glaubwürdigen Plan Moody's dazu bewegen konnte, die Haltung zu einer Herabstufung des Ratings zu überdenken.

In seiner einfachsten Form war das Problem der SVB ein klassischer Banking-Fehler, nämlich kurzfristige Kredite aufzunehmen und langfristige zu vergeben. Im Fall der SVB bedeutete dies, dass sie kurzfristige Kundeneinlagen entgegengenommen und diese in langfristige Treasury Notes und Anleihen mit Laufzeiten von bis zu 30 Jahren angelegt hatte. Bis Dezember 2022 hatte die SVB 173 Milliarden Dollar an Kundeneinlagen, 74 Milliarden Dollar an Krediten und 120 Milliarden Dollar an Wertpapieren akkumuliert.[6]

Zu den Wertpapieren gehörte ein »Held-to-maturity«-Account (HTM, »bis zur Endfälligkeit gehalten«) in Höhe von 91 Milliarden Dollar sowie ein Account mit zum Verkauf zur Verfügung stehenden Wertpapieren in Höhe von 26 Milliarden Dollar.[7] Zum Verkauf zur Verfügung stehende Wertpapiere müssen zum aktuellen Marktwert bewertet werden, um Kursänderungen zu reflektieren. Der HTM-Account musste nicht zum aktuellen Marktwert bewertet werden. Die SVB hielt 76 Prozent ihrer Wertpapiere in ihrem HTM-Account; der bei großen Banken übliche Wert liegt bei 6 Prozent. Die HTM zugrunde liegende Idee war, dass man sein gesamtes Geld zurückbekommt, wenn man die betreffenden Papiere bis zur Fälligkeit hält; daher können kurzfristige Wertschwankungen risikolos ignoriert werden. Die SVB trieb diese Regel auf die Spitze, um sich vor der Verantwortung zu drücken, Marktrisiken aktiv zu managen.

Dessen ungeachtet muss jede Bank ein gewisses Risikomanagement für ihre gesamten Aktiva, und somit auch für ihren HTM-Account, betreiben. Das ist einfach nur kluges Banking. Das Risikomanagement der SVB war dagegen völlig unzureichend. Die Stelle des Risikomanagement-Beauftragten bei der SVB war vor dem Fiasko sechs Monate lang unbesetzt geblieben. Der Risikomanagement-Beauftragte in der britischen Niederlassung beschäftigte sich ausgiebig mit Fragen der Diversität und schien kaum Zeit fürs Risikomanagement zu haben. Die SVB zahlte bis zu 4,5 Prozent Einlagenzins, und das zu einer Zeit, in der die meisten Amerikaner froh waren, wenn sie 1 Prozent bekamen – ein weiteres Beispiel für unzureichendes Risikomanagement.

Infolgedessen schien die SVB nicht zu erkennen, dass der Wert ihres Anleihenportfolios fallen würde, wenn die Fed ab März 2022 den Leitzins anheben würde. Das ist das kleine Einmaleins des Investierens in Anleihen. Die SVB verließ sich auf die Regel, dass HTM-Bestände nicht wertberichtigt werden müssen, und ging davon aus, dass ihre Verluste aus diesen Anleihen in Höhe von 91 Milliarden Dollar verborgen bleiben würden, da keine Mark-to-Market-Bilanzierung vorgenommen wurde.

Dieser Plan scheiterte, als Einlagen in Milliardenhöhe aus der Bank abgezogen wurden. Ob große Einleger über Insiderinformationen verfügten oder von der drohenden Herabstufung der Kreditwürdigkeit durch Moody's gehört hatten, ist nicht bekannt, aber die wahrscheinlichste Erklärung ist, dass Insiderinformationen durchgesickert waren. Das Volumen der abgezogenen Einlagen war dermaßen groß, dass die SVB HTM-Anleihen im Wert von etlichen Milliarden Dollar verkaufen musste, um die Auszahlungsverpflichtungen zu erfüllen. Doch sobald diese Verkäufe begannen, galten die Mark-to-Market-Regeln und die Verluste würden schnell sichtbar werden.

Am Wochenende vom 3. bis 5. März arbeiteten SVB, Moody's und Goldman fieberhaft daran, einen Rettungsplan zu entwickeln. Er sollte so funktionieren: Die SVB würde 20 Milliarden Dollar ihrer niedrig verzinsten Anleihen verkaufen und den Erlös in neu emittierte, höher verzinste Anleihen reinvestieren. Wenn die Bank ihre HTM-Anleihen verkauft, entfällt die Ausnahme für die Mark-to-Market-Regeln und sie muss den vollen Verlust sofort verbuchen. Es stellte sich dann heraus, dass die Anleihen Verluste in Höhe von 1,8 Milliarden Dollar verursacht hatten. Da die SVB eine öffentlich-rechtliche Körperschaft ist und streng beaufsichtigt wird, musste dieser Verlust von 1,8 Milliarden Dollar öffentlich bekannt gegeben werden, was am Mittwoch, dem 8. März 2023, geschah.

Die SVB wollte das 1,8 Milliarden Dollar große Loch in ihrer Bilanz stopfen, indem sie neue Aktien im Wert von 2,5 Milliarden Dollar emittierte. Goldman Sachs konnte den riesigen Private-Equity-Finanzinvestor General Atlantic dafür gewinnen, von dieser Summe einen Anteil von 500 Millionen Dollar bereitzustellen. Andere potenzielle Investoren zeigten sich in Gesprächen interessiert, mehr zu kaufen. Moody's gab die Herabstufung des Ratings am 8. März bekannt, doch sie fiel aufgrund der Anleihenverkaufs- und Reinvestitions-Bestandteile des Goldman-Sachs-Plans nur milde aus. SVB und Goldman Sachs wollten die Kapitalerhöhung möglichst schnell über die Bühne bringen, um den Schaden durch die Verluste aus dem Anleihenportfolio zu reduzieren.

Dann platzte die geplante Kapitalerhöhung. Man hatte gehofft, noch vor Öffnung der Börsen am Donnerstag, dem 9. März, bekannt geben zu können, dass die Kapitalerhöhung abgeschlossen war. Doch die SVB schaffte es nicht, Geheimhaltungsvereinbarungen unterzeichnen zu lassen, damit potenzielle Investoren die Bücher prüfen konnten. Die Investoren sagten, sie bräuchten angesichts der Höhe der Verluste vom Mittwoch mehr Zeit für ihre Due-Diligence-Prüfung.

Unterdessen ließ die Bekanntgabe der Verluste am Mittwoch die SVB-Aktie im nachbörslichen Handel von 268 Dollar auf 172 Dollar pro Aktie abstürzen. Als der Handel am Donnerstag begann, fiel die Aktie auf 106 Dollar – ein atemberaubender Einbruch von 60 Prozent gegenüber dem Schlusskurs am Mittwoch. Goldman Sachs hoffte immer noch, einen Deal bei 95 Dollar pro Aktie abschließen zu können, aber es war zu spät. An der elektronischen Börse Nasdaq wurde der Handel mit der SVB-Aktie eingestellt. General Atlantic stieg aus dem Deal aus und die Neuemission kollabierte.

Etliche Risikokapitalgesellschaften und andere Kapitalgeber drängten ihre Start-ups, ihr Geld möglichst schnell aus der SVB abzuziehen. Allein am Donnerstag wurden 42 Milliarden Dollar an Einlagen abgezogen. Am Freitag, dem 10. März 2023, schloss die kalifornische Bankenaufsicht die SVB und berief die FDIC zum Konkursverwalter.

Später an diesem Tag gab die FDIC eine Pressemitteilung heraus, in der es hieß, dass nur Konten mit einem Wert von bis zu 250 000 Dollar versichert seien. Alle anderen Einlagen würden annulliert und die Einleger eine entsprechende Forderungsbescheinigung des Konkursverwalters erhalten. Ob diese Bescheinigungen ausgezahlt werden konnten, würde davon abhängen, inwieweit es der FDIC gelang, Aktiva der SVB zu verkaufen. Dieser Prozess konnte sich über Wochen oder gar Monate hinziehen. Unterdessen waren die Bescheinigungen illiquide und von ungewissem Wert. Nicht versicherte Einlagen waren einfach weg.

Dann erstanden die Einlagen von den Toten auf, wie Dracula. Eine Erklärung dafür setzt voraus, dass man den Unterschied zwischen einem Bail-out und einem Bail-in von Einlegern bei einem Bank Run kennt.

Einer der faszinierendsten Aspekte des Zusammenbruchs der SVB und des Bank Runs, zu dem es bald darauf auch anderswo kam, ist der Umstand, wie schnell die globalen Bankenaufsichtsbehörden die sorgfältig ausgearbeiteten Bail-in-Regeln aufgaben und auf eine seltsame Mischung aus Bail-in und konventionellem Bail-out zurückgriffen. Das vermeintliche Ergebnis war eine kurzfristige Beruhigung; das tatsächliche Ergebnis war totale Verwirrung unter den Bankeinlegern und ein weiterer Vertrauensverlust in das Bankensystem als Ganzes.

Die Erklärung für diese Unterscheidung zwischen Bail-in und Bail-out reicht zurück in die Zeit von 2008 bis 2014. Die SVB war die erste Anwendung einer Finanzmarkt-Regulierungsvorschrift, die von den G20 im November 2014 im Anschluss an die Krise von 2008 eingeführt worden war. Nach 2008 hatte es einen Aufschrei in der Bevölkerung gegeben, weil Steuergelder dafür verwendet worden waren, Bank-CEOs zu retten, die Millionen verdienten und deren Banken immer noch existieren (auch heute noch). Als Reaktion auf diese Proteste vereinbarten die G20-Staaten, dass es bei künftigen Finanzkrisen keine Rettungsaktionen mit Steuergeld mehr geben sollte. Die neue Strategie war ein Bail-in. Das bedeutet, dass im Fall einer Bankinsolvenz zuerst das Eigenkapital herangezogen werden sollte, um Forderungen zu bedienen, und dann die Gelder von Einlegern, falls sie über der Höchstgrenze der Einlagensicherung liegen, in Eventualforderungen umgewandelt werden sollten. Die Höhe der Einlagensicherung beträgt in den Vereinigten Staaten 250 000 Dollar pro Einlage und in der EU 100 000 Euro pro Konto. Nur versicherte Konten sollten vollständig geschützt sein.

Über 93 Prozent der Einlagen bei der SVB überstiegen den versicherten Betrag. Das bedeutet, dass diese Einlagen weg waren, laut der Pressemitteilung der FDIC vom 10. März 2023 und in Übereinstimmung mit dem Bail-in-Plan der G20. Die Einleger sollten von der FDIC eine Forderungsbescheinigung des Konkursverwalters erhalten, die – je nachdem, was die FDIC aus dem Verkauf von Aktiva erlösen konnte – etwas wert sein konnte oder auch nicht. Es konnte Monate dauern, bis das Ausmaß der SVB-Verluste feststand, und ein Jahr oder noch länger, um die verbliebenen Aktiva der Bank zu verkaufen. Am Ende würden die Einleger vielleicht 90 Cent pro Dollar Forderungssumme erhalten, oder vielleicht nur 10 Cent pro Dollar – niemand konnte das wissen, bevor die FDIC nicht die Größe des Lochs in der Bilanz der SVB berechnet hatte. Die Verluste würden mit dem Fortschreiten des Notverkaufs und dem weiteren Rückgang der Aktiva noch größer werden.

Das systemische Problem bestand darin, dass diese annullierten Einlagen bei der SVB die Risikokapital-Investitionen und die liquiden Mittel von Tausenden von Technologie-Start-ups und jungen Technologieunternehmen darstellten, die dann keine Cash-Reserven mehr haben würden. Das bedeutete, dass sie nicht mehr in der Lage sein würden, Verbindlichkeiten wie Gehälter, Miete und Lieferantenforderungen zu zahlen oder überhaupt ihren Geschäftsbetrieb aufrechtzuerhalten. Diese Tech-Firmen würden wahrscheinlich ebenfalls pleitegehen, Zigtausende Beschäftigte würden ihren Arbeitsplatz verlieren und so würden die Folgen immer weitere Kreise ziehen. Das Problem einer von der SVB ausgehenden Ansteckungsgefahr ist interessant und noch nicht hinreichend erforscht. Alle Beobachter befürchteten weitere Bankpleiten, doch das ist keineswegs die einzige Art von Ansteckung. Man bedenke Folgendes:

Die Kurse der Aktien von zahlreichen Unternehmen aus dem Silicon Valley und von Tech-Unternehmen in aller Welt, die im Portfolio der SVB gehalten wurden, fielen, als die FDIC einen Notverkauf von Aktiva durchführte, um Gläubiger auszuzahlen. Kaufinteressenten boten weniger, da sie genau wussten, dass die FDIC verzweifelt Geld brauchte.

Für die FDIC bestand ein ungesunder Interessenskonflikt zwischen dem Tempo, mit dem sie Assets abstoßen konnte, und dem Preis, den sie dafür erzielen würde. In der Regel ermöglicht ein langsameres Vorgehen höhere Erlöse, kann aber dazu führen, dass den Start-ups die Luft ausgeht. Führende Venture-Capital-Firmen warnten die von ihnen finanzierten Start-ups, dass sie, falls sie ihre liquiden Mittel im Zuge der SVB-Insolvenz verloren, kein neues Kapital von den VCs erhalten, sondern pleitegehen würden.

Die Ankündigung der FDIC, einen Bail-in für Einleger anzustreben, galt 48 Stunden lang. Dann, am 12. März gegen 18 Uhr, hieß es in einer gemeinsamen Verlautbarung der Federal Reserve, der FDIC und der US Treasury letztlich so viel wie »April, April«. Der Bail-in-Plan wurde aufgegeben. Stattdessen gaben die Aufsichtsbehörden bekannt, dass sämtliche Einlagen bei der SVB in voller Höhe versichert sein würden. Der Bail-out war wieder da. Die seit neun Jahren geltenden, aber bislang nie zur Anwendung gekommenen Bail-in-Regeln von 2014 wurden innerhalb von zwei Tagen über den Haufen geworfen.

Das war eindeutig ein Bail-out für Silicon Valley, aber die Story reicht noch weiter. Die Einleger bei der SVB, bei denen es sich um neu gegründete Tech-Start-ups und zum Teil sogar um etablierte Tech-Unternehmen handelte, waren in dem Moment gerettet, als die FDIC die Einlagensicherungsgrenze von 250 000 Dollar aufhob. Aber diese Unternehmen hatten ihre eigenen Investoren (große Venture-Capital-Gesellschaften und vermögende Personen) und diese waren die eigentlichen Nutznießer des Bail-outs, da sie keine Verluste aus diesen Investments erleiden mussten.

Aber es geht noch weiter. Das gesamte Bankensystem wurde durch die Ankündigung vom 12. März gerettet, weil das Federal Reserve System jede seiner Mitgliedsbanken einlud, ihre stark gefallenen Staatsanleihen und Hypothekenverbriefungen einzureichen und dafür 100 Prozent Cash für den vollen Nennwert der Papiere zu erhalten, obwohl viele der Anleihen auf der Grundlage einer realistischen Mark-to-Market-Bewertung erheblich weniger wert waren. So wurde die Glaubwürdigkeit der Fed, der FDIC und der US Treasury im Hinblick auf die Thematik »Bail-out« völlig zerstört. Die Rettung der SVB war ein Bail-out monumentalen Ausmaßes, der vor allem Tech-Unternehmern, wohlhabenden Investoren und anderen Banken zugutekam.

US-Finanzministerin Janet Yellen hat gesagt, bei dem Bail-out seien keine Steuergelder eingesetzt worden. Das ist aus zwei Gründen falsch: 25 Milliarden Dollar der Bail-out-Gelder stammten aus dem Exchange Stabilization Fund (ESF, Währungsstabilisierungsfonds), der 1934 eingerichtet worden war, nachdem Roosevelt das Gold im Privatbesitz der US-Bürger zum Preis von 20 Dollar pro Unze konfisziert und den Goldpreis dann auf 35 Dollar pro Unze neu festgesetzt hatte. Das war ein Gewinn von 75 Prozent für die US-Regierung, der den Amerikanern damals aus der Tasche gezogen wurde. Der ESF ist seither kontinuierlich gewachsen und die US Treasury kann dieses Geld ohne Zustimmung des Kongresses verwenden.

Noch wichtiger ist jedoch, dass der Rest der Rettungsgelder aus dem Einlagensicherungsfonds der FDIC stammt. Dieser Fonds wurde durch die SVB-Rettungsaktion und andere Bail-outs heftig dezimiert. Er wird wieder aufgestockt werden, indem die FDIC den Banken höhere Versicherungsprämien berechnet. Die Banken werden diese höheren Versicherungskosten in Form von niedrigeren Guthabenzinsen oder höheren Gebühren auf die Verbraucher umlegen. Am Ende zahlt also immer der normale US-Bürger – die Kosten werden einfach über die FDIC auf ihn abgewälzt.

Die neue Banking-Krise war keineswegs auf die kalifornische Tech-Szene beschränkt. Am 16. März 2023 erhielt die Credit Suisse nach anhaltenden Schwierigkeiten durch Kreditausfälle, Betrug durch Kunden und schlechtes Risikomanagement von der Schweizerischen Nationalbank (SNB) einen Überbrückungskredit in Höhe von 50 Milliarden Schweizer Franken (etwa 54 Milliarden Dollar, 53 Milliarden Euro), um ihre Liquidität zu sichern, während andere Maßnahmen in Betracht gezogen wurden. Am Sonntag, dem 19. März, kündigte die SNB eine Blitzhochzeit zwischen UBS und Credit Suisse an. Die UBS erwarb die Credit Suisse für nur 1 Prozent des Höchstkurses ihrer Aktie. Die Aktionäre der Credit Suisse gingen weitgehend leer aus, erhielten aber immerhin einen kleinen Teil des von der UBS gezahlten Kaufpreises von etwa 3 Milliarden Dollar.

Der finanzielle Schaden, der durch das Scheitern der Credit Suisse entstand, ging weit über die Verluste der Aktionäre hinaus, die ja bei einem solchen Vorgang durchaus zu erwarten sind. Eine bestimmte Art von Bankkapital, das sogenannte AT1 (kurz für »additional Tier 1 capital«), ging ebenfalls verloren. Es hatte hauptsächlich aus sogenannten CoCo-Bonds bestanden, was für »contingent convertible bond« steht, zu Deutsch: »bedingte Pflichtwandelanleihe«. CoCos sind hochverzinsliche Schuldtitel, die automatisch in Eigenkapital umgewandelt werden, wenn eine Bank in Bedrängnis gerät. Das kann ein akzeptables Ergebnis sein, wenn die Bank überlebt, aber falls sie endgültig kollabiert, gehen die CoCos zusammen mit dem restlichen Eigenkapital verloren. Die Halter von Credit-Suisse-CoCos verloren 17 Milliarden Dollar, doch die Verluste durch Mark-to-Market-Wertberichtigungen für den weit größeren Bestand an AT1-Verbindlichkeiten betrugen über 275 Milliarden Dollar, da immer mehr Anleger das Vertrauen in die gesamte Anlageklasse verloren.

Die größten Verlierer durch die Annullierung von Credit-Suisse-CoCos waren die riesige US-Rentenfondsgesellschaft PIMCO (870 Millionen Dollar Verlust) und die US-Investmentgesellschaft Invesco (370 Millionen Dollar Verlust). Die Verluste durch Credit-Suisse-CoCos waren die Folge einer Mischung aus einer »Bail-in«-Vorgehensweise (da keine Steuergelder beteiligt waren) und einer

»Bail-out«-Vorgehensweise (da die Aktionäre keinen Totalverlust erlitten, bevor die CoCos annulliert wurden). Dieses gemischte Ergebnis aus »Bail-in«- und »Bail-out«-Strategie trägt nur zu der Verwirrung darüber bei, was passieren wird, wenn die nächste Bank pleitegeht. Die Nachwirkungen dieser enormen Verluste und unvorhersehbaren Ergebnisse breiten sich nach wie vor im internationalen Bankensystem aus.

Der allgemeine Meltdown begann wohl mit Bitcoin im November 2021, als die bekannteste Kryptowährung bis November 2022 um 78 Prozent einbrach. Der Absturz von Bitcoin führte zu dem, was Krypto-Fanatiker den »Krypto-Winter« nannten, sowie einer Kaskade von Pleiten in Kryptoland. Dazu zählten Three Arrows (Krypto-Hedgefonds), Genesis (Krypto-Börse und -Verwahrer), FTX (ebenfalls Krypto-Börse und -Verwahrer) und Alameda (mit FTX assoziierter Krypto-Hedgefonds).

Als es zu dieser Kaskade von Pleiten kam, war die große Preisfrage, ob der Krypto-Dominoeffekt auf das Mainstream-Banking überspringen würde. Falls das Finanzvirus in der Kryptowelt verblieb, konnte es zwar enorme Schäden anrichten, aber keine umfassende Finanzpanik auslösen. Wenn allerdings das Virus auf die Mainstream-Finanzkanäle übergreifen würde, konnte die Lage noch sehr viel schlimmer werden.

Am 8. März 2023 wurde diese Frage beantwortet. Die Silvergate Bank gab bekannt, dass sie Gläubigerschutz beantragen werde. Die Silvergate Bank war die Brücke, die das Virus aus Kryptoland in den Banken-Mainstream einschleppte. Sie war eine Mainstream-Bank mit FDIC-Versicherung und unter staatlicher Aufsicht, aber sie steckte knietief in Krypto-Transaktionen, einschließlich Krypto-Darlehen und Einlagen bei wankenden Krypto-Börsen. Die Silvergate Bank schloss ihre Türen und kündigte eine geordnete Liquidation an. Nun war der Krypto-Dominoeffekt auf den konventionellen Bankensektor übergesprungen. Die SVB war Silvergates erstes Opfer im Mainstream-Bankensektor.

Sponsoren von sogenannten Krypto-Stablecoins hatten große Cash-Guthaben bei der SVB gehalten. Stablecoins sind Kryptowährungen, die den Anspruch erheben, einen konstanten Wert von 1,00 Dollar pro Coin zu halten. Stablecoin-Sponsoren erreichen das, indem sie Geld von Käufern einnehmen, die Stablecoins emittieren und das eingenommene Geld in Bankeinlagen, US-Schatzbriefe oder andere hochwertige Cash-Äquivalente investieren. Die beiden beliebtesten Stablecoins sind Tether und USD Coin (USDC). Wenn Stablecoin-Halter ihr Geld zurückhaben wollen, sind liquide Mittel erforderlich, um die Rückforderungen zu erfüllen. Diese Cash-Guthaben bei der SVB wurden als gefährdet angesehen, und so begannen die Stablecoins abzustürzen.

Stablecoins sind ein etwa 200 Milliarden Dollar schwerer Markt und das Rückgrat der gesamten Kryptowelt. Etwa 70 Prozent aller Bitcoin-Käufer kaufen zuerst Tether und dann Bitcoin mit dem Tether. Wenn Bitcoin-Halter aussteigen wollen, müssen viele von ihnen zuerst Bitcoin für Tether verkaufen und dann Tether gegen Cash. So wird der Bitcoin-Crash zu einem Tether-Crash – das ist der Dominoeffekt in Aktion.

Die Probleme beginnen mit der Tatsache, dass Stablecoin-Emittenten nie transparent gemacht haben, wo sie ihre in Dollar eingenommenen Verkaufserlöse investieren. Es gibt keine geprüften Bilanzen oder detaillierten Offenlegungen. Ein von Tether auszugsweise veröffentlichter Finanzbericht zeigte, dass fast die Hälfte der in Dollar notierten Assets in Form von Commercial Paper (CP) angelegt waren, unbesicherten Schuldtiteln eines Großunternehmens, wobei keine Angaben zu Namen oder Bonität des CP-Emittenten gemacht wurden. Das lässt die Möglichkeit offen, dass der CP-Emittent mit dem Sponsor assoziiert ist oder dass Gelder in Milliardenhöhe unrechtmäßig abgezweigt wurden.

Inzwischen haben sich solche Bedenken in Bezug auf Stablecoins verschärft. Circle, der Emittent von USD Coin, hatte über 3 Milliarden Dollar seiner Cash-Reserven bei der SVB angelegt. Dieses

Geld war in Gefahr. Am Samstag, dem 11. März, notierte USDC bei 0,85 Dollar; das ist ein extremer Meltdown, wenn man bedenkt, dass dieser Token laut dem Versprechen des Emittenten immer 1,00 Dollar wert sein soll. Es besteht nicht nur die Gefahr, dass solche Stablecoins kollabieren, sondern auch, dass sie dann Bitcoin mit in den Abgrund reißen, wegen einer panischen Flucht der Investoren zum Exit in Dollar-Liquidität. Und zusammen mit den Coins selbst könnten ganze Krypto-Börsen, -Hedgefonds und -Banken untergehen.

KI/GPT in der Welt von Bankpaniken

Wir haben es nicht nur mit einer Bankenkrise oder einer Kryptokrise zu tun, sondern mit einem System voller rekursiver Funktionen, in dem eine Krise in der einen Welt die Mirror World (Spiegelwelt) infizieren und mit Ansteckungseffekten in alle Himmelsrichtungen das ursprüngliche Problem noch verschärfen kann. Dies ist eine Folge der Komplexität, die Derivate, Leverage, Kryptowährungen, mangelhaftes Risikomanagement und der technischen Entwicklung hinterherhinkende Aufsichtsbehörden hervorgebracht haben. Selbst die ausgefeilteste KI kann diese Komplexität nicht begreifen. Dennoch kann KI eine Krise auslösen, indem sie sich auf angestaubte Trainingssets stützt, oder eine Krise verstärken, indem sie auf völlig neuartige Probleme mit konfusen Ratschlägen reagiert.

Seit 2008 hatte es keine so folgenschwere Bankpleite wie die SVB-Insolvenz mehr gegeben. Bisher gab es noch nie parallel zu einer Bankenkrise eine Kryptokrise. Die Aufsichtsbehörden sind ratlos. Sie kämpfen den alten Krieg um die Rettung von Einlegern, ohne zu erkennen, dass sie in Wirklichkeit einen ganz neuen Krieg um KI/GPT-Kanäle und Krypto-Panik im digitalen Raum führen.

Stellen wir uns einmal vor, wie eine nicht sonderlich hoch entwickelte Form von KI/GPT in nicht allzu ferner Zukunft mit den oben beschriebenen, auf komplexen Ursachen beruhenden Bankpleiten oder einer ähnlichen Situation umgehen würde.

Jeder einzelne Einleger und Vermögensverwalter würde GPT um Rat fragen. Die Fragen wären einfach, etwa so:

> **Investor:** Was läuft denn gerade im Bankensystem, vor allem mit der Eiger Bank?
> **GPT:** Die Lage ist gefährlich. Viele Einleger ziehen ihr Geld aus der Eiger Bank ab, so schnell sie können. Die Bank läuft Gefahr, zahlungsunfähig zu werden, und wird wahrscheinlich gerade jetzt von der Federal Deposit Insurance Corporation in Zusammenarbeit mit der Federal Reserve und der US Treasury unter Zwangsverwaltung gestellt.
> **Investor:** Sind auch andere Banken in Gefahr?
> **GPT:** Ja. Die Geschichte von Bankenkrisen zeigt, dass sie sich von Bank zu Bank ausbreiten. Die mathematischen Modelle funktionieren fast genauso wie die von Epidemiologen – die Ansteckung breitet sich exponentiell aus. Ich habe schon Berichte über andere Banken gesehen, die ähnliche Schwierigkeiten haben. Es ist sehr wahrscheinlich, dass in naher Zukunft weitere Banken kollabieren werden.
> **Investor:** Welche Banken werden wahrscheinlich bald pleitegehen?
> **GPT:** Ich zeige eine Liste von 20 Banken an, die eine Bilanzsumme von 100 bis 900 Milliarden Dollar und ein Verhältnis von versicherten Einlagen zu gesamten Einlagen von weniger als 30 Prozent haben, die ferner nicht als »too big to fail« gelten und daher wahrscheinlich untergehen werden, wenn der derzeitige Bank Run sich fortsetzt.
> **Investor:** Was sollte ich mit meinen Bankguthaben machen?
> **GPT:** Es kann sein, dass selbst bei insolventen Banken der Wert von Einlagen in jeder Höhe durch staatliche Interventionen erhalten bleibt, wie es bei der Silicon Valley Bank der

Fall war. Aber es gibt keine Garantie, dass es so kommen wird. Die Bankenaufsicht könnte beschließen, dass es an der Zeit ist, Einlegern in Sachen Bankensicherheit und Due Diligence eine Lektion zu erteilen. Oder die Behörde hat nicht die Ressourcen, um die Einleger zu retten, weil der Versicherungsfonds der Federal Deposit Insurance Corporation schon zu stark erschöpft ist. Die Aussichten sind ungewiss und daher ist es am besten, wenn Sie Ihr Geld von allen Konten bei einer der Banken, die auf meiner Liste stehen, abheben und es bei Banken wie Wells Fargo, Citi oder JPMorgan anlegen. Oder damit über eine Brokerage, die mit einer dieser Banken zusammenarbeitet, Treasury Notes und Geldmarktfonds kaufen.

Die von der GPT produzierten Teile dieses Dialogs klingen ein bisschen gestelzt, aber das ist nicht anders zu erwarten. GPT-Modelle sind noch in der Ausbildung. Sie haben in kurzer Zeit große Fortschritte gemacht, lernen aber noch, wie man ein lockeres Gespräch führt. Dadurch sollte man sich aber nicht von der Tatsache ablenken lassen, dass die von ihnen gelieferten Informationen auf einer soliden Grundlage beruhen und weitgehend dem entsprechen, was ein Finanzexperte sagen würde, der sich mit Bankenkrisen und der Geschichte der Finanzmärkte auskennt. Neu ist allerdings, dass der Investor dieses Gespräch nicht mit einem Experten, sondern einem Roboter führt. Vermutlich werden mittlerweile solche Gespräche hunderttausendfach zwischen Anlegern und Robotern auf der ganzen Welt geführt. Angesichts der Natur des Menschen und seiner Abneigung gegen finanzielle Verluste gibt es keinen Grund zu der Annahme, dass die Fragen verschiedener Anleger sich erheblich unterscheiden würden, außer vielleicht in sehr wenigen Fällen. Angesichts der vielfach eingesetzten Algorithmen und Trainingssets gibt es keinen Grund zu der Annahme, dass die Antworten der Roboter sich grundlegend unterscheiden würden. Im Grunde genommen ist GPT ungefähr so, als würde man in einem überfüllten Theater

»Feuer!« rufen, wenn es tatsächlich brennt. Die Menschen drängen voller Panik zum Ausgang und dabei werden einige niedergetrampelt werden. So war es schon immer bei Bank Runs, aber jetzt passiert es überall zugleich und nicht mehr in Phasen. Niemand fällt mehr in die Kategorie »der Letzte, der es erfährt«, denn alle erfahren alles zur gleichen Zeit – eine Realität, die Marshall McLuhan schon in den 1960er-Jahren vorausgesagt hat. Die Aufsichtsbehörden sind auf diese Dynamik nicht im Geringsten vorbereitet.

Was Aufsichtsbeamte, Analysten und Politiker angeht: Sie würden ihre eigenen Gespräche mit GPT führen, und zwar ungefähr so:

Aufsichtsbeamter: Wir beobachten einen Bank Run, der mit der Eiger Bank begann und nun auf andere Banken übergreift. Wie sollten wir darauf reagieren?
GPT: Es gibt mehrere mögliche Reaktionen. Die US-Regierung könnte sämtliche Einlagen im Bankensystem garantieren und den Banken anbieten, ihnen hochwertige Aktiva gegen Cash abzukaufen. Auf diese Weise könnte vielleicht das Vertrauen in die Banken wiederhergestellt und der Bank Run gestoppt werden. So wurde es im Fall der Silicon Valley Bank gemacht. Oder Sie könnten das von John Pierpont Morgan während der Panik von 1907 entwickelte Modell anwenden, das ähnlich wie Triage funktioniert. Dabei werden die Banken in drei Kategorien eingeteilt: erstens solche, die solvent und liquide sind und die Panik wahrscheinlich überleben werden; zweitens solche, die solvent, aber illiquide sind und Cash brauchen, um ihre Türen offen zu halten; und drittens die übrigen, die sowohl insolvent als auch illiquide sind und ohne staatliche Rettungsaktion keine Überlebenschance haben. Morgans Strategie bestand darin, von den starken Banken zu fordern, dass sie den solventen, aber illiquiden Banken Geld vorstrecken. Die insolventen und illiquiden Banken ließ er pleitegehen. Auf diese Weise wurde der Schaden

minimiert, die Nieten wurden eliminiert und die Panik war bald vorbei. Die dritte Strategie wäre, die Insolvenzen eine nach der anderen einzudämmen, in Form von Übernahmen durch die FDIC, und zu hoffen, dass die Öffentlichkeit das als beruhigend empfindet, sodass die Panik nachlässt.
Beamter: Welche Strategie ist die beste?
GPT: Wahrscheinlich ist John Pierpont Morgans Strategie die beste, da sie keine staatlichen Interventionen oder Steuergelder erfordert. Sie bürdet den erfolgreichsten Banken eine gewisse Last auf, um solchen Banken zu helfen, die es wert sind, gerettet zu werden. Banken, die es nicht wert sind, gerettet zu werden, gehen in Konkurs, aber dabei werden die Ersparnisse von US-Durchschnittsbürgern bis zu einer Höhe von 250 000 Dollar durch die Einlagensicherung der FDIC geschützt sein. Sparer mit hohen Einlagen bei schwachen Banken verdienen es, ihr Geld zu verlieren, weil sie leichtsinnig waren – der Verlust wird ihnen fürs nächste Mal eine Lehre sein. Das moralische Risiko für das System als Ganzes wird reduziert und die Wahrscheinlichkeit von Bank Runs wird in Zukunft geringer sein.
Beamter: Ich kann Morgans Strategie nicht anwenden. Wähler, die ihre Einlagen bei einer pleitegegangenen Bank verlieren, werden meine Partei abwählen. Ich könnte meinen Job verlieren. Es scheint besser zu sein, Steuergelder zu verwenden, um die Krise auf eine Art und Weise zu übertünchen, die kaum ein Bürger durchschauen wird.
GPT: Das ist ja schade.

In einer solchen Situation werden die wohlerwogenen Ratschläge einer GPT, die auf Trainingsmaterialien beruhen, die sämtliche Bankpleiten seit dem Zusammenbruch der Häuser von Bardi und Peruzzi in den 1340er-Jahren abdecken, von den politischen Entscheidungsträgern ignoriert werden. Die von der GPT empfohlene Lösung ist tragfähig, fair und auf lange Sicht wahrscheinlich billiger für den Steuerzahler. Der von dem Beamten bevorzugte Ansatz ist kurzsichtig, teuer und benachteiligt die größte Gruppe (die Steuerzahler) zugunsten einer weitaus kleineren Gruppe (die unversicherten Einleger). In diesem Fall scheitert die GPT nicht etwa, weil sie nicht im Sinne des Gemeinwohls optimieren würde (was sie durchaus tut), sondern vielmehr, weil den politischen Entscheidungsträgern das Gemeinwohl egal ist.

Schließlich überlegen wir, welche Rolle KI beim Entstehen genau der Art von Panik spielt, die Marktteilnehmer und Aufsichtsbehörden vermeiden wollen, und diese Rolle ist besonders beunruhigend. In dem Maße, in dem KI die menschliche Intelligenz imitiert, ohne empfindungsfähig zu sein, müssen wir ihren Output gegen ihre Unzulänglichkeiten abwägen. KI kann helfen, bestimmte Krankheiten zu heilen, aber sie wird auch hochgradig dysfunktionale Verhaltensweisen reproduzieren. Entwickler von KI sagen, sie könnten solche negativen Verhaltensweisen ausgleichen, aber nicht einmal Verhaltenspsychologen selbst verstehen sie voll und ganz. Die Behauptung, ein Computer könne sie kontrollieren, klingt hohl.

Am einfachsten lässt sich die Verhaltensdynamik verstehen, wenn man sich bewusst macht, dass jeder Bank Run das Ergebnis einer sich selbst erfüllenden Prophezeiung ist. Normalerweise bewerten Banken ihre Aktiva nicht nach Mark-to-Market-Regeln, wenn es nicht gerade um aktiv gehandelte Werte geht. Wenn die Zinsen steigen, wird der aktuelle Wert von Anleihen nicht sofort durch eine entsprechende Abschreibung berichtigt, selbst wenn ihr Marktwert gefallen ist. Das Gleiche gilt für Verbriefungen von gewerblichen Immobiliendarlehen, wenn deren Bewertungen sinken, und für Schuldtitel aus Schwellenländern, wenn überschuldete Staaten in Schwierigkeiten geraten. Manche Verluste werden durch Rückstellungen für Kreditausfälle abgefedert, über die das Management einen riesigen Ermessensspielraum hat; aber selbst dann wird das volle Ausmaß von Bewertungsverlusten nicht offensichtlich, es sei denn, es kommt zu einem echten Zahlungsausfall.

Solche Buchhaltungstricks führen dazu, dass die meisten Großbanken zumindest zeitweise insolvent sind, wenn man es genau nimmt. Dennoch kommt es relativ selten zu einem Bank Run. Insolvenz oder Zahlungsunfähigkeit an sich kann kein ursächlicher Faktor für Bank Runs sein, denn sonst würden sie viel häufiger auftreten. Eine bessere Erklärung ist Illiquidität. Wenn eine Bank nicht in der Lage ist, Auszahlungsforderungen von Einlegern zu erfüllen oder kurzfristige Verbindlichkeiten auf dem Interbanken- oder Geldmarkt umzuschulden, glimmt schon die Lunte für einen Bank Run. Aus diesem Grund wurde 1913 die Federal Reserve gegründet. Ihr eigentlicher Daseinszweck ist nicht etwa, die Zinssätze zu managen oder die Beschäftigung anzukurbeln – beides tut sie nur laienhaft. Ihre eigentliche Existenzberechtigung besteht vielmehr darin, illiquiden Banken als Kreditgeber der letzten Instanz beizuspringen. Das macht sie ganz gut, wie sich zeigte, als sie nach dem Zusammenbruch der Silicon Valley Bank die durch stark gefallene Treasury Notes besicherte Kreditfazilität auflegte, das Bank Term Funding Program (BTFP).

Wenn Zahlungsunfähigkeit nicht transparent ist oder nicht gut verstanden wird und wenn Illiquidität von der Federal Reserve aufgefangen wird, warum kommt es dann zu Bank Runs? Die Antwort liefert die Psychologie. Wenn einige Kunden oder Geschäftspartner glauben, dass eine Bank ihnen ihr Geld nicht zurückzahlen wird, ziehen sie möglichst schnell ihr Geld ab oder schließen ihre Transaktionen. Sie lassen sich nicht durch Pressemitteilungen der Fed oder positive Statements aus der Chefetage der Bank beruhigen. Die Sache spricht sich herum, es wird immer schneller immer mehr Geld abgehoben und innerhalb weniger Tage – manchmal nur Stunden – muss die Bank ihre Türen schließen. Dann besteht die Gefahr, dass der Vertrauensverlust auf andere Banken überspringt – ein Prozess, den man »Ansteckung« oder »Dominoeffekt« nennt. Keine noch so hohe Liquiditätsspritze und keine noch so beruhigenden Verlautbarungen können eine Bankpanik aufhalten, sobald sie erst einmal in Gang gekommen ist; dann entwickelt sie ein Eigenleben.

In den 1930er-Jahren breiteten sich diese Ansteckungseffekte über Telefon, Telegraf und Mundpropaganda aus. In den 1990er-Jahren breiteten sie sich über Computerbildschirme und TV-Nachrichten aus. Im Jahr 2023 breiteten sie sich über Textnachrichten und Twitter aus. Der Prozess ist heute schneller und greift weiter um sich als je zuvor. Das ist einer der Gründe dafür, dass die Rettungsaktionen der Fed unweigerlich immer größer werden müssen als die vorangegangene. Heute stehen wir an der Schwelle zu Bankpaniken, die größer sein werden als alles, was die Fed noch unter Kontrolle bringen könnte.

Vorhang auf für KI. Der nächste Bank Run wird möglicherweise nicht durch eine Panik unter Menschen ausgelöst werden, sondern durch KI, die eine Panik unter Menschen imitiert. Ein KI-basiertes Bankanalyseprogramm mit deep-layered neuronalen Netzen und der Fähigkeit zum maschinellen Lernen (vielleicht noch ergänzt durch GPT-Fähigkeiten, um mit menschlichen Analysten sprechen zu können) würde viele Millionen Seiten an Finanzdaten zu Tausenden einzelner Banken lesen, weit mehr, als ein Team menschlicher Analysten erfassen könnte. Anhand dieses Trainingssets lernt die KI über die Dynamik von Bank Runs – die eigentlich eine emergente Eigenschaft eines komplexen dynamischen Systems ist – und über historische Beispiele, Worst-Case-Szenarien und Eindämmungsmaßnahmen. Ereignisse wie den Gold Corner von 1869, die Panik von 1907, die Weltwirtschaftskrise der 1930er-Jahre und die S&L-Krise der 1980er-Jahre hätte sie ebenso präsent wie die aktuellen Nachrichten. Das GPT-System käme zu der gleichen Empfehlung wie ein menschlicher Analyst: Agiere als Erster, zieh dein Geld möglichst schnell ab und sei nicht der Letzte in der Schlange der Gläubiger.

Die eigentliche Gefahr besteht nicht darin, dass die Maschine wie ein Mensch denkt – denn das soll sie ja –, sondern dass sie schneller agieren und mit anderen Maschinen kommunizieren kann. Viele Tradingfirmen haben ihren Computern die Erlaubnis erteilt, aufgrund von KI-Algorithmen Trades auszuführen, ohne die

KI/GPT IN DER WELT VON BANKPANIKEN

Transaktion von einem menschlichen Risikomanager abnicken zu lassen. KI-Handelssysteme sind ganz gezielt darauf abgerichtet zu beobachten, was andere Systeme tun, und dann fast augenblicklich darauf zu reagieren. Um einen Trade durchzuführen, wird keine Textbotschaft, kein Telefon und kein Experte im Fernsehen mehr gebraucht. Sobald ein Meltdown einsetzt, beginnt er durch rekursive, in die Algorithmen eingebaute Funktionen (Rückkopplungsschleifen) in einem beispiellosen Tempo sich selbst zu verstärken. Ein durch KI ausgelöster Bank Run beginnt und grassiert nicht nur schneller als ein menschengemachter Kollaps, sondern breitet sich schon aus, bevor menschliche Akteure ihn überhaupt bemerken. Er greift viel schneller um sich, als die Fed Pressemitteilungen herausgeben und beruhigende Statements zum Besten geben kann. Theoretisch verbreitet sich eine solche Panik schneller als das Licht, weil der Messageverkehr (jede Message reist mit Lichtgeschwindigkeit) sich hyperexponentiell über Tausende von Kanälen verzweigt. In so einer Situation ist es völlig unmöglich, Liquidität bereitzustellen oder Auszahlungsforderungen rechtzeitig zu bedienen – stattdessen schließt man einfach die Banken.

Aber selbst dann lässt die Panik nicht nach. KI schläft nie. Sobald die Banken geschlossen sind, suchen KI-Apps und ihre deep-layered neuronalen Netze auf den Weltmärkten nach alternativen Möglichkeiten, um Assets zu verkaufen, Cash zu fordern oder die Panik zu shorten. Der Wettlauf um Cash erstreckt sich auf Rohstoffbörsen (CME Group, Shanghai Futures Exchange, London Metal Exchange), Aktienbörsen (NYSE, Nasdaq, London Stock Exchange) und Versicherungsmärkte (Lloyd's of London, China Life, Munich Re, Berkshire Hathaway) und so weiter. Eine nach der anderen werden diese Firmen und Märkte Rücknahmen aussetzen, den Handel einstellen oder ihre Türen schließen.

Die erfahrene Investmentbankerin Blythe Masters hat einmal die Bemerkung gemacht, dass der Goldmarkt nie zum Ausgleich kommt. Sie hatte recht. Er soll auch nicht zum Ausgleich kommen, sondern ständig aktiv bleiben, während individuelle Teilnehmer Positionen eröffnen, schließen oder umschichten. Der Markt selbst kann gar nicht zum Ausgleich kommen, weil das Volumen der offenen Positionen die Menge des physischen Goldes stets um einige Größenordnungen übersteigt. Die Deckungslücke wird durch Kredite, Zeit und Vertrauen überbrückt. Die gleiche Beobachtung – dass der Markt nie zum Ausgleich kommt – könnte auch für Aktien, Anleihen, Rohstoffe oder Kryptowährungen getroffen werden. Eine KI-Panik zwingt dagegen alle Märkte, fast zeitgleich zum Ausgleich zu kommen – was ein Ding der Unmöglichkeit ist. Also führt eine solche Panik dazu, dass die globalen Märkte zum Stillstand kommen.

Dies ist eine zwangsläufige Entwicklung, die Aufsichtsbehörden, Marktteilnehmer und Softwareentwickler nicht verhindern können, weil die Kaskade von deep-layered neuronalen Netzen über das menschliche Hirn bis hin zu den globalen Kapitalmärkten eine Rechenkomplexität aufweist, welche die Rechenkapazität aller Computer auf der gesamten Welt weit übersteigt. Diese Kaskade kann zwar theoretisch verstanden, aber nicht so modelliert werden, dass man jeden Kollaps vorhersehen, geschweige denn verhindern könnte. Solche Börsencrashs werden einfach passieren und niemand wird genau wissen, warum.

Kapitel 3
MONEYNESS

> *Weil das Wesen der Technik nichts Technisches ist, darum muss die wesentliche Besinnung auf die Technik und die entscheidende Auseinandersetzung mit ihr in einem Bereich geschehen, der einerseits mit dem Wesen der Technik verwandt und andererseits von ihm doch grundverschieden ist.*
> *Ein solcher Bereich ist die Kunst. Freilich nur dann, wenn die künstlerische Besinnung ihrerseits sich der Konstellation der Wahrheit nicht verschließt, nach der wir fragen.*
> Martin Heidegger, »Die Frage nach der Technik« (1954/1967)[8]

KI und Moneyness (Geldähnlichkeit)

Wenn schon KI in Verbindung mit Deep Learning und Algorithmen, die mit Geld zu tun haben, einen Zusammenbruch der Finanzwelt verursachen kann – was wird dann erst passieren, wenn die Gesellschaft als Ganzes die Besinnung verliert und nicht mehr weiß, was Geld ist? Was wird passieren, wenn KI gezwungen ist, mit einer verbal-akustischen und taktilen Welt zurechtzukommen, nachdem sie erschaffen worden ist, um zu lesen, zu schreiben und Bilder zu zeichnen? Dabei geht es nicht nur um die Erkennung von Gesprochenem, das transkribiert und digitalisiert werden kann. Es ist eine Welt, in der Rhythmus eine Bedeutung hat, aber keine Entsprechung im gesprochenen Wort. Es ist Marshall McLuhans »Globales Dorf«, wobei McLuhan das Dorf nicht als Modell für Geborgenheit und Verständnis betrachtete; das Dorfleben kann grausam sein. Nach 2500 Jahren Linearschrift kehren wir zu homerischen Formen (einer weiterentwickelten Keilschrift) zurück. Wir ersetzen Geld durch Geldähnlichkeit (»moneyness«). KI und GPT, die auf linearem Programmcode und alphanumerischen Entsprechungen aufbauen, könnten bald ins Schwimmen geraten.

Wenn die Zivilisation als Ganzes auf ein unbekanntes Ziel zurast, kommen Künstler zuerst an. Anders ausgedrückt: Künstler malen die Zukunft. Doch erst im Laufe der Zeit – vielleicht erst nach Jahrzehnten – können wir auf ihr Werk zurückblicken und das Heute erkennen, das sie vorhergesagt haben. Die Künstler selbst behaupten nicht, eine Kristallkugel zu besitzen. Sie malen, gestalten oder schreiben und überlassen es der Nachwelt, ihr Werk zu beurteilen. Aber sie sehen die Zukunft, sie können nicht anders, denn die Zukunft ist heute schon da – wenn man nur weiß, wohin man schauen muss. Künstler wissen, wohin sie schauen müssen.

Geld ist eines der Fundamente einer jeden Zivilisation. Geld ist nicht der Sinn einer Zivilisation und bei Weitem nicht ihr wichtigstes Merkmal; doch es ist Bestandteil ihres Fundaments und erfüllt unentbehrliche Funktionen. Im Vergleich zu Tauschhandel ist Geld ein Fortschritt, es ist eine Alternative zu Gewalt, es erleichtert Handel und Investitionen und dient als Wertaufbewahrungsmittel. Geld zählt – neben Recht und Gesetz, Religion und Familie – zu den Institutionen, die es einer Zivilisation ermöglichen, zivilisiert zu sein und einen Hobbes'schen Krieg aller gegen alle zu vermeiden. Ebenso wie Geld die Zivilisation stützt, ist Geld für seinen Wert auf eine Zivilisation angewiesen. Der Wert des Geldes beruht auf Vertrauen und das Vertrauen selbst braucht eine Institution – eine Zentralbank, einen Rechtsstaat, einen Goldbestand, einen KI-Algorithmus –, die es stützt. Wenn Institutionen zusammenbrechen und das Vertrauen schwindet, geht auch der Wert des Geldes verloren, bis neue Institutionen und neue Formen von Geld entstehen und so der Zyklus von Neuem beginnt. Das Geld und die Institutionen, die es stützen, durchlaufen heute den größten gesellschaftlichen Umbruch seit 2500 Jahren. Dieser Übergang ist so allgegenwärtig (»immersiv«), dass wir ihn nicht sehen können. Auch Künstler sehen ihn nicht unbedingt, aber sie spüren ihn und reflektieren ihn in ihrer Arbeit. Ein altes Sprichwort lautet: Wir wissen nicht, wer Wasser entdeckt hat, aber wir sind sicher, dass es kein Fisch war. Dahinter steckt der Gedanke, dass der Fisch ins Wasser eingetaucht ist, für ihn ist es allgegenwärtig, und man den Fisch aus dem Wasser nehmen muss, damit er überhaupt merkt, dass es Wasser gibt. Künstler sind wie ein Fisch auf dem Trockenen; sie *verstehen* die allgegenwärtige Umgebung, in der wir anderen nur umherschwimmen. Geld ist Bestandteil dieser allgegenwärtigen Umgebung, die wir für selbstverständlich halten, ohne sie wirklich zu verstehen.

Marcel Duchamp (1887–1968) zählt zu den größten Künstlern des 20. Jahrhunderts und sein Einfluss reicht bis ins 21. Jahrhundert. Er gilt neben Picasso, Matisse und Warhol als einer der wenigen Künstler, die nicht nur großartige Werke schufen, sondern auch die Grenzen des Möglichen in der Kunst erweiterten und die Kunst an sich neu definierten. Im Gegensatz zu seinen Kollegen war Duchamp nicht sonderlich produktiv; er schuf nur relativ wenige Werke. Fast alle seine größten Werke sind in einigen Galerien im Philadelphia Museum of Art ausgestellt. Duchamps bekanntester künstlerischer Akt bestand darin, dass er in einem Sanitärgeschäft ein Urinal aus Porzellan kaufte, es mit dem Namen »R. Mutt« signierte, mit der Jahreszahl »1917« versah, es *Fontaine* nannte und für eine Ausstellung der Society of Independent Artists in New York einreichte. Duchamp sah den künstlerischen Akt nicht in dem Urinal selbst, sondern darin, dass der Künstler das Urinal ausgewählt hatte, was er als

»zerebrale« Kunst oder »Kunst im Kopf« bezeichnete, im Gegensatz zu »retinaler« Kunst. Die Reaktion im Jahr 1917 war ein Aufschrei der Empörung, aber die Zeiten ändern sich: Im Jahr 2004 wurde *Fontaine* von einem Gremium führender Kunstexperten zum einflussreichsten Kunstwerk des 20. Jahrhunderts erkoren.

Duchamps Einfluss beschränkte sich nicht auf seine Gemälde, Filme, Tableaus oder die Objekte, die er »Readymades« nannte, wie zum Beispiel *Fontaine*. Ihm ging es vor allem um das Konzept von Kunst: was sie bedeutete, was sie war und wie Kunst weiterentwickelt werden konnte. Duchamp bestand darauf, dass der kreative Akt erst dann abgeschlossen sei, wenn ein Betrachter das Kunstwerk sieht und ein Urteil darüber fällt. Er hat einmal geschrieben: »Der Künstler kann von allen Dächern schreien, dass er ein Genie sei; er muss den Richtspruch des Betrachters abwarten, damit seine Aussagen sozialen Wert erlangen und damit letztlich die Nachwelt ihn in Kunstgeschichtsbüchern zitiert.«[9]

Eines der faszinierendsten und amüsantesten Kunstwerke Duchamps bestand darin, Geld zu schaffen – wenn es denn Geld war. Duchamp hatte ausgeprägte mathematische und musikalische Neigungen. Neben diversen Skizzen und Studien für seine Hauptwerke hinterließ er Gleichungen und Aufzeichnungen über algebraische Relationen, die mit keinem bekannten Zweig der Mathematik in Verbindung gebracht werden können. Sie zu deuten wird wohl am besten zukünftigen Mathematikern überlassen bleiben. Im Rahmen dieses Projekts entwickelte er ein mathematisches Modell, um in Monte Carlo beim Roulette die Bank zu sprengen. Der Algorithmus basierte auf 100 000 Würfen der Roulettekugel durch den Croupier. Um seine Recherchen am Roulettetisch zu finanzieren, gab Duchamp eine Anleihe heraus. Auf der Anleihe war ein von Man Ray gefertigtes Foto von Duchamp abgedruckt, auf dem er Haar und Gesicht mit Rasierschaum bedeckt hatte. Mit dem Schaum hatte Duchamp sein Haar hochtoupiert und zu zwei Flügeln geformt, die dem geflügelten Helm von Merkur, dem Gott des Geldes und des Glücks in der altrömischen Mythologie, nachempfunden waren, obwohl viele Leute, wenn sie dieses Foto sehen, die Flügel für Teufelshörner halten. Das Foto hatte Duchamp über ein Bild von einem Roulettekessel montiert, der wiederum auf einem grünen Rechteck steht, das einen Roulettetisch darstellt. Die Anleihen trugen die Unterschriften von Duchamp und Rrose Sélavy, seinem weiblichen Alter Ego. Im Übrigen sah die Anleihe aus wie ein typisches Wertpapier der damaligen Zeit, mit einem Nennwert von 500 Francs, Ausgabedatum 1. November 1924, einem versprochenen Zinssatz von 20 Prozent und zwölf abtrennbaren Coupons, von denen jeweils einer vorzulegen war, um die Zinsen einzufordern. Mit der Emission sollten durch den Verkauf von 30 Anleihen 15 000 Francs erlöst werden, es wurden aber nur 14 Stück verkauft. In einem Brief an einen Anleger zwischen seinen Trips nach Monte Carlo schrieb Duchamp: »Seien Sie nicht allzu skeptisch, denn ich glaube, dass ich dieses Mal das Wort Zufall eliminiert habe. Ich möchte Roulette zwingen, zu einer Partie Schach zu werden. Eine Behauptung und ihre Folgen: Aber ich möchte so gern meine Dividenden auszahlen.«[10] Am Ende funktionierte sein System dann doch nicht, obwohl er das Projekt vielleicht auch beendete, weil es langweilig geworden war. Auf die Anleihen wurden keine Dividenden mehr gezahlt; die Papiere wurden wertlos.

Oder etwa nicht?

Am 9. November 2010 wurde die Monte Carlo Bond (No. 1) von Duchamp bei Christie's in London für 1 082 500 Dollar versteigert. Der ursprüngliche Nennwert der Monte-Carlo-Anleihe betrug 500 Francs, die damals 30 Dollar wert waren. Hätte ein Anleger die Anleihe 1924 gekauft und bis zur Christie's-Auktion im Jahr 2010 gehalten, hätte er einen Wertzuwachs von 36 000 Prozent erzielt und damit den französischen Franc – der 1925 und 1926 unter einer extremen Hyperinflation litt – und die französischen Staatsanleihen jener Zeit – die ebenfalls durch die Inflation entwertet wurden, bevor sie mit dem Fall der Dritten Republik im Jahr 1940 durch das deutsche Militär unter Adolf Hitler vollständig ausfielen – bei Weitem übertroffen. Der US-Dollar selbst hat seit 1924, gemessen am Goldpreis, 98 Prozent seines Wertes verloren. Kurzum: Duchamp hat eine Art von Geld geschaffen, dessen Wert über einen Zeitraum von 86 Jahren – von 1924 bis 2010 – weit beständiger war als die nationalen Währungen und die Staatsanleihen Frankreichs und der Vereinigten Staaten. Heute kommen die Monte-Carlo-Anleihen kaum noch einmal unter den Hammer; sicherlich sind sie inzwischen noch deutlich mehr wert als bei der Auktion von 2010.

Schuf Duchamp also eine Art von Geld, das als Kunst seinen Wert bewahrt? Oder schuf er Kunst, die als eine Art von Geld fungiert? Duchamp hätte diese Frage als irrelevant abgetan. Seine Geldbeschaffungsaktion über Anleihen war ihm ebenso ernst wie sein mathematisches Roulette-Spielsystem (das er zusammen mit einem Freund, dem Dadaisten Francis Picabia, austüftelte). Und was die Kunst angeht, schrieb Duchamp an Picabia: »Ich habe nicht aufgehört, Maler zu sein, aber jetzt verlasse ich mich aufs Glück.« Duchamp sah keine Grenzen im Reich der Kunst, und er sah sie auch nicht im Reich des Geldes.

Der andere große Künstler des 20. Jahrhunderts, der die Barrieren zwischen Kunst und Geld durchbrach, war Andy Warhol (1928–1987). Im Gegensatz zu Duchamp war Warhol außerordentlich produktiv und schuf Illustrationen, Gemälde, Siebdrucke, Filme, Musik, Bücher, Zeitschriften, Fotografien, Zeitkapseln (in Pappschachteln verpackte persönliche Erinnerungsstücke) und Fernsehsendungen. Er war einer der ersten digitalen Künstler, der 1985 mit einem PC des Typs Amiga 500 von Commodore ein Porträt der Sängerin Debbie Harry und ein Musikvideo mit dem Titel »You Are the One« produzierte, mit Bildern von Marilyn Monroe und Soundtrack. Während Duchamp gezeigt hatte, dass alles Kunst sein *kann*, glaubte Warhol, dass alles Kunst *ist*. Als er von einem Medium zum anderen wechselte, hinterließ er diverse unaufgelöste Widersprüche – eines seiner Markenzeichen. Im Jahr 1966 verkündete Warhol, er werde das Malen aufgeben und sich aufs Filmen konzentrieren. Und das

KI UND MONEYNESS (GELDÄHNLICHKEIT)

tat er dann auch – bis er 1972 wieder zu malen begann, mit seinen Mao-Porträts und Tausenden anderen Gemälden, Siebdrucken und Drucken von Weltstars wie Mick Jagger, Muhammad Ali und Judy Garland. Nachdem er sich von einem Mordanschlag erholt hatte, der von der radikalen Feministin Valerie Solanas am 3. Juni 1968 verübt worden war und ihn fast das Leben gekostet hätte, zog Warhol sich weitgehend aus der Öffentlichkeit zurück und achtete stärker auf seine persönliche Sicherheit. Außerdem entdeckte er eine neue Kunstform, die er »Business Art« nannte. Warhol war zeit seines Lebens von Geld besessen, nicht im Sinne von Gier nach Reichtum, sondern um gerade genug zu haben, um sich einen Lebensstil leisten zu können, der zwischen Konvention (regelmäßigem Kirchgang und einem Townhouse an der Upper East Side) und Halbwelt oszillierte (Silver Factory Studio, Drogen, Transvestiten und Warhol Superstars). Warhol war in der Weltwirtschaftskrise aufgewachsen, er sammelte Restaurantrechnungen und Taxiquittungen und führte peinlich genau Buch über seine Finanzen. Jahrzehntelang lieferte er sich immer mal wieder eine Schlacht mit dem Finanzamt. Ab 1969 beschloss er, dass Business an erster Stelle kam und Business letzten Endes auch Kunst sei: Business Art. Warhol begann, im Studio Anzug zu tragen (wie in den 1950er-Jahren, als er als Illustrator gearbeitet hatte), stieg mit dem Lifestyle-Blatt *Interview* ins Zeitschriftengeschäft ein und gründete Andy Warhol Enterprises, Inc., mit sich selbst als CEO. Einem Interviewer erzählte er: »Die neue Kunst ist in Wirklichkeit ein Geschäft. Wir wollen Anteile unserer Firma über die Börse an der Wall Street verkaufen.«[11] In einem Dokumentarfilm sagte er: »Ich bin ein unternehmerischer Mensch. Ich muss viele Mäuler füttern. Ich muss die Knete hereinholen.«[12] Er lagerte seine Siebdruckproduktion an eine professionelle Druckerei aus und machte nur noch kleine Farbretuschen von Hand. Er trat als Sponsor der Eau-de-Cologne-Marke Aramis auf, die zu einem Preis von 35 000 Dollar persönliche Porträts anbot.

Als ob er den entscheidenden Punkt von Business Art beweisen wollte, kreierte Warhol seine Siebdruck-Serie *Dollar Sign*, die erstmals 1982 in der Leo Castelli Gallery in der New Yorker Greene Street ausgestellt wurde. Die Siebdruck-Originale wurden durch einige Tausend Exemplare signierter Drucke ergänzt. Es waren bunte Dollarzeichen auf verschiedenen Hintergründen mit kontrastierenden Füllungen und Schatten. Warhol war davon überzeugt, dass die meisten Sammler Kunst nicht wirklich zu schätzen wussten, sondern nur das schnöde Geld liebten – also würden sie sich teure Gemälde kaufen, um sie an die Wand zu hängen und Besucher zu beeindrucken. Doch über kurz oder lang würden sie die Bilder dann wieder verkaufen und zu Geld machen. Bekanntermaßen spottete Warhol einmal, man könne sich auch einfach einen Sack Geld an die Wand hängen, um denselben Effekt zu erzielen. Um das jedoch ein bisschen einfacher zu machen und dem Sammler trotzdem zu ermöglichen, ein Gemälde zu haben, schuf er die Serie *Dollar Sign*. Die Kosten für die Acrylfarbe, die Siebdrucktinte und die anderen Materialien, die er dafür brauchte, waren vernachlässigbar. Am 20. Juni 2020 wechselte einer der Siebdrucke *Dollar Sign* bei Sotheby's für 500 000 Dollar den Besitzer. Das macht die Rendite auf die verauslagten Kosten des Künstlers praktisch unendlich hoch. Von 1982 bis 2020 hat der US-Dollar gemessen am Goldpreis 80 Prozent seines Wertes verloren. Wie Duchamps Monte Carlo Bond übertraf auch Warhols *Dollar Sign* die weltweit führende Reservewährung als Wertaufbewahrungsmittel bei Weitem.

Warhols Biograf Blake Gopnik zieht in seinem folgenden Abriss von Warhols Business Art eine direkte Linie von Duchamp zu Warhol: »Marcel Duchamp hatte 1917 ein gewöhnliches Urinal genommen, es kurzerhand zu Kunst erklärt und es dadurch zu einem der einflussreichsten Kunstwerke des 20. Jahrhunderts gemacht. Fünf Jahrzehnte später kam von Warhol die Anregung, die Markteinführung eines Produkts, die Presseerklärung und das Datenblatt als Kunst zu behandeln. Das hatte ähnlich tiefgreifende Auswirkungen auf die Kunst der folgenden fünf Jahrzehnte.«[13]

KI UND MONEYNESS (GELDÄHNLICHKEIT)

Das Dollarzeichen ist ein Symbol für Geld, doch Warhols *Dollar Sign* erwies sich im Laufe der Zeit als eine überlegene Form von Geld. Machte Warhol aus Kunst ein Geschäft? Machte er aus einem Geschäft Kunst? Wie bei Duchamp spielen die Antworten keine Rolle. Hätte man Warhol gefragt, wäre seine Antwort sibyllinisch gewesen, wenn er sich denn überhaupt die Mühe gemacht hätte, eine Antwort zu geben. Linien zu verwischen und Grenzen zu überschreiten war für ihn das Einzige, was zählte. Eine nachvollziehbare Begründung zu liefern hätte den Sinn seiner Kunst verfehlt – für den Künstler zählt der kreative Akt, nicht das Etikett, das seinem Werk angehängt wird.

Duchamps Monte Carlo Bond, der auf einem mathematischen Algorithmus beruhte, entstand 85 Jahre vor dem Bitcoin. Warhols Serie *Dollar Sign* entstand 35 Jahre vor dem Krieg gegen Cash. Während die Welt mit Kryptowährungen, digitalem Zentralbankgeld (CBDC), einem neuen Weltgeld namens »SDR« (»Special Drawing Rights« oder »Sonderziehungsrechte«), der Modern Monetary Theory (MMT), Non-Fungible Token (NFT), Zahlungen per Smartphone und millionenschweren Verkäufen von digitalem Land im Metaversum beschäftigt ist (das alles verpackt in KI/GPT), sehen die meisten Beobachter – angefangen bei den Early Adopters bis hin zu denen, die einfach nur neugierig sind – nicht den epochemachenden Wandel, der sich rings um sie herum vollzieht. Sogar Beobachter, die diesen Wandel sehr genau im Blick haben, konzentrieren sich nur allzu oft auf Details wie den Unterschied zwischen Non-Fungible Token und Land im Metaversum oder zwischen normalen Kryptowährungen und solchen von Zentralbanken. Sie fragen, inwieweit unter der MMT die grenzenlose Emission von SDRs der grenzenlosen Emission von Dollars gleicht. Sie fragen nach der Interoperabilität von Zahlungssystemen, wenn ein kenianischer Inhaber eines M-Pesa-Accounts, der Safaricom Mobile Banking nutzt, per Textbotschaft Geld auf einen Venmo-Account überweisen möchte. (»M-Pesa« steht für »mobile pesa«; »pesa« ist das Suaheli-Wort für »Geld«.)[14] Aber diese Fragen gehen am Thema vorbei; wir bewegen uns in einer elektronischen Welt. Wie schon Marshall McLuhan feststellte, ist der gesamte Planet seit dem gelungenen Start des ersten Satelliten ein von einer Metallhülle umgebenes Artefakt des Menschen. Wir sind die Fische im Wasser, wissen aber nicht, was Wasser ist. Heute sind wir entfremdet von dem Geld, wie es in der linearen Welt des geschriebenen Wortes seit dem 5. Jahrhundert vor Christus existierte; wir wissen nicht mehr, was Geld ist. Wir kennen nur Geldähnlichkeit.

Unsere Zivilisation befindet sich in einem späten Stadium des Übergangs vom geschriebenen zum gesprochenen Wort, vom Staatswesen zum Volksstamm, vom Visuellen zum Akustischen (dem Gehörten) und vom Retinalen (dem Gesehenen) zum Taktilen (dem Gefühlten), bedingt durch den digitalen Ozean, der uns umgibt. Niemand bleibt davon verschont, und doch versteht kaum jemand den Wandel. Wie so oft kamen die Künstler zuerst dort an.

Um die Metamorphose von Geld in einem elektronischen Zeitalter zu verstehen, muss man zu Platons *Politeia (Der Staat)* und dem 4. Jahrhundert vor Christus zurückkehren. Tausend Jahre lang waren Gelehrte und Studenten verwirrt, wenn sie zum ersten Mal mit Platons vernichtender Kritik an Homer im Buch X seiner *Politeia* Bekanntschaft machten. Platons Kritik an Homer, er sei ein bloßer Imitator und kein wahrer Lehrer oder Hersteller nützlicher Dinge, ist lang und kündigt sich schon in Buch III und an anderen Stellen der *Politeia* an. Gleichwohl werden Homers *Ilias* und seine *Odyssee* zu den größten Werken der Weltliteratur gezählt und auch heute noch voller Bewunderung gelesen. Homers Genie ist uns über 2800 Jahre hinweg erhalten geblieben. Platon gilt als der »Vater der Philosophie«. Aber warum hat Platon Homer und andere Dichter sowie die poetische Tradition selbst in höchst abfälliger Weise aufs Korn genommen?

Dieses vermeintliche Paradoxon hat der Philologe und Medientheoretiker Eric A. Havelock in seinem 1963 erschienenen Buch *Preface to Plato* erklärt.[15] Heutige Literaturkritiker halten Homer für einen großen Dichter und schätzen seine *Ilias* wegen ihres Kolorits, ihres Rhythmus und ihrer spannenden Handlung. Platon verstand dichterische Werke nicht so, wie wir sie heute lesen, angefangen bei dem Umstand, dass Homer nie etwas geschrieben hat – seine Epen waren mündliche Dichtungen. Vor dem 4. Jahrhundert vor Christus waren Dichtungen nicht in erster Linie Kunst, sondern dienten der Bildung. War Achilles bewundernswert oder narzisstisch? Mal das eine, mal das andere, und genau das war der springende Punkt. Die *Ilias* wurde als Lehrbuch für lobenswertes Verhalten und als Warnung vor verwerflichem Verhalten verstanden. De facto waren solche Dichtungen das Bildungssystem. Für Platon und seine Zeitgenossen war die *Ilias* kein Epos, wie wir es verstehen, sondern vielmehr eine Enzyklopädie der hellenischen Geschichte, Kunst, Wissenschaft und des gesellschaftlichen Lebens. Wer heute bezweifelt, dass ein Barde aus den dunklen Urzeiten der griechischen Kultur in der Lage war, ein Werk im Gedächtnis zu behalten, das wir heute als tausendseitiges Epos lesen, muss bedenken, dass diese Epen endlos wiederholt wurden. Man hörte sie zu Hause, auf Reisen und bei allerlei gesellschaftlichen Anlässen. Man hörte sie sein ganzes Leben lang. Dichterische Mittel wie Metrum und Assonanz dienten nicht nur dem künstlerischen Ausdruck, sondern auch, um das Auswendiglernen zu erleichtern. Das Medium war vor allem verbal-akustisch, nicht schriftlich. Laut Havelock war »Platons Vorstellung von Poesie ... grundsätzlich richtig. Poesie war keine ›Literatur‹, sondern eine politische und gesellschaftliche Notwendigkeit. Sie war weder eine Kunstform noch eine Schöpfung der persönlichen Fantasie, sondern eine Enzyklopädie, die durch Zusammenarbeit der ›besten griechischen Stadtstaaten‹ gepflegt wurde.«[16]

Platon war eine Brücke zwischen der verbal-akustischen Kultur Homers und der schriftlichen, linearen Kultur des Aristoteles und aller, die nach ihm kamen. Platon gehörte zu den Ersten, für die das Schreiben in einer phonetischen Schrift ein wichtiges Kommunikationsmittel war. Das phönizische Alphabet, das wir auch heute noch verwenden, war in Griechenland bis zum 9. Jahrhundert vor Christus nicht sonderlich weitverbreitet und wurde nur von einer kleinen Gruppe von Schriftgelehrten und Eliten genutzt. Außerhalb dieser Eliten gab es kaum Menschen, die lesen und schreiben konnten. Zu Platons Zeiten war Schrift schon sehr viel weiter verbreitet, aber epische Dichtungen wurden nach wie vor als wichtigste pädagogische Form mündlich rezitiert. Platons Philosophie war rational, sie war selbst ein Produkt einer linearen Denkweise. Platon stellte das Rationale über die immersive Wirkung von epischer Poesie. Er versuchte, Dichtung zu beseitigen, um lineare Logik und geschriebenes Wort zu fördern. Und das gelang ihm auch – das umfangreiche schriftliche Werk seines Schülers Aristoteles zeugt davon.

Bei diesem Übergang von Homer über Platon zu Aristoteles, vom verbal-akustischen zum schriftlichen und vom immersiven zum linearen Modus ging es nicht nur um Kommunikationsmittel, sondern er wirkte sich auch darauf aus, wie die Menschen dachten und Informationen verarbeiteten. In relativ kurzer Zeit wurde das Denken von einem dichterischen, auf Emotionen basierenden Vorgang zu einem auf Vokabular, Struktur und Wissenschaft aufbauenden Prozess neu geordnet. Aufgrund der Plastizität des menschlichen Gehirns konnten diese Veränderungen sich in den folgenden 2400 Jahren durchsetzen und behaupten. In der Ära dieses linearen, rationalen Denkens entwickelten sich Geld, Banken, Buchhaltung und schriftliche Instrumente wie Schecks, Banknoten und Verträge. Es ist unmöglich, Geld in seinen nachmittelalterlichen Formen zu verstehen, ohne sich der linearen rationalen Kultur bewusst zu sein, die Platon in die Welt gebracht hat.

Bis jetzt.

Ab 1838 kehrte die Welt mit der Erfindung des Morsetelegrafen und weiter über Telefon, Plattenspieler, Radio, Fernseher, Computer, Satelliten und anderes mehr in das homerische Zeitalter der verbal-akustischen Immersion zurück. Logik und Rationalität werden über Bord geworfen, während wir erneut auf einem homerischen Purpurmeer in See stechen. Bei unserer Rückkehr ins Präplatonische rücken Emotionen in den Vordergrund. Der wichtigste Exponent dieser Rückkehr von der rationalen zur prärationalen (heute postrationalen) Welt ist der kanadische Medientheoretiker und Philosoph Marshall McLuhan. Angefangen mit seinem 1951 erschienenen Buch *Die mechanische Braut* (benannt nach Duchamps Kunstwerk *Die Braut von ihren Junggesellen nackt entblößt*, sogar aus dem Jahr 1923) über *Die Gutenberg-Galaxis* (1962) bis hin zu *Understanding Media* (1964) erklärte McLuhan, dass Medieninhalte weitgehend irrelevant seien im Vergleich zum Einfluss der Medien selbst auf die vorherrschenden Denkweisen. Diese Auffassung verdichtete er zu seinem berühmtesten Ausspruch: »Das Medium ist die Botschaft.« Das bedeutete zum Beispiel, dass die Inhalte von Fernsehsendungen – Ärzte, Detektive, Nachrichtensprecher – flüchtig waren. Worauf es ankam, war das Bad in der elektronischen Flut, die nicht nur aus dem Fernseher, sondern auch aus anderen Quellen wie Radios, Lautsprechern, Plattenspielern und später dem World Wide Web (das McLuhan um 30 Jahre vorausahnte) in unsere Wohnzimmer drang. Nach McLuhans Taxonomie war Fernsehen ein kühles Medium (womit er meinte, dass der Zuschauer nur ein Mosaik zu sehen bekommt, das seine intensive Beteiligung erfordert, um vollständig zu werden), kein heißes Medium wie Radio (wo das Medium ein einziges Sinnesorgan gezielt anspricht und so aufdringlich ist, dass der Hörer nichts anderes tun muss, als zuzuhören). Nebenbei bemerkt wurde häufig beobachtet, dass Adolf Hitler im Radio ein effektiver Propagandaredner war, der seine Zuhörer in seinen Bann zog, im Fernsehen jedoch als Clown rübergekommen wäre. Das Medium ist die Botschaft. Für seine klassische Beobachtung, dass »in Zukunft jeder Mensch für 15 Minuten weltberühmt sein wird«, bezog Andy Warhol sich auf McLuhan. Sie hatten beide recht. McLuhan erfand auch den Begriff »Globales Dorf«, in dem das Sensorium akustisch und taktil ist wie in einem traditionellen Dorf, aber die elektronische Version den gesamten Planeten auf einmal überflutet. Heute gibt es keine Verzögerung mehr, wenn Nachrichten über Kriege, Börsencrashs oder

Naturkatastrophen um die Welt gehen – die ganze Welt spürt dieselbe Erschütterung zur selben Zeit. McLuhan erweiterte Havelocks These eines Übergangs von Homer zu Platon, der einen epochemachenden Wechsel von verbalakustischen zu linearen Modi mit sich bringt, und erklärte, dass wir diesen Prozess jetzt umkehren. Anstelle von Homer haben wir Hip-Hop, doch der Modus ist nicht-linear, nicht-rational und taktil. Wenn Sie jemals einen Toyota Supra in einer aufgemotzten Fast-and-Furious-Version mit getönten Scheiben und einem 400-Watt-Subwoofer, der mit 120 Dezibel Muni Long spielt, überholt haben, wissen Sie, dass es dabei nicht um Musik geht, sondern um Immersion, ums Eintauchen in das sinnliche Erlebnis. Das Auto selbst und alles in seiner Umgebung vibriert von den Schallwellen. Es gibt keinen Ort im öffentlichen Raum, von der Zapfsäule bis zur Wartelounge im Flughafen, der nicht mit Sound und digitalen Bildern von Bildschirmen, Werbeanzeigen und Kiosken geflutet wird. Wir halten das alles für selbstverständlich und merken gar nicht, dass das geschriebene Wort auf der Strecke bleibt.

Die Herausforderung für KI/GPT besteht nun darin, wie genau es sich in dieser neuen verbal-akustischen, taktilen und elektronischen Welt zurechtfinden wird. Das Konzept von Geld ist fließend, wenn nicht sogar völlig undefiniert. Der Messageverkehr ist nicht linear oder sprachlich, wie es sich für Digitalisierung und Verarbeitung durch vorhandene algorithmische Methoden anbieten würde. Es ist eine Sache, Joseph Conrads *Herz der Finsternis* zu lesen; doch es ist etwas ganz anderes, selbst im dunklen Dschungel zu stehen und unbekannten Geräuschen und fernen Trommeln zu lauschen. Die Geschichten sind die gleichen, aber die Medien sind völlig anders. Ein Roman kann digitalisiert und in jedes Trainingsset von Materialien aufgenommen werden. Ein Geräusch kann reproduziert werden, ist aber nicht ohne Weiteres auf eine lineare, sprachliche oder rationale Weise zu verstehen. Was passiert, wenn Geld nicht mehr als ein Geräusch ist?

Bitcoin ist ein gutes Beispiel für diese neue Geldähnlichkeit. Am 9. November 2021 war ein Bitcoin 69 000 Dollar wert. Derselbe Bitcoin war ein Jahr später nur noch 14 750 Dollar wert, was einem Wertverlust in Dollar von 78 Prozent entspricht. Im März 2024 war er dann wieder über 73 000 Dollar wert. Dennoch könnte man sagen, dass genau dieser Bitcoin an jedem dieser Tage außerhalb der Kryptobörsenwelt überhaupt nichts wert war. Der Wert von Kryptowährungen wird durch Wash Trading dominiert – Halter großer Kryptobestände schieben dieselben Coins zu leicht manipulierbaren Preisen untereinander hin und her – und die Coins selbst haben außerhalb der Börsenwelt keinen Straßenwert.[17] Etwas Vergleichbares sind die Chips eines Spielcasinos; sie sind zwar nützlich, um damit im Casino zu spielen, aber draußen kann man damit nicht einmal eine Tasse Kaffee kaufen. Man muss über ein Portal gehen – die Kasse des Kasinos oder eine entgegenkommende Bank –, um sie gegen die Art von Geld einzutauschen, die man zum Überleben braucht. Ein besserer Vergleich wäre vielleicht eine Halluzination: Jeder Halter einer Kryptowährung sieht darin, was er will, aber niemand sonst muss das genauso sehen. Der springende Punkt ist, dass eine große Gruppe von Anlegern (eigentlich: Spekulanten) glaubt, dass Kryptowährungen Geld sind, während die meisten Bürger mit diesem Geldmedium kaum oder gar nicht vertraut sind. Bitcoin hat überhaupt keine physische Entsprechung, nicht einmal ein paar zerknitterte Papierscheine in der Brieftasche. Häufige Änderungen des vermeintlichen Verwendungszwecks von Kryptowährungen sind eine Art von Gestaltwandel des Geldmediums, und nicht einmal die undurchsichtigste. Bitcoin ist weder ein zuverlässiges Wertaufbewahrungsmittel noch eine weithin akzeptierte Währung. Der Bitcoin leidet unter einer deflationären Tendenz und dem Fehlen eines zuverlässigen Rechtsrahmens und er hat problematische Zukunftsaussichten, da er auf einer autorisationsfreien Blockchain aufbaut, die durch den Konsens nicht überprüfter Teilnehmer (»miner«) validiert wird. Dennoch wird der Bitcoin nicht verschwinden. Er wird auch weiterhin ein Kultobjekt, ein Fetisch für Spekulationen und ein Kaleidoskop von echtem Geld sein. Letztlich wird er das jetzt existierende Geld nicht zerstören, aber vielleicht Geld als lineares Konzept verdrängen. Oder Bitcoin könnte aus purer Langeweile wegschmelzen, so ähnlich wie Beany Babies in ihrer ganz eigenen Spekulationsblase Mitte der 1990er-Jahre oder Pet Rocks im Jahr 1975. Dann würde KI/GPT einfach nicht mitbekommen, was vor sich geht, selbst wenn es enzyklopädische Abhandlungen zu diesem Thema produzieren kann.

Zudem ist es unwahrscheinlich, dass KI/GPT den Unterschied zwischen Geld und Kredit wirklich begreift. Gerade diese Wissenslücke könnte man verzeihen, da auch die meisten professionellen Anleger diesen Unterschied nicht kennen. Doch der Unterschied zwischen diesen beiden Begriffen markiert die Grenze zwischen normalen Kursverlusten und einer ausgewachsenen Panik.»Kredit« ist lediglich eine andere Bezeichnung für »Schulden«, »Leverage« oder »Fremdkapital« – er kann in Form von Darlehen, Anleihen oder Hypotheken in Erscheinung treten oder im Nebel von außerbilanziellen Derivaten. Wenn ein Anleger sein eigenes Geld verliert, bleibt es in der Regel dabei. Wenn er allerdings Fremdkapital eingesetzt hat, trifft sein Verlust nicht nur ihn selbst, sondern auch den Kreditgeber. Dies ist der Moment, in dem Sicherheiten eingefordert werden, und dann muss der Anleger Vermögenswerte abstoßen, um diese Sicherheiten herbeizuschaffen. So ein Notverkauf verlagert den Stress von dem ursprünglichen Verlust auf andere Märkte und zieht andere Schuldner und Kreditgeber in Mitleidenschaft, wenn die Panikphase beginnt. Der entscheidende Punkt ist, dass ein Schuldner den Betrag aus dem Darlehen als Geld betrachtet und die damit zusammenhängenden Schulden oder Derivate ignoriert, weil er davon überzeugt ist, dass sein Investment erfolgreich sein wird und er seine Schulden rechtzeitig zurückzahlen kann. Wenn man jedoch die Schulden von dem Darlehensbetrag abzieht, verschwindet das »Geld«. Das heißt: Wenn eine Investition scheitert, verschwindet nicht nur das Geld, sondern die Schulden bleiben bestehen, was unterm Strich zu einem negativen Vermögen führt. KI/GPT kann den verhaltenspsychologischen und emotionalen Aufruhr, den eine solche Schuldendynamik hervorruft, nicht begreifen. Wieder stellen wir fest, dass die digitale Welt denkbar schlecht auf die reale Welt voller Wut und Verzweiflung vorbereitet ist, die ein Finanzcrash mit sich bringt.

Während einer Finanzpanik, die aus Gründen entsteht, die nichts mit KI/GPT zu tun haben, werden Deep-Learning-Nodes Faktoren wie Börsenindizes, amtliche Mitteilungen von Aufsichtsbehörden, Nachrichten, Interviews, das Momentum (Geschwindigkeit und Dynamik der Kursentwicklung von Aktien) sowie unzählige Artikel über die Geschichte der Finanzmärkte und früherer Börsenpaniken berücksichtigen. Was sie dabei jedoch völlig außer Acht lassen werden, ist die Tatsache, dass all diese Faktoren Symptome sind und nicht etwa Ursachen – die einzige Ursache ist die menschliche Natur und der instinktive Impuls, aus einem brennenden Gebäude zu rennen. Aber noch größer ist die Gefahr, dass KI/GPT eine Panik verstärkt, weil es nicht in der Lage ist, Geldähnlichkeit abseits traditioneller Formen von Geld zu erfassen, und weil es professionellen Investoren und laienhaften Anlegern falsche Kaufempfehlungen und falsche Zusicherungen geben könnte. Es wäre ungefähr so, als ob jemand in einem ausverkauften Theater »Feuer!« schreien würde, während die Algos noch die Bedeutung des Wortes »Feuer« zu ergründen versuchen.

Das elektronische Umfeld und die rasante Evolution hin zu digitalem Geld und erdachtem Geld – das nur durch Konsens existiert und vielleicht gar kein Geld ist, aber stattdessen geldähnliche Merkmale hat, die es schwierig machen, es von echtem Geld zu unterscheiden – sind ein Nährboden, auf dem vielerlei Formen von Geld entstanden sind. Professionelle Investoren können mit diesen Trends nicht mithalten. KI/GPT hinkt sogar noch weiter hinterher, hat aber das Potenzial, weit mehr Schaden als Nutzen anzurichten, weil Menschen, die es eigentlich besser wissen sollten, aber die Augen vor den Risiken verschließen, sich zu sehr darauf verlassen.

MONEYNESS

Der letzte sichere Ort für Ihr Geld

Finanzinstitutionen, Banken und Brokerages setzen für Risikomanagement, Anlageberatung und schnelles Reagieren auf volatile Märkte immer häufiger KI/GPT ein. Hedgefonds greifen zu den gleichen Algorithmen, um vielversprechende Aktien auszuwählen und anspruchsvollere Strategien umzusetzen. Das schmutzige kleine Geheimnis der Vermögensverwalterbranche ist, dass fast jeder Anlageberater auf seinem Bildschirm den gleichen Kundenfragebogen und – abhängig davon, wie Sie die Fragen beantworten – die gleichen eingebetteten Performance-Annahmen und Portfolio-Empfehlungen zu sehen bekommt. Er wird Sie nach Ihrem Alter fragen, Ihrem Familienstand, dem aktuellen Nettovermögen, der Aufteilung Ihres Vermögens auf verschiedene Anlageklassen, einigen familiären Details und Ihren Zielen für den Ruhestand. Die neuronalen Netze der eingesetzten KI enthalten Annahmen über die zu erwartenden Renditen verschiedener Anlageklassen und die Vorteile einer Diversifizierung zwischen Anlageklassen. Dann wirft der Computer einen vermeintlich maßgeschneiderten Investmentplan aus, doch die Wahrheit ist, dass die erwarteten Renditen Unsinn sind, die Diversifizierung in einer Finanzpanik sofort nutzlos wird und der »maßgeschneiderte« Plan auf dem gleichen fantasielosen Schema beruht, das auch für alle anderen Kunden mit einem ähnlichen Profil herangezogen wird. Die Gebühren sind überall gleich. KI ist so gut beim Produzieren solcher formelhaften Empfehlungen, dass nicht klar ist, warum Banken nicht ganz auf Menschen verzichten und stattdessen Video-Deepfakes einsetzen. Aber vielleicht kommt das ja noch: Die Bank of America bietet über einen Chatbot namens Erica, der seit seiner Einführung über zwei Milliarden Mal genutzt wurde, Anlageberatung mit einem beruhigenden Touch. Derweil ist die von KI ausgespuckte Portfoliostruktur weder gegen Panik gefeit noch gegen neuartige Umstände an den Märkten, etwa Deglobalisierung,

Entdollarisierung und die Instrumentalisierung digitaler Zahlungskanäle, um Bürger individuell zu überwachen.

Was kann ein Anleger tun, um diese finanziellen Klippen zu umschiffen, dabei sein Vermögen zu bewahren und sogar von eventuellen Turbulenzen zu profitieren? Wie kann er sein Vermögen schützen, wenn sogar die Märkte selbst nicht mehr sicher sind?

Es ist immer gut, ein bisschen Cash auf der Bank zu haben, als eine der Arten, eine Krise durchzustehen. Außerdem sollte man immer etwas Bargeld im Haus haben, für Zeiten, in denen Banken geschlossen sind oder Stromausfälle die Nutzung von elektronischem Zahlungsverkehr und Kreditkarten unmöglich machen.

Das Problem mit der SVB-Pleite ist, dass sie all jene traf, die vorgesorgt und Cash gespart hatten. Sparer sollten sich nicht damit beruhigen, dass beim SVB-Bailout auch Einlagen über 250 000 Dollar durch die FDIC geschützt waren. In ihrer Aussage vor dem Kongress am 16. März 2023 sagte US-Finanzministerin Janet Yellen, dass die allgemeine Einlagensicherung nur dann zur Anwendung käme, wenn es »zu einem Systemrisiko und erheblichen wirtschaftlichen und finanziellen Konsequenzen führen würde, unversicherte Einleger nicht zu schützen«. Im Klartext: Wenn Sie Ihre Ersparnisse bei einer kleinen lokalen Bank einzahlen, sind Sie auf sich selbst gestellt.

Dies vorausgeschickt, sind hier einige völlig legale Möglichkeiten, um zu verhindern, dass Ihre Cash-Einlagen verschwinden, falls Ihre Bank pleitegeht:

Oben wurde erwähnt, dass die Einlagensicherung der FDIC Einlagen bei Mitgliedsbanken bis zu einer Höhe von 250 000 Dollar schützt. Die National Credit Union Administration (NCUA) bietet eine ähnliche Versicherung für Einlagen bei einer nationalen Genossenschaftsbank an. Diese Versicherung ist staatlich garantiert. Selbst wenn die Einlagensicherungsfonds von FDIC oder NCUA zur Neige gehen, wird der Kongress Geld bereitstellen, um sie wieder aufzufüllen, oder die Einlagensicherungsprämien werden erhöht werden oder beides.

Die Höhe des versicherten Betrags wird von der FDIC pro Einlage berechnet, und zwar aufgrund eines Kriteriums, das die FDIC als »Eigentumskategorie« bezeichnet. Das heißt, dass zum Beispiel ein Ehepaar getrennte Konten eröffnen und jeweils bis zu 250 000 Dollar einzahlen kann, die geschützt sind. Damit erhöht sich die Einlagensicherung auf 500 000 Dollar. Unter Umständen kann auch ein gemeinsames Konto beider Ehepartner bei einer bestimmten Bank über die Grenze von 250 000 Dollar hinaus versichert sein, je nachdem, was für andere Konten die beiden Einleger haben. Andere Eigentumskategorien wie IRA (»Individual Retirement Account«, »persönliche Altersvorsorge«) und 401(k) (ein arbeitgebergeförderter Rentensparplan) können separat versichert werden, selbst wenn der Begünstigte noch andere Sparkonten hat.

Außerdem deckt die Einlagensicherung separate Einlagen bei verschiedenen Banken ab. Die Versicherung gilt pro Bank für jede Eigentumskategorie. Wenn Sie also vier Sparkonten bei vier verschiedenen Banken eröffnen und auf jedes Konto 250 000 Dollar einzahlen, ist die gesamte Million versichert. Wenn Ihr Ehepartner oder Ihre Kinder das Gleiche tun, können Sie leicht über 2 Millionen Dollar oder mehr an Ersparnissen haben, die voll versichert sind. Wenn Sie und Ihr Ehepartner zusammenarbeiten und Ihre Konten in unterschiedliche Eigentumskategorien pro Bank und auf mehrere verschiedene Banken aufteilen, gibt es praktisch keine Obergrenze für den Gesamtbetrag an versicherten Einlagen, die Sie haben können. Aber natürlich gibt es praktische Grenzen für das Jonglieren mit mehreren Einlagen bei verschiedenen Banken. Die Regeln der FDIC sind kompliziert und am besten sollten Sie sich diese Thematik von Ihrem Bank- oder Finanzberater erklären lassen. Jedenfalls können Sie ohne viel Aufwand Ersparnisse von einigen Millionen Dollar haben, die voll versichert sind. Wenn Sie Ihre Ersparnisse auf mehrere Banken aufteilen, verringern Sie auch Ihr eigenes Risiko, denn selbst wenn eine Bank pleitegeht, werden die anderen vielleicht solvent bleiben.

Eine andere Strategie besteht darin, US Treasury Bills (Schatzwechsel) zu kaufen. Dies sind Staatsanleihen mit den kürzesten Laufzeiten, die das US-Finanzministerium anbietet. Am kurzen Ende können die Laufzeiten vier Wochen, drei Monate oder sechs Monate betragen und wegen dieser kurzen Laufzeiten bringen sie praktisch kein Ausfallrisiko und kaum Volatilität mit sich.

Die Treasury Bills können Sie bei einer seriösen Brokerage deponieren. Solche Firmen sind keine Banken; sie werden von der SEC reguliert und bieten eine staatliche Versicherung für Kundengelder an, und zwar von der SIPC (Securities Investor Protection Corporation, »Schutzvereinigung für Wertpapieranleger«). Am wichtigsten ist jedoch, dass Börsenmakler eine strikte Trennung zwischen Kundengeldern und dem eigenen Geld des Maklers einhalten müssen. Gegen dieses Trennungsgebot wurde zwar schon einige Male verstoßen, etwa im Fall von MF Global im Jahr 2011, doch das kommt ziemlich selten vor. In diesem Fall wurden die Kundengelder letztlich wieder bereitgestellt. Falls Ihr Broker pleitegeht, wird der Konkursverwalter Ihre getrennt gehaltenen Treasury Bills und anderen Vermögenswerte einfach auf einen anderen Broker übertragen, der solvent ist. Dann werden Sie mit einem neuen Brokerage-Account aufwachen, aber Ihr Geld und Ihre Wertpapiere nicht verloren haben.

Und schließlich ist es eine gute Idee, einen Teil Ihres Geldes in bar aufzubewahren. Das bedeutet physische Banknoten, am besten in Form von 100-Dollar-Scheinen. Aber Sie wollen nicht zu viel davon haben, 10 000 Dollar könnte richtig sein. Wenn Sie 100 000 Dollar bunkern, würden Sie damit auch bei einem längeren Stromausfall über die Runden kommen. Verpacken Sie das Geld sorgfältig und verstecken sie es an einem sicheren Ort – die beste Sicherheitsmaßnahme besteht darin, niemandem zu erzählen, dass sie es haben.

Viele Sparer sind schockiert, wenn sie erfahren, dass es gar nicht so einfach ist, größere Mengen Bargeld von ihrem Bankkonto abzuheben – immerhin ist es ja Ihr Geld. Sollte man denken – das ist es aber nicht wirklich. Es ist das Geld der Bank; Sie sind nur ein Einleger. Um an Bargeld zu kommen, werden Sie es unter Umständen in Tranchen von 1000 oder 2000 Dollar abheben müssen. Sobald Sie mehr als 3000 Dollar auf einmal abheben, kann die Bank einen Suspicious Activity Report (SAR, »Meldung über verdächtige Aktivitäten«) beim US Financial Crimes Enforcement Network (FinCEN, »Netzwerk zur Bekämpfung von Finanzkriminalität«) mit Sitz im Norden Virginias einreichen; es hängt davon ab, wie oft Sie Bargeld abheben und wie gut Ihre Bank Sie kennt. Ab einem Betrag von 10 000 Dollar ist die Bank verpflichtet, einen Currency Transaction Report (CTR, »Meldung über Bargeldtransaktion«) beim FinCEN einzureichen (bestimmte Handelsunternehmen sind von dieser Vorschrift ausgenommen). Das FinCEN speichert diese Meldungen in digitaler Form zusammen mit solchen zu Transaktionen von Terroristen, Geldwäschern und Mitgliedern von Kartellen.

Mithilfe von KI kann das FinCEN ein digitales Profil von Ihnen zusammenstellen, das auch andere Daten wie Äußerungen in Social Media, politische Kommentare, Spenden für gemeinnützige Organisationen, Ihre Adresse und anderes mehr enthalten kann. Aufgrund dieses Persönlichkeitsprofils kann das FinCEN oder das Federal Bureau of Investigation (FBI, US-Bundeskriminalamt) feststellen, ob die Beschreibung auf Sie passt, die Präsident Joe Biden in seiner Rede in Philadelphia am 1. September 2022 kundgetan hat (die Rede mit der von Leni Riefenstahl inspirierten blutroten Beleuchtung und Kulisse).[18] Biden bezeichnete die Hälfte der US-Wählerschaft als Anhänger »eines Extremismus, der die Grundfesten unserer Republik bedroht«. Er sagte, die Hälfte der Wähler sei »eine Bedrohung für dieses Land« und sie »glauben nicht an die Herrschaft des Rechts«. Dann zitierte er einen Bundesrichter, der die Hälfte der Wähler als »klare und unmittelbar drohende Gefahr« für die Demokratie bezeichnet hatte. Biden machte noch mehr abwertende Bemerkungen, die, ohne sie hier alle zitieren zu wollen, deutlich machen, dass er die Hälfte der Wählerschaft als Staatsfeinde diffamierte, die sich kaum, wenn überhaupt, von Terroristen unterscheiden. Damit meinte er konservative Republikaner. Falls dieses Profil auf Sie passt, sollten Sie sich so verhalten, als hätten Sie in den Augen von FinCEN und FBI eine Zielscheibe auf dem Rücken. Diese Behörden setzen bevorzugt KI ein, um politische Gegner zu überwachen oder sie im Morgengrauen einer Hausdurchsuchung zu unterziehen, ohne vorher anzuklopfen. SARs und CTRs sind Bausteine für ein Persönlichkeitsprofil. Es liegt auf der Hand, dass diese Art von KI-gestützter staatlicher Überwachung mit der Einführung von digitalem Zentralbankgeld (CBDCs) noch schlimmer wird: Digitales Geld, das in einem staatlichen Register gespeichert ist, könnte Aufschluss darüber geben, welche Bücher Sie kaufen, welche Kirche Sie besuchen und welche Kleidung Sie tragen. Auch heute schon können solche Daten privaten Anbietern bekannt sein, aber nur fragmentarisch – mit der Einführung von CBDCs werden sie in gesammelter Form und zentralisiert für die Regierung zugänglich.

Die einzige Art, an große Mengen Bargeld zu kommen – sagen wir über 100 000 Dollar –, besteht darin, es mit viel Geduld und in kleinen Tranchen abzuheben, verteilt über ein Jahr oder länger. Auch bei diesem Vorgehen können Konten bei mehreren Banken nützlich sein, abgesehen von dem Ziel, den von der Einlagensicherung abgedeckten Betrag zu erhöhen. Oder Sie können das Risiko eingehen, eine einzige große Abhebung zu machen, und einfach die möglichen Konsequenzen einer CTR-Meldung an die FinCEN in Kauf nehmen.

Eine Alternative zu Bargeld, wenn Sie Ihr Vermögen bewahren und dem KI-Schleppnetz der Regierung entgehen wollen, sind physisches Gold oder Silber. Gold in Form von Münzen mit einer Unze Feingewicht (die etwa 2300 Dollar pro Stück wert sind, während ich dies schreibe) oder Kilobarren (derzeit etwa 75 000 Dollar pro Stück) sind eine hervorragende Möglichkeit, Vermögen zu verwahren und seinen Wert zu schützen. Auch aus Silber gibt es Münzen mit einer Unze Feingewicht (derzeit etwa 28 Dollar) und Kilobarren (derzeit etwa 900 Dollar). Über lange Zeiträume hinweg bewahren Gold und Silber ihren Wert, selbst bei Inflation und Währungskrisen. Die Regierung kann Ihr Vermögen nicht durch Inflation oder Besteuerung von inflationsbedingten Zugewinnen stehlen, solange Sie es in Edelmetallen angelegt haben. Ein weiterer Vorteil von Gold und Silber in einer KI-Welt ist, dass beide physische Werte sind, nicht digitale. Käufe und Verkäufe von Gold und Silber werden nicht an die Regierung gemeldet.* Online-Käufe können vielleicht übers Internet nachverfolgt werden, aber physische Käufe im Geschäft eines zuverlässigen Edelmetallhändlers in Ihrer Nähe können nicht nachverfolgt werden. Gold- und Silbermünzen haben keine Seriennummern. Gold- und Silberbarren können einen Prägestempel der Scheideanstalt, des beeidigten Edelmetallprüfers, des Händlers (in der Regel eine große Bank) und eine Seriennummer tragen, die sich jedoch durch vorsichtiges Erhitzen oder Polieren leicht entfernen lässt. (Gold und Silber sind beide relativ weiche Metalle und können daher leicht bearbeitet werden.) Wenn es um Münzen geht, sollte man sich an American Eagles aus Gold oder Silber der US-Münzanstalt halten, wegen ihres Feingehalts und ihrer Verlässlichkeit. Verwahren Sie Ihr Edelmetall bei einem seriösen Schließfachbetreiber wie Brink's, Loomis oder GardaWorld. Unter keinen Umständen sollten Sie Gold oder Silber in einem Bankschließfach aufbewahren, denn dort werden die Agenten der Regierung zuerst suchen, wenn es an der Zeit ist, nicht-digitales Geld zu konfiszieren.

Die Entscheidung, ob man Gold oder Silber halten sollte, hängt nicht nur von den aktuellen oder erwarteten Preisen ab; es gibt auch einen praktischen Aspekt. Wenn das digitale Geldsystem durch Panik, bösartige KI oder eine Naturkatastrophe kollabiert, werden die Bürger schnell dazu übergehen, alternativen Medien monetäre Eigenschaften zuzuschreiben. Die in der Zeit der Großen Depression

---

* In Deutschland gilt eine Meldepflicht, wenn der Wert des ge- oder verkauften Edelmetalls mindestens 2000 Euro beträgt (Anm. d. Red.).

(Weltwirtschaftskrise ab 1929) weitverbreiteten »Wooden Nickel« (5-Cent-Münzen aus Holz) sind ein gutes Beispiel dafür, wie anpassungsfähig Menschen sein können, wenn konventionelles Geld knapp oder wertlos geworden ist. Gold- und Silbermünzen bieten sich als Tauschmittel an. Eine Goldmünze im Wert von 2300 Dollar (oder mehr, wenn Inflation herrscht) ist ein zu hoher Wert, um bei alltäglichen Transaktionen als Zahlungsmittel zu dienen, etwa um Benzin oder Lebensmittel zu kaufen. (Es gibt den American Eagle als Viertel-Unzen-Goldmünze, die dem klassischen britischen Gold Sovereign nachempfunden ist, aber selbst so eine Münze ist 700 Dollar oder mehr wert.) Hier kommt Silber ins Spiel. Eine 1-Unze-Silbermünze hat den richtigen Wert für kleinere Einkäufe, etwa um Lebensmittel oder Kleidung für die Familie zu kaufen. Am besten erwirbt man Silber für solche Zwecke, indem man eine sogenannte Monster Box von der US Mint kauft. Das ist ein stabiler Kasten aus grünem Kunststoff, der mit Spannbändern verschlossen ist und 500 1-Unzen-Silbermünzen in 25 Plastikrohren mit jeweils 20 Münzen enthält. Ende 2024 betrug der Marktwert einer solchen Box etwa 17 000 Dollar. Ihre Monsterbox können Sie zusammen mit Taschenlampe, Trinkwasser und einem Erste-Hilfe-Kasten verstauen, um für jede Art von Krise gerüstet zu sein.

Das sind also die Optionen: Mehrere Konten bei verschiedenen Banken für Sie und Ihren Ehepartner, plus Treasury Bills auf einem Brokerage-Account, plus Bargeld in Scheinen, das nicht von KI ausgespäht werden kann, sowie Teile ihres Vermögens in physischem Gold und Silber. Anhand dieser Liste können Sie mehrere Millionen Dollar an Vermögenswerten verwahren, ohne einen Zusammenbruch wie den der SVB fürchten zu müssen. Es wird weitere Zusammenbrüche geben und jetzt ist die Zeit gekommen, diesen Plan zur Sicherung Ihres Wohlstands in die Tat umzusetzen, bevor sämtliche Fluchtwege durch KI-gestützte Überwachung abgeschnitten werden.

Letzten Endes reicht diese Strategie, seine Ersparnisse in wertbeständigen Sachwerten und kaltem Cash anzulegen, nur bis zu einem gewissen Punkt. Der Trend zu Geld in Form eines gesprochenen Wortes hat eine kritische Schwelle überschritten und ist unumkehrbar. Dieser Trend kann sich in einer von zwei Richtungen fortsetzen. Die erste Möglichkeit ist, dass staatlich kontrolliertes KI/GPT immer häufiger zum Einsatz kommt, und zwar in Form von erzwungener Verwendung von CBDCs als gesetzlichem Zahlungsmittel, totaler Überwachung durch »geolocation« (Ortsbestimmung), vollständigem Zugriff auf persönliche Transaktionsregister sowie KI-gestütztem Profiling, um Staatsfeinde zu ermitteln oder sogar Vorfälle von mildem zivilen Ungehorsam (etwa die Weigerung, sich einer mRNA-Impfung zu unterziehen). Als kanadische Trucker 2022 mit ihrem Freedom Convoy gewaltfrei protestierten, wurden daraufhin ihre Bankkonten eingefroren – ein Vorbote dieser KI-gestützten Enteignung durch die Regierung. Eine solche Welt wird der in George Orwells *1984* beschriebenen Dystopie ähneln, wobei digitale Löschung der Bürger das Orwell'sche »Gedächtnisloch« ersetzt. China und Kanada stehen kurz vor diesem Stadium und die USA und Europa holen schnell auf.

Die zweite Alternative – die angesichts der dynamischen Entwicklung komplexer Systeme wahrscheinlicher ist, sofern die erforderliche Energie (in jeglicher Form, einschließlich Geld) höher ist als die verfügbare Energie – ist der Zusammenbruch der gesellschaftlichen Ordnung. In dieser Welt könnte digitales Geld unbrauchbar werden, weil die Stromversorgung ausfällt. Sachwerte könnten als eine der Formen von Vermögen fortbestehen, aber Geld wird durch Kredit in Form von mündlichen Versprechen ersetzt werden. Die Redewendung »ein Mann, ein Wort« wird mehr als ein Klischee sein – sie wird buchstäblich die Grundlage für den Handel bilden. So war es schon unter den Bankiersfamilien des 16. Jahrhunderts, unter denen ein in Florenz gegebenes Versprechen in London eingelöst werden konnte, fast oder ganz ohne schriftliche Aufzeichnungen und ohne vorherige Ankündigung der Ankunft des Empfängers. Die Handelskarawanen auf der antiken Seidenstraße funktionierten genauso:

DER LETZTE SICHERE ORT FÜR IHR GELD

Wenn ein Händler in Samarkand Waren nach Konstantinopel liefern ließ, wurde er ein Jahr später in Gold bezahlt, nachdem der Karawanenführer zurückgekehrt war. Geld war Nebensache, Vertrauen war alles.

Geld wird ein gesprochenes Wort sein. Ob dieses Wort von einer vertrauten Stimme kommen wird oder von einem Bot der Regierung, wird sich zeigen.

Kapitel 4
NATIONALE UNSICHERHEIT

> *Atomwaffen an sich sind weder moralisch noch unmoralisch – allerdings sind sie in höherem Maße als die meisten anderen Waffen anfällig dafür, für unmoralische Zwecke eingesetzt zu werden.*
> Herman Kahn, Hudson Institute (1984)[19]

> *Eine der gefährlichsten Formen von menschlichem Versagen ist zu vergessen, was man eigentlich erreichen will.*
> Paul Nitze und Michael Stafford, *Washington Post* (1991)[20]

Fail-Safe

Kriegerische Auseinandersetzungen mit Atomwaffen liegen in der Luft. Das Thema erfährt heute mehr Aufmerksamkeit denn je seit der Kubakrise von 1962 und ihren Nachwirkungen. Hierfür gibt es drei Gründe. Der erste Grund sind die Anschuldigungen der USA, dass Russland, wenn es in seinem Krieg gegen die Ukraine zu immer verzweifelteren Mitteln greifen würde, Atomwaffen einsetzen könnte. Diese Anschuldigungen sind heute, da Russland im Begriff ist, den Krieg mit konventionellen Waffen zu gewinnen, lachhaft.

Dennoch waren die gegenseitigen Drohungen genug, um eine öffentliche Diskussion auszulösen.

Der zweite Grund ist der Krieg zwischen Israel und der Hamas. Auch hier ist Eskalation die größte Sorge. Einem nicht unwahrscheinlichen Szenario zufolge könnte die Hisbollah im Südlibanon durch intensiven Raketenbeschuss eine zweite Front an der Nordgrenze Israels eröffnen. Huthi-Rebellen im Jemen würden sich diesem Angriff anschließen. Da sowohl die Hisbollah als auch die Huthis schiitische Muslime sind und vom Iran unterstützt werden, würde Israel den Iran als Verursacher der Eskalation angreifen. Israel ist eine Atommacht. Angesichts von Flugzeugträger-Kampfverbänden und Atom-U-Booten der USA in der Region und den Atommächten Russland und Pakistan, die bereitstehen, um dem Iran zu helfen, ist die Gefahr einer Eskalation bis hin zu einem nuklearen Schlagabtausch durchaus real.

Der dritte Grund ist künstliche Intelligenz und GPT-Output. Womöglich ist KI/GPT die größte Bedrohung von allen, weil es einer inneren Logik folgt, die mit der menschlichen Logik, die in den vergangenen 80 Jahren den Frieden durch das Gleichgewicht des Schreckens mit Atomwaffen bewahrt hat, unvereinbar ist.

Während Kriegsführung mit Atomwaffen seit dem Ende des Kalten Krieges kaum öffentlich diskutiert wurde, war der Einsatz von Atomwaffen seit der Bombardierung der japanischen Städte Hiroshima und Nagasaki im August 1945 bis zur Hochzeit des Kalten Krieges in den 1950er-, 1960er- und 1970er-Jahren ein beherrschendes Thema kriegstheoretischer und politischer Diskussionen. Physiker wie Albert Einstein und Robert Oppenheimer und die US-Präsidenten in der Anfangsphase des Kalten Krieges, Harry Truman und Dwight D. Eisenhower, waren sich allesamt der Macht von Atomwaffen bewusst, das Leben auf der Erde auszulöschen. Doch es waren Spieltheoretiker, Mathematiker und Politologen, die Strategien für die Entwicklung und den Einsatz von Atomwaffen ausarbeiteten. Die große Ironie dabei war, dass ein Atomkrieg eine reale Möglichkeit bleiben musste, um einen realen Atomkrieg zu vermeiden.

Die führenden Theoretiker auf diesem Gebiet waren Herman Kahn, John von Neumann, Albert Wohlstetter, Roberta Wohlstetter, Paul Nitze und Henry Kissinger. Von Neumann war ein Mathematiker und Physiker, der in den 1920er- und 1930er-Jahren die Spieltheorie entwickelt hatte. Nitze und Kissinger waren politische Analysten und hochrangige Regierungsbeamte, die führende Rollen in der Politik der atomaren Aufrüstung während des Kalten Krieges spielten. Nitze ist bekannt für seinen »Waldspaziergang« im Jahr 1982 mit dem Vertreter der Sowjetunion Juli Kwizinski, bei dem die beiden Männer Zugeständnisse zur Begrenzung der atomaren Rüstung erörterten. Dieser Spaziergang ebnete den Weg für das erfolgreiche Gipfeltreffen zwischen US-Präsident Ronald Reagan und dem sowjetischen Präsidenten Michail Gorbatschow in Reykjavík im Jahr 1986.

Unter diesen Atomwaffen-Theoretikern und führenden Politikern war Herman Kahn der einflussreichste. Seine wichtigsten Werke zu diesem Thema waren *On Thermonuclear War* (1960) und *Thinking About the Unthinkable* (1962). Kahn führte von Neumanns Spieltheorie mit der Systemtheorie (einem Vorläufer von künstlicher Intelligenz) zusammen und schuf damit das Forschungsgebiet der Szenariotechnik. Er war der Vordenker sowohl der Doktrin der »mutual assured destruction« (MAD; das Konzept, dass von zwei Mächten, die über genügend Atomwaffen verfügen, keine die andere angreifen wird, weil der Angreifer riskieren würde, selbst vom Angegriffenen vernichtet zu werden) als auch der ergänzenden Doktrin der Zweitschlagfähigkeit (eine Atommacht sollte über genügend Atomwaffen verfügen, die einen Erstschlag überstehen, um im Falle eines Angriffs einen Zweitschlag ausführen zu können; die Zweitschlagfähigkeit würde den Erstschlag verhindern). Sowohl die MAD – auch bekannt als »Gleichgewicht des Schreckens« – als auch die Zweitschlagsdoktrin wurden weithin kritisiert, weil sie in den frühen Jahrzehnten des Kalten Kriegs zu einem atomaren Wettrüsten führten.

NATIONALE UNSICHERHEIT

Kahn wurde in Stanley Kubricks 1964 erschienenem Film *Dr. Seltsam oder: Wie ich lernte, die Bombe zu lieben* als »Dr. Strangelove« auf die Schippe genommen.

Das nukleare Wettrüsten wurde erst 1972 mit der Unterzeichnung des Anti-Ballistic Missile Treaty (Vertrag über die Begrenzung von antiballistischen Raketenabwehrsystemen, kurz »ABM-Vertrag«) und des SALT-I-Vertrags (Strategic Arms Limitation Talks, Gespräche zur Begrenzung strategischer Rüstung) unter Kontrolle gebracht, der den Einsatz von Atomraketensilos und von U-Booten abgefeuerten Lenkflugkörpern begrenzte. In den darauffolgenden 20 Jahren folgten SALT II, der START-I-Vertrag (Strategic Arms Reduction Treaty, Vertrag zur Verringerung strategischer Waffen) und der Intermediate-Range Nuclear Forces Treaty (INF Treaty, Vertrag über nukleare Mittelstreckenwaffen). Ungeachtet der Kritik haben das Gleichgewicht des Schreckens und die Zweitschlagfähigkeit der Supermächte 80 Jahre lang den Einsatz von Atomwaffen verhindert und den Frieden auf der weltpolitischen Bühne aufrechterhalten; sie sind nach wie vor Bestandteil heutiger atomarer Rüstungsstrategien. Kahn war weit davon entfernt, ein Kriegstreiber zu sein, und durch seine Bereitschaft, sich den harten Realitäten der atomaren Bewaffnung zu stellen, trug er dazu bei, den Frieden zu bewahren.

Kahns wichtigster Beitrag im Kontext der Künstlichen Intelligenz, wie wir sie heute kennen, ist seine Theorie der Eskalation, die er 1962 in Form einer 16-stufigen Eskalationsleiter veröffentlichte und 1965 zu einem differenzierteren 44-stufigen Modell erweiterte.[21] Die Bedeutung von Kahns Eskalationsleiter in einer Welt der KI liegt darin, dass sie der Art und Weise, wie KI-Systeme selbst aufgebaut sind, sehr ähnlich ist.

KI-Systeme sind in sogenannten Ebenen (»layers«) organisiert. Jede Ebene hat ihre eigenen Input Nodes (Datenerfassungsknoten), die Rohdaten in digitaler Form von Quellen, die für den gewünschten Output relevant sind, erfassen. Diese Nodes verarbeiten die Daten mithilfe von mathematischen Algorithmen, die nach

FAIL-SAFE

Korrelationen (Zusammenhängen) suchen, die manchmal so unklar sind, dass Menschen sie nicht erkennen können. Der Input-Node liefert dann Outputs, die zwischen einem oder mehreren intermediären Nodes aufgeteilt werden, und dann wird der Analyseprozess (mit unterschiedlichen Algorithmen) wiederholt, bis ein einzelner Output-Node ein Ergebnis liefert. Dieser Output wird dann auf der nächsthöheren Ebene der Gesamtstruktur zum Input. Auf dieser höheren Ebene wird dann der Prozess der Erfassung von Inputs und deren Verarbeitung durch sukzessive Input- und Output-Nodes wiederholt. Wenn die Verarbeitung auf drei, vier oder mehr Ebenen stattgefunden hat (wobei jede Ebene mehrere Tausend Nodes enthalten kann, die Milliarden von Datenpunkten erfassen), produziert schließlich ein letzter Output-Node das gewünschte Ergebnis. Dieses Endergebnis kann probabilistisch ausgedrückt werden (»80-prozentige Wahrscheinlichkeit eines Krieges zwischen USA und dem Iran«) oder eher kategorisch (»Russland wird Atomwaffen einsetzen, um die Interessen des Iran im Nahen Osten zu verteidigen«). Dieses ganze Input/Output-Array wird oft horizontal dargestellt, von links nach rechts, kann aber auch vertikal dargestellt werden, in Form einer Datenkaskade von oben nach unten.

Im Jahr 2009 hielt ich auf einem Symposium in Santa Fe, das vom Los Alamos National Laboratory ausgerichtet wurde, einen Vortrag über Risikoanalyse von komplexen Systemen. Als ich dort war, wurde ich zusammen mit einer kleinen Gruppe von Teilnehmern zum Labor selbst gefahren, das etwa 60 Kilometer von Santa Fe entfernt mitten in der Wüste liegt. Auf der geheimen Tagung ging es darum, mithilfe von künstlicher Intelligenz atomare Explosionen zu simulieren, ohne eine Atombombe zu zünden (was nach dem Nuclear Test Ban Treaty [NTBT, Vertrag über das Verbot von Kernwaffenversuchen in der Atmosphäre, im Weltraum und unter Wasser] verboten ist). Dort wurde eine KI-Matrix in Form einer vertikalen Kaskade präsentiert, bei der die Outputs auf dem jeweils darunterliegenden Node-Layer zu Inputs werden. Die mathematischen Verfahren in den Nodes variieren und die Gewichtungen von Inputs und Outputs werden kontinuierlich durch Gradientenabstieg mittels Backpropagation angepasst, einem Verfahren des in Kapitel 1 erwähnten maschinellen Lernens. Bei solchen Modellen kann die Anzahl der Layer variieren, doch abgesehen davon gibt es aus technischer Sicht kaum Unterschiede zwischen verschiedenen KI-Modellen.

Solche Strukturen und Anwendungen waren für Kahn nichts Neues, auch wenn er den Großteil der technischen Aspekte seiner Theorie im Kopf entwickelte und nicht in Form von Programmcode. Kahns Eskalationsleiter kann als vertikal geschichtete Kaskade von Input- und Output-Nodes betrachtet werden. Jeder Node verarbeitet Faktoren (Inputs) und beeinflusst den nächsten Node (Outputs). Die Stufen seiner Eskalationsleiter hat Kahn ursprünglich nicht auf mathematische Operationen reduziert. Heute lassen sie sich leicht als Nodes mit Gewichtungen und Vektoren darstellen.

Hier sind einige von Kahns 44 Eskalationsstufen, wobei seine ursprüngliche Nummerierung beibehalten wurde:

1. Augenscheinliche Krisen.
2. Politische, wirtschaftliche und diplomatische Gesten.
4. Verhärtung der Standpunkte – Willensprobe.
6. Mobilmachung größeren Umfangs.
7. »Legale« Störmaßnahmen – Gegenmaßnahmen.
11. Höchste Einsatzbereitschaft.
12. Großer konventioneller Krieg (oder Kriegshandlungen).
14. Erklärung des beschränkten konventionellen Krieges.
15. Gerade noch kein Atomkrieg.
16. »Atom-Ultimaten«.
17. Beschränkte Evakuierung (rund 20 Prozent).
18. Eindrucksvolle Machtdemonstration.
19. »Gerechtfertigter« Schlag gegen feindliche Waffensysteme.
20. »Friedliches« weltweites Embargo oder Blockade.
21. Örtlicher Atomkrieg – um ein Exempel zu statuieren.

22. Erklärung des beschränkten Atomkriegs.
32. Förmliche Erklärung des »allgemeinen« Krieges.
39. Langsame Kriegsführung gegen Städte.
42. Vernichtungsangriff auf Zivilobjekte.
44. Krampfartiger oder wahnwitziger Krieg.

Kahn hat diese Liste in allgemeiner Form formuliert; jede Konfrontation wird ihre eigenen spezifischen Elemente und Abläufe haben. Die Botschaft von Kahns Leiter ist, dass man, wenn man einen Atomkrieg vermeiden will, eine Eskalation vermeiden muss. Experten für nukleare Kriegsführung sind sich einig, dass der Einsatz von Atomwaffen ohne eine unmittelbare existenzielle Bedrohung oder einen Eskalationsplan fast undenkbar ist. Vielmehr sei der Einsatz von Atomwaffen das Endspiel eines lang gezogenen Krieges – etwa der Atomwaffeneinsatz der USA gegen Japan vom 6. bis 9. August 1945 – oder das Ergebnis einer unnachgiebigen Eskalation, die den Beteiligten vermeintlich keine andere Wahl lässt, als Atomwaffen einzusetzen. Das Paradebeispiel einer solchen Eskalation ist die Kubakrise vom 14. bis 28. Oktober 1962. Zu ihren Vorboten zählten die Stationierung von US-Atomraketen in der Türkei und in Italien im Jahr 1961 und die gescheiterte Invasion von US-Truppen in der kubanischen Schweinebucht im April 1961. Die Sowjetunion reagierte darauf im Sommer 1962 mit der Stationierung von Mittelstreckenraketen auf Kuba, um die Vereinigten Staaten von weiteren Invasionen abzuschrecken. Am 14. Oktober 1962 lieferte ein US-Aufklärungsflugzeug fotografische Beweise für die sowjetischen Raketenabschussanlagen. Daraufhin berief Präsident Kennedy seine wichtigsten nationalen Sicherheitsberater in das Executive Committee of the National Security Council (EXCOMM, Exekutivausschuss des Nationalen Sicherheitsrats) und verhängte am 22. Oktober 1962 eine Seequarantäne gegen Kuba. Darüber hinaus forderten die USA von der Sowjetunion, die bereits an Kuba gelieferten Atomraketen wieder abzuziehen. In seiner Ansprache an die Nation am selben Abend sagte

Kennedy: »Die Vereinigten Staaten werden jede Atomrakete, die von Kuba aus gegen eine Nation in der westlichen Hemisphäre abgefeuert wird, als einen Angriff der Sowjetunion auf die Vereinigten Staaten betrachten, der umfassende Vergeltungsmaßnahmen gegen die Sowjetunion erforderlich macht.« Indem er einen Angriff auf ein Land der westlichen Hemisphäre mit einem Angriff auf die Vereinigten Staaten gleichsetzte, bezog Kennedy sich geschickt auf die Monroe-Doktrin. An diesem Punkt hatte Kennedy die Welt an den Rand eines Atomkriegs geführt.

Nach mehrtägigen Verhandlungen auf höchster Ebene und diskreten Kontakten hinter den Kulissen wurde am 26. Oktober eine Botschaft des sowjetischen Regierungschefs Nikita Chruschtschow an Präsident Kennedy übermittelt. Darin heißt es unter anderem: »Wir und Sie sollten jetzt kein Tauziehen mit dem Seil machen, in das Sie den Knoten des Krieges geknüpft haben, denn je stärker wir beide ziehen, desto fester wird dieser Knoten zusammengezogen werden ... Wenn keine Absicht besteht, diesen Knoten zusammenzuziehen und damit die Welt der Katastrophe eines thermonuklearen Krieges auszuliefern, dann lassen Sie uns nicht nur die Kräfte, die an den Enden des Seiles ziehen, abschwächen, sondern lassen Sie uns Maßnahmen ergreifen, um den Knoten zu lösen. Wir sind dazu bereit.« Kennedy hatte den Konflikt bis an den Rand des nuklearen Abgrunds eskaliert, doch Chruschtschow hatte nun die Tür zur Deeskalation aufgestoßen. Schließlich erklärten sich die USA heimlich bereit, ihre Raketen aus Italien und der Türkei abzuziehen, während die Sowjetunion einwilligte, ihre Raketen und mehrere leichte Bomber aus Kuba abzuziehen. Darüber hinaus verpflichteten sich die USA, nicht in Kuba einzumarschieren. Am 28. Oktober 1962 gab Chruschtschow die Vereinbarung öffentlich bekannt und Kennedy erklärte rasch seine Zustimmung. Schließlich wurden die Raketen am 20. November aus Kuba abgezogen und die USA beendeten ihre Seequarantäne. Ein Atomkrieg war abgewendet worden, aber erst in letzter Minute.

FAIL-SAFE

Die Abfolge der Eskalationsschritte während der Kubakrise entspricht in hohem Maße bestimmten einzelnen Stufen der Kahn'schen Leiter, unter anderem Stufe 4 (Verhärtung der Standpunkte), Stufe 11 (Höchste Einsatzbereitschaft) und Stufe 20 (Embargo oder Blockade). Wie gesagt folgt jede Eskalationsdynamik ihrem eigenen Pfad. So können die Kontrahenten bestimmte Stufen überspringen, sich aus der Eskalation zurückziehen oder sich im Zuge einer asymmetrischen Konfrontation auf verschiedenen Stufen der Leiter befinden. Dessen ungeachtet ermahnt uns Kahns Konzept eindringlich, dass alle Wege der Eskalation in einem wahnwitzigen Atomkrieg enden.

Es ist eine einfache Übung, Kahns Eskalationsleiter in ein KI-Modell umzusetzen. Das wurde auch schon gemacht, um ein Tool zur Analyse von Eskalationsrisiken bei Konfrontationen mit dem Iran, mit Nordkorea, Russland und China zu schaffen. Ein Problem dabei ist freilich, dass die Stufen der Leiter auf bestimmten Annahmen basieren, nämlich dass die Akteure beider Seiten rational agieren und relativ gute, wenn nicht gar perfekte Informationen über die Ziele, Absichten und Prioritäten des jeweiligen Kontrahenten vorliegen haben. Die Grundannahme ist, dass niemand einen Atomkrieg will, der zur Vernichtung beider Seiten führt. (Was allerdings die Möglichkeit offenlässt, dass eine Seite einen Atomkrieg anstrebt, den sie gewinnen zu können glaubt.) Dennoch könnte es aufgrund von Missverständnissen, Fehlinformationen, falsch verstandenen Absichten oder irrationalen Aktionen zu einem Atomkrieg kommen. Durch Herunterbrechen der einzelnen Stufen hoffte Kahn, ein Frühwarnsystem zu schaffen, das die Vernunft der politischen Führung ansprechen und sie dazu bewegen würde, innezuhalten oder zu deeskalieren, wenn sie den Weg zu einem Krieg beschritten hatte. Kahns Leiter enthält auch eine kritische Schwelle (Nichteinsatz von Atomwaffen), nach deren Überschreiten eine Eigendynamik in Richtung eines totalen Atomkriegs entsteht, trotz der implizierten Warnungen. Alle Theoretiker für atomare Kriegsführung, auch Kahn, kamen in Bezug auf Eskalation zu demselben Schluss: Lasst es bleiben. Kahns Beitrag bestand darin, die Schritte in größerer Zahl und spezifischer aufzuschlüsseln.

KI macht es schwieriger, sich auf der Kahnschen Eskalationsleiter zurechtzufinden. Jede Form von Kriegsführung wird von einem »Nebel größerer oder kleinerer Ungewissheiten« umwabert, den später der preußische Militärtheoretiker Carl von Clausewitz als »Nebel des Krieges« bezeichnete. Damit ist die undurchsichtige Lage gemeint, mit der alle Teilnehmer einer militärischen Konfrontation fertigwerden müssen, auch in den frühen Phasen einer Eskalation. Ein großartiges literarisches Beispiel dafür ist Stephen Cranes *Die rote Tapferkeitsmedaille*, ein Roman über den Sezessionskrieg in den Vereinigten Staaten Mitte des 19. Jahrhunderts. Obwohl Crane für seine realistische und lebensnahe Beschreibung gelobt wird, sagt er an keiner Stelle seines Romans, um welche Schlacht es sich handelte, wo sie stattfand und wer die befehlshabenden Offiziere waren. Der Protagonist Henry Fleming durchlebt intensive emotionale und psychische Konflikte und scheint nicht genau zu wissen, wo er ist, wohin er geht oder was als Nächstes kommt. Das ist der Nebel des Krieges und er behindert jeden Kriegsteilnehmer, vom Gefreiten bis zum Oberbefehlshaber.

KI erzeugt ihren eigenen Nebel. Je ausgefeilter die Algorithmen sind, desto weniger verstehen die Entwickler und Softwareingenieure, wie der Output zustande kommt. Dies gilt insbesondere für etwas, das von Theoretikern für nukleare Kriegsführung als »Doktrin der vierten Generation« bezeichnet wird – womit sie sich auf die Theorien über nukleare Kriegsführung und Abschreckung beziehen, die sich seit dem Kalten Krieg entwickelt haben. Unabhängig von künstlicher Intelligenz ist das geopolitische Schlachtfeld sehr viel komplexer geworden. Statt einer bipolaren Welt (mit den USA und einigen Verbündeten auf der einen Seite und der Sowjetunion, später Russland, auf der anderen) haben wir eine multipolare Landschaft, in der Nordkorea, Pakistan, Indien, China und Israel sich in der Arena der nuklear bewaffneten Mächte fest etabliert haben und der Iran diesem Status näher kommt. Anstelle einer nuklearen Abschreckung, die auf der Zweitschlagfähigkeit beruht, haben wir eine Welt, in der ein von religiösen Eiferern beherrschtes Land wie der Iran einen Erstschlag gegen eine religiös tolerante Nation wie Israel durchführen könnte, ohne sich von Israels Zweitschlagfähigkeit oder möglichen Vergeltungsschlägen der USA abschrecken zu lassen. Anstelle einer Welt, in der ein Angriff auf Atomwaffensysteme fast immer den Einsatz von Atomwaffen erforderte, stehen wir heute vor der Möglichkeit, dass ein Angriff auf eine Atomraketen-Abschussbasis mit nichtnuklearen Mitteln, etwa durch Cyberangriffe, Drohnen, Laserwaffen, Hyperschallraketen oder weltraumgestützte Systeme, verhindert werden kann. Was bedeutet »nuklearer Zweitschlag«, wenn es keinen nuklearen Erstschlag gegeben hat? China hält offiziell an einem Paradigma vom Gleichgewicht des Schreckens fest, ist sich jedoch seiner Zweitschlagfähigkeit sehr unsicher, wegen ihrer vergleichsweise geringen Kapazität und neuer asymmetrischer Mittel zu ihrer Ausschaltung.

KI kann sowohl diese neuen Fähigkeiten ermöglichen (etwa die präzise Zielführung von Drohnen mithilfe visueller und elektronischer Überwachung in Echtzeit) als auch den Entscheidungsprozess in der Befehlskette, der sogenannten Kill Chain, mithilfe von Deep-layer-maschinellem Lernen und prädiktiven Analyseverfahren auf eine breitere Grundlage stellen. Das führt uns zu einer theoretischen Dichotomie beim Einsatz von KI für nukleare Kriegsführung. Es ist relativ einfach, mithilfe von KI eine eskalierende Krise zu analysieren, indem man deep-layered neuronale Netze, Millionen von Parametern (die weit mehr Faktoren berücksichtigen, als ein Team menschlicher Analysten bewältigen könnte) sowie enorme Rechenleistung und sehr schnellen Output nutzt. Die andere Rolle von KI besteht darin, in die Befehlskette integriert zu werden und Abschussempfehlungen zu liefern oder sogar aufgrund vorprogrammierter Anweisungen selbstständig einen Abschuss zu veranlassen.

NATIONALE UNSICHERHEIT

Während Experten sich dieser Dichotomie zwar durchaus bewusst sind, wird sie aber in der Praxis möglicherweise keine Rolle spielen. Wenn KI zu dem Schluss käme, dass ein Gegner im Begriff ist, einen Erstschlag zu führen – welcher Befehlshaber oder politische Entscheidungsträger könnte dann der Versuchung widerstehen, einen präventiven Erstschlag gegen den Gegner anzuordnen? Und wenn umgekehrt die KI in der Kill Chain ohne menschliches Zutun einen Vergeltungsschlag veranlassen kann (was die Russen für bestimmte Situationen in Form ihres Perimeter- oder »Dead-Hand«-Protokolls eingeführt haben), würde ein menschlicher Befehlshaber dann notwendigerweise zu einem anderen Schluss kommen? Tatsächlich kann der Einsatz von KI in der nuklearen Eskalationsdynamik sowohl die Gefahr reduzieren (indem sie fachlich fundierte Lagebeurteilungen liefert, die die Fähigkeiten von menschlichen Analysten übersteigen) als auch die Gefahr erhöhen (da sie »Blackbox«-Entscheidungen trifft, in die keine menschlichen Fähigkeiten wie Empathie, kulturelles Verständnis und risikodämpfende Instinkte einfließen).

Die zunehmenden Risiken, dass es durch den Einsatz von KI zu einem Atomkrieg kommen könnte, gehen nicht nur von hoch entwickelten Algorithmen in der Kill Chain aus, die unerwartete Ergebnisse produzieren. Manche negativen Konsequenzen des Einsatzes von KI würden womöglich ganz banale Ursachen wie Missverständnisse, Fehleinschätzungen oder Fehler haben. Die Wirkung von nuklearer Abschreckung – die sich in der Entscheidung manifestiert, keinen Erstschlag zu führen, weil man befürchtet, dass der Zweitschlag des Gegners verheerend wäre – baut vor allem auf der Verhaltenspsychologie des menschlichen Gegners auf. Die Erkenntnis, dass ein Gegner tatsächlich über die Zweitschlagfähigkeit verfügt, ist das Ergebnis einer rationalen Überlegung. Die Annahme, dass der Gegner einen Zweitschlag ausführen würde, ist ebenfalls eine rationale Überzeugung. Die dem Gegner zugeschriebene und die eigene Rationalität bilden das Fundament, auf dem das Gleichgewicht des

FAIL-SAFE

Schreckens aufgebaut ist. Jeder Faktor, der das Vertrauen auf die Rationalität verzerrt oder schwächt, wirkt destabilisierend.

Der offensichtliche Fall von Destabilisierung sind Akteure in der Kill Chain, die sich nicht rational verhalten, wie etwa die Ajatollahs im Iran. KI kann ähnliche Elemente in die Befehlskette einbringen. Wenn ein Gegner mit einem Eskalationsschritt blufft, um der anderen Seite ein Zugeständnis abzupressen, könnte ein Mensch den Bluff durchschauen und deeskalierende Schritte einleiten, dabei aber weiter wachsam bleiben. Einer KI fehlt ein so differenziertes Verständnis menschlicher Motive – sie würde Eskalation als Eskalation betrachten (als Stufen auf der Leiter) und einfach einen weiteren Eskalationsschritt empfehlen, der beide Seiten näher an ein »Use-it-or-lose-it«-Abschussszenario heranführen würde. In diesem Sinne kann KI einen Atomkrieg wahrscheinlicher machen.

Eine Beschreibung der nuklearen Kill Chain der USA während des Kalten Krieges ist aufschlussreich. Ein Bedienpult für den Abschuss einer Interkontinentalrakete (»intercontinental ballistic missile«, ICBM), wie es damals verwendet wurde, hatte zwei Startknöpfe, die mit jeweils einem Soldaten besetzt waren. Beide Knöpfe mussten gleichzeitig betätigt werden, um die Rakete zu starten. Die Knöpfe waren so weit voneinander entfernt, dass eine Person nicht zur gleichen Zeit beide betätigen konnte. Die Soldaten mussten nach dem Erhalt eines entsprechenden Befehls koordiniert handeln. Hinter jedem Soldaten stand ein Marineoffizier. Die Marineoffiziere hatten den Befehl, die Soldaten auf der Stelle zu erschießen, falls diese einen Befehl missachteten oder versuchen würden, die Rakete ohne Befehl zu starten. Zwei Marinesoldaten waren in einem Korridor vor der Tür der Abschuss-Befehlszentrale stationiert. Wenn diese Soldaten bemerkten, dass sich die Marinesoldaten und die Soldaten am Bedienpult untereinander abstimmten, weil sie die Rakete unter Missachtung der Befehlskette abschießen wollten, hatten sie den Befehl, alle Beteiligten sofort zu erschießen. An dieser Art von Kontrolle ist nichts Künstliches.

NATIONALE UNSICHERHEIT

Der Film *Angriffsziel Moskau*, der 1964 in die Kinos kam, war eine beispielhafte Darstellung eines versehentlich ausgelösten Atomkriegs. In dem Film entdeckt eine Radareinheit der USA, dass ein nicht identifiziertes, aber potenziell feindliches Flugzeug in den US-Luftraum eindringt. Die US Air Force stellt rasch fest, dass es sich bei dem Flugzeug um ein ziviles Verkehrsflugzeug handelt. Unterdessen befiehlt ein Computer, der programmgesteuert auf die Verletzung des US-Luftraums reagiert, fälschlicherweise einem strategischen US-Bombergeschwader unter dem Befehl von Colonel Jack Grady, aufzusteigen und einen Atomschlag gegen Moskau durchzuführen. (Im Film wird für das Flugzeug, das den Angriff durchführt, die fiktive Typenbezeichnung »Vindicator«, also »Rächer«, verwendet. Die in dem Film gelieferte Beschreibung passt am ehesten auf den Langstreckenbomber Convair B-58 Hustler, der von 1960 bis 1970 für den Transport von Atomwaffen eingesetzt wurde. Tatsächlich wäre der Bomber, der 1964 am wahrscheinlichsten diesen Befehl erhalten hätte, eine achtstrahlige Boeing B-52 *Stratofortress* gewesen, die 1955 erstmals eingesetzt wurde und noch heute im Einsatz ist. Seit dem Ende des Kalten Krieges bildet die B-52 zusammen mit dem Tarnkappenbomber B-2 die luftgestützte Komponente der Nuklearen Triade der USA.)

Die Anstrengungen der USA, den Befehl zu widerrufen und die Bomber zurückzurufen, schlagen fehl, weil die Sowjets den Funkverkehr stören. Der Präsident befiehlt der Luftwaffe, die Bomber abzuschießen, und zu diesem Zweck steigen Kampfjets auf. Die Kampfjets setzen ihre Nachbrenner ein, um die Vindicators abzufangen, erreichen sie aber nicht, und der erhöhte Treibstoffverbrauch führt dazu, dass sie ins Nordpolarmeer stürzen.

Daraufhin setzt sich der US-Präsident mit dem sowjetischen Regierungschef in Verbindung, der sich überzeugen lässt, die Störung des Funkverkehrs beenden zu lassen. Dann spricht der Präsident mit dem Befehlshaber des Vindicator-Geschwaders, um den Angriff abzubrechen, aber die Besatzung des Bombers ist darauf

FAIL-SAFE

gedrillt, solche Bitten als Trick der Sowjets zu ignorieren. Daraufhin bieten die USA den Sowjets technische Hilfe an, um die Bomber abzuschießen. Bis auf den führenden Bomber werden alle Vindicators abgeschossen. Der Präsident lässt Oberst Gradys Frau ans Funkgerät holen; bei Grady kommen Zweifel auf, aber bald ist er damit beschäftigt, sowjetischen Raketen auszuweichen. Dann beschließt er, dass selbst die Stimme seiner Frau nur ein weiteres Täuschungsmanöver der Sowjets sei.

Der Präsident befürchtet das Schlimmste und in dem Versuch, einen ausgewachsenen Atomkrieg zu vermeiden, befiehlt er, einen US-Atombomber über New York City aufsteigen zu lassen, obwohl er weiß, dass die First Lady sich dort aufhält. Am Ende wird Moskau durch eine US-Atombombe zerstört und der Präsident befiehlt den Abwurf einer Atombombe auf New York City, mit dem Empire State Building als Ground Zero. Er hofft, dass er als Ausgleich für die Zerstörung von Moskau die Eskalation beenden kann, indem er New York opfert, aber das wird im Film nicht mehr gezeigt. Wie es weitergeht, bleibt offen.

Obwohl *Angriffsziel Moskau* 60 Jahre alt ist, sind die Fragen, die der Film aufwirft, und manche Aspekte seiner Handlung erstaunlich aktuell. Der Computerfehler, der im Film den Angriff auslöst, wird nie technisch erklärt, aber das spielt kaum eine Rolle. In kritischen Infrastruktureinrichtungen treten ständig Computerfehler auf und können schwerwiegende Schäden verursachen, etwa Stromausfälle oder Bahnunglücke. Solche Computerfehler sind der Kern der heutigen Debatte über KI in strategisch wichtigen Systemen. KI in einer Befehls- und Kontrollstruktur kann entweder technisch versagen und falsche Befehle erteilen, wie in *Angriffsziel Moskau*, oder – was wahrscheinlicher ist – sie kann zwar ordnungsgemäß funktionieren, aber aufgrund von Konstruktionsfehlern, tendenziösen Trainingssets oder seltsamen emergenten Eigenschaften, die auf Umständen und Korrelationen beruhen, die Menschen kaum wahrnehmen können, tödliche Anordnungen aussprechen.

NATIONALE UNSICHERHEIT

Für das heutige Publikum sind vielleicht die gescheiterten Bemühungen des Präsidenten und der Frau von Colonel Grady, den Kommandeur der Vindicator davon zu überzeugen, den Angriff abzublasen, am interessantesten. Grady war darauf gedrillt, mit solchen Vorstößen zu rechnen und sie als Täuschungsmanöver zu behandeln. Heute würde man solche Täuschungen mit Deepfake-Video- und Audioaufzeichnungen, wie sie in Kapitel 1 beschrieben wurden, bewerkstelligen. Vermutlich würden die militärische Ausbildung des Befehlshabers und seine Zurückweisung der Bitten des Präsidenten und seiner eigenen Frau trotz der weit höher entwickelten Technologie, die heute dahintersteckt, ganz ähnlich ablaufen.

Ein weiteres Missverständnis – dieses allerdings real, nicht fiktiv –, das beinahe zu einem Atomkrieg geführt hätte, war ein Vorfall aus dem Jahr 1983 mit dem Codenamen »Able Archer 83«.

Anfang der 1980er-Jahre war der KGB, der wichtigste Geheimdienst der Sowjetunion, zutiefst beunruhigt über die Möglichkeit eines nuklearen Erstschlags der Vereinigten Staaten auf sowjetischem Boden. Damals war Leonid Breschnew Generalsekretär der Kommunistischen Partei der Sowjetunion (KPdSU) und Juri Andropow Chef des KGB. Andropows Befürchtung eines nuklearen Erstschlags der USA beruhte zum Teil darauf, dass Ronald Reagan 1980 zum US-Präsidenten gewählt worden war und die Absicht hatte, in Europa Pershing-II-Mittelstreckenraketen zu stationieren.

Diese Raketen konnten mit Atomsprengköpfen bestückt werden und die Sowjetunion innerhalb weniger Minuten nach dem Start erreichen. Das versetzte die sowjetischen Streitkräfte in höchste Alarmbereitschaft. Sie nahmen eine Haltung des »Abschusses bei Warnung« ein. Das bedeutete, dass die Sowjetunion, sobald ihr glaubwürdige Hinweise auf einen geplanten Erstschlag bekannt wurden, selbst einen Erstschlag durchführen würde, um der Vernichtung ihrer Streitkräfte und einer möglichen Kapitulation vor den USA zuvorzukommen. Die Ironie bestand darin, dass die USA keine konkreten Pläne für einen Erstschlag hatten, aber das wussten die

Sowjets nicht. Und Reagans Reden über das »Reich des Bösen« trugen auch nicht gerade dazu bei, die Sorgen der Sowjets zu zerstreuen. Infolge der später so genannten »Kriegsangst« kündigte Andropow an, er werde den KGB anweisen, im großen Stil nachrichtendienstliche Erkenntnisse zu sammeln, um Personen, die für die Einleitung und Durchführung eines solchen Angriffs verantwortlich waren, sowie ihre Einrichtungen und Kommunikationskanäle aufzuspüren.

Derweil begann die Reagan-Administration mit einer Reihe von geheimen Militärmanövern, bei denen US-Kriegsschiffe aggressiv in sowjetische Hoheitsgewässer eindrangen und Langstreckenbomber direkt auf sowjetischen Luftraum zuflogen, um erst im letzten Moment abzudrehen. Diese Vorstöße dienten angeblich dem Zweck, die sowjetische Verteidigungsbereitschaft auf die Probe zu stellen, führten aber dazu, dass die Sowjets glaubten, die USA würden einen nuklearen Angriff in die Wege leiten. Unter Analysten besteht Einigkeit darüber, dass die größte Gefahr einer Eskalation und eines tatsächlichen Atomkriegs dann entsteht, wenn die Wahrnehmungen beider Seiten so unterschiedlich sind, dass eine rationale Beurteilung von Kahns Eskalationsleiter nicht mehr möglich ist. Die beiden Seiten sind auf unterschiedlichen Pfaden und stellen unterschiedliche Berechnungen an.

Im Jahr 1983 nahmen die Spannungen weiter zu, als Kampfjets des Typs Grumman F-14 Tomcat der US-Marine einen sowjetischen Militärstützpunkt auf den Kurilen überflogen und daraufhin die Sowjets die zu den USA gehörenden Aleuten vor Alaska überflogen. Am 1. September 1983 schossen sowjetische Kampfjets den Korean-Air-Lines-Flug 007 über dem Japanischen Meer ab. An Bord war auch ein Kongressabgeordneter.

Am 4. November 1983 begannen die USA und ihre NATO-Verbündeten eine groß angelegte Kriegssimulation mit dem Codenamen »Able Archer 83«. Damit sollte ein nuklearer Angriff auf die Sowjetunion nach einer Serie von Eskalationen simuliert werden. Die

NATIONALE UNSICHERHEIT

Gefahr dabei war, dass die Eskalationen zwar in den Regieanweisungen für die Simulation beschrieben waren, aber nicht tatsächlich simuliert wurden. Der Übergang von konventioneller Kriegsführung zu einem Atomkriegsszenario wurde dagegen simuliert. Das spielte sich in einer Zeit ab, in der die Sowjets und der KGB aktiv nach Indizien für einen nuklearen Angriff suchten. Die Übungen, bei denen Kommando-, Kontroll- und Kommunikationsprotokolle der NATO befolgt wurden, waren sehr realistisch und auch der deutsche Bundeskanzler Helmut Kohl und die britische Premierministerin Margaret Thatcher nahmen daran teil. Die Sowjets glaubten nicht ohne Grund, dass die Kriegssimulation nur ein Deckmantel für einen echten Angriff war.

In dem Glauben, dass die USA einen nuklearen Erstschlag planten, kamen die Sowjets zu dem Schluss, dass ihre einzige Überlebenschance darin bestünde, einen eigenen präventiven Erstschlag zu führen. Sie ordneten an, Langstreckenbomber der sowjetischen Luftwaffe mit Atomsprengköpfen auszurüsten, und versetzten nuklear bestückte Kampfjets in Polen und der DDR in höchste Alarmbereitschaft.

Dieser reale Beinahe-Atomkrieg hat eine Vorgeschichte, die noch erschreckender ist. Die Sowjets hatten zuvor ein Radar-Frühwarnsystem mit vernetzten Computern aufgebaut, das eine primitive Form von KI mit dem Codenamen »Oko« einsetzte. Am 26. September 1983, also kaum zwei Monate vor Able Archer 83, trat in dem System eine Fehlfunktion auf und es meldete fünf ICBMs der Vereinigten Staaten, die bereits im Anflug seien. Oko schlug Alarm und auf dem Bildschirm blinkte das Wort »LAUNCH«. Den Protokollen zufolge war die Anzeige »LAUNCH« nicht etwa nur eine Warnung, sondern ein vom Computer generierter Befehl, den Vergeltungsschlag auszulösen.

Oberstleutnant Stanislaw Petrow von der sowjetischen Luftwaffe sah den Befehl des Computers und musste auf der Stelle entscheiden, ob er den Befehl als Fehlfunktion des Computers behandeln oder seine vorgesetzten Offiziere alarmieren sollte, die dann wahrscheinlich einen Gegenangriff einleiten würden. Petrow war einer der Entwickler des Oko-Systems und wusste, dass es Fehler machte. Außerdem nahm er an, dass die USA bei einem realen Angriff wesentlich mehr als fünf Raketen einsetzen würden. Petrow hatte recht. Der Computer hatte Reflexionen des Sonnenlichts durch lokale Wolken fälschlicherweise für anfliegende Raketen gehalten.

Angesichts der damaligen Spannungen und der Überzeugung des KGB, dass jederzeit ein nuklearer Angriff erfolgen konnte, setzte Petrow die Zukunft der Sowjetunion aufs Spiel, als er sich über den Befehl des Oko-Systems hinwegsetzte. Er stützte sich auf eine Kombination aus logischem Denken, Erfahrung und Intuition, als er die Kill Chain deaktivierte. Der Vorfall wurde bis weit nach Ende des Kalten Krieges geheim gehalten. Später wurde Petrow geehrt als »der Mann, der die Welt gerettet hat«.

Auch Able Archer 83 ging ohne weitere Eskalation zu Ende. Als die USA erfuhren, dass die sowjetischen Streitkräfte in nukleare Alarmbereitschaft versetzt worden waren, entschied Generalleutnant Leonard H. Perroots von der US Air Force, die NATO-Streitkräfte nicht in hohe Alarmbereitschaft zu versetzen. Das hätte den Sowjets einen entscheidenden Vorteil verschafft, wenn sie sich entschieden hätten, einen präventiven Erstschlag zu führen, aber trotzdem verringerte es die Wahrscheinlichkeit eines solchen Erstschlags, weil es der reale Beweis dafür war, dass die NATO nicht von sich aus zu einem Angriffsstadium eskalieren würde. Perroots hatte wie Petrow die richtige Entscheidung getroffen. Die Sowjets beobachteten den weiteren Verlauf der Übung Able Archer 83 und als sie am 11. November 1983 zu Ende ging, konnten beide Seiten ihre erhöhte Alarmbereitschaft beenden und zu einem normalen Bereitschaftszustand zurückkehren.

Dieser Verlauf der Ereignisse – eine aggressive Haltung der Reagan-Administration ab Januar 1981; eine ängstliche, fast paranoide Reaktion der Sowjetunion im Mai 1981; der durch Able Archer 83

NATIONALE UNSICHERHEIT

ausgelöste Beinahe-Start eines nuklearen Präventivschlags durch die Sowjets im November 1983; Perroots' Entscheidung, sich zurückzuhalten, wodurch die Gefahr deeskaliert wurde – zeigt merkwürdige Parallelen zum potenziellen Einsatz von KI in der Kill Chain, wie er heute in Betracht gezogen wird, und enthält wichtige Lehren für ein solches Szenario.

Der KI-relevante Aspekt der durch Able Archer 83 ausgelösten Krise begann damit, dass die Sowjets eine (nach heutigen Maßstäben) primitive Form von KI einsetzten, und zwar in einem durch den KGB entwickelten Computerprogramm namens WRJaN (russisch »ВРЯН«, Abkürzung für »Внезапное Ракетно-Ядерное Нападение«, deutsch »überraschender Atomraketenangriff«). Die Existenz von WRJaN und sein Einfluss auf Perroots' Entscheidung wurden erst 2015 vollständig veröffentlicht, nachdem das President's Foreign Intelligence Advisory Board (PFIAB, »Beirat des Präsidenten über nachrichtendienstliche Erkenntnisse aus dem Ausland«) einen Bericht freigegeben hatte, der 1990 verfasst und als streng geheim eingestuft worden war.[22] In dem Bericht des PFIAB wurde WRJaN so beschrieben:

> Was das WRJaN-Computermodell betrifft ...: »Die KGB-Analysten, die an WRJaN arbeiteten, gingen von der Annahme aus, dass die Vereinigten Staaten, wenn sie eine in der Gesamtschau entscheidende Überlegenheit hätten, dazu tendieren könnten, einen Angriff auf die Sowjetunion zu starten. Angesichts dieser Annahme und da das Programm angeblich in quantifizierbarer Form feststellen konnte, wann sich eine solche Situation anbahnt, glaubten sie, dass es eine strategische Warnung liefern konnte, wenn die UdSSR sich gegenüber den Vereinigten Staaten in einer ausschlaggebend schwachen Position befand und daher die Lage für einen Angriff der USA potenziell günstig war. Diese Einschätzungen reflektierten die weitverbreitete sowjetische Überzeugung,

dass die tatsächliche Überlegenheit der USA gegenüber der Sowjetunion immanent instabil sei.«[23]

WRJaN erfasste etwa 40 000 militärische, wirtschaftliche und politische Inputs, berechnete daraus die relative Stärke der Sowjetunion im Vergleich zu den Vereinigten Staaten und gab sie dann in Form eines Prozentsatzes als Output aus. Das Modell definierte einen Wert von 100 Prozent als Gleichwertigkeit zwischen UdSSR und USA. Die sowjetische Führung war davon überzeugt, dass die USA keinen nuklearen Erstschlag führen würden, solange die UdSSR einen Wert von mindestens 60 Prozent aufrechterhalten konnte, wenngleich sie 70 Prozent als sicherere Marge ansah. Ein WRJaN-Ergebnis von 40 Prozent wurde als die kritische Schwelle angesehen, unterhalb derer die USA einen Erstschlag mit akzeptablem Risiko für möglich gehalten hätten, weil dann die Sowjets nicht in der Lage gewesen wären, einen erfolgreichen Zweitschlag zu führen. In der weltpolitisch gefährlichen Zeit von 1981 bis 1984 ging der WRJaN-Wert stetig zurück (bis 1984 war er auf 45 Prozent gefallen).

Das in WRJaN implementierte KI-System, auf das sich der KGB und das sowjetische Politbüro bei ihren Entscheidungen stützten, war ein wichtiger Faktor, als Breschnew und Andropow 1981 beschlossen, das Sammeln von nachrichtendienstlichen Informationen zu dem Zweck, Vorbereitungen der USA für einen Erstschlag aufzudecken, enorm auszuweiten. Tatsächlich simulierten die USA einen nuklearen Erstschlag zur selben Zeit, als der KGB nach Indizien für einen nuklearen Erstschlag suchte. Able Archer 83 lieferte dem KGB mehr als genug Gründe für den Verdacht, dass die USA unter dem Deckmantel einer Kriegssimulation in Wirklichkeit einen Erstschlag in die Wege leiteten. Breschnew starb im November 1982 und Andropow übernahm die Führung der Sowjetunion. Das führte dazu, dass innerhalb des KGB noch mehr Wert auf Informationen über die nuklearen Absichten der USA gelegt wurde. Andropow selbst starb im Februar 1984 an Nierenversagen; sein Nachfolger wurde Konstantin Tschernenko, der im März 1985 starb. Der Tod von drei sowjetischen Regierungschefs in weniger als drei Jahren verstärkte noch all die Aufregung, die aus Angst vor einem Atomkrieg entstanden war.

Zu WRJaNs KI-Output kamen noch massive Fehleinschätzungen der US-Geheimdienste über die Absichten der Sowjets hinzu. Die Analysten der US-Geheimdienste gingen davon aus, dass die Zukunft der Vergangenheit ähneln würde und die Warnungen der Sowjets in Wirklichkeit Propaganda waren, mit dem Ziel, die Stationierung von Pershing-II-Mittelstreckenraketen in Europa zu verhindern. Die US-Geheimdienste machten sich auch des sogenannten »Spiegelns« schuldig – der Überzeugung, dass der Gegner, weil man selbst etwas weiß, das auch wissen und die eigene Meinung über das weitere Vorgehen teilen müsse. In diesem Fall bedeutet das: Da die Amerikaner nicht die Absicht hatten, einen Erstschlag zu führen, gingen sie davon aus, dass die Sowjets diese Absicht erkennen müssten und daher keinen Grund zur Sorge hätten. Aber tatsächlich glaubten die Sowjets das Gegenteil, unter anderem aufgrund des KI-Outputs von WRJaN.

Selbst Generalleutnant Perroots' Entscheidung, die Alarmbereitschaft der NATO während der Übung Able Archer 83 nicht zu erhöhen – wodurch er vermutlich den Dritten Weltkrieg abgewendet hat –, wurde im Bericht des PFIAB offiziell kritisiert. Dort heißt es, Perroots' Entscheidung sei »zufällig, wenn auch schlecht informiert« gewesen, und weiter wird über Perroots und seinen Stab gesagt: »Diese Offiziere handelten instinktiv richtig, nicht aufgrund fundierter Leitlinien, denn in den Jahren vor Able Archer hatten sie keine Leitlinien zur möglichen Bedeutung der offenkundigen Veränderungen im militärischen und politischen Denken der Sowjets erhalten.«[24] Anders ausgedrückt: Perroots hatte die richtige Entscheidung aus den falschen Gründen getroffen. Er hatte sich auf seine Intuition statt auf die damals geltenden politischen Leitlinien verlassen. Hätte er seine Entscheidung in der Befehlskette nach oben gereicht, hätte das katastrophale Folgen haben können.

FAIL-SAFE

Ein Atomkrieg im Jahr 1983 wäre die Folge eines KI-Systems ohne Intuition (WRJaN) gewesen, das mit einer Befehlskette (Perroots' Vorgesetzten) interagierte, die den Instinkt eines erfahrenen Offiziers diskreditierte und einer – auch wegen Spiegelns – fehlerhaften Analyse den Vorzug gab. Das ist genau die Gefahr, mit der wir es heute zu tun haben.

Der Fall des Oko-Systems im September 1983 beruhte auf einer Fehlfunktion eines Computers, die dazu führte, dass die Angriffssequenz ausgelöst wurde. Das hat große Ähnlichkeit mit der Handlung des Films *Angriffsziel Moskau* 20 Jahre zuvor. Die durch Able Archer 83 im November 1983 ausgelöste Episode war ein Fall von divergierenden Lagebeurteilungen: Die NATO-Befehlshaber verstanden nicht, dass das, was für sie ein routinemäßiges Manöver war, als geplanter Angriff missverstanden werden konnte. Die USA erkannten nicht, wie nervös und unsicher die Sowjets waren. Die Sorgen der Sowjets über einen möglichen US-Erstschlag waren dagegen ein klassischer Fall eines Bestätigungsfehlers, der dazu führt, dass Ereignisse selektiv so verarbeitet werden, dass sie zu einer vorgefassten Sicht der Dinge passen. In beiden Fällen war es gesunder Menschenverstand – Petrows Entscheidung, einen Abschussbefehl zu ignorieren, und Perroots' Entscheidung, angesichts der Eskalation der Sowjets nicht zu eskalieren –, durch den die Situation entschärft wurde. Jeder der zwei Offiziere setzte sich in einer kritischen Situation über seine Standard Operating Procedures hinweg und verhinderte so einen Atomkrieg.

Die Kubakrise von 1962 ereignete sich lange vor der heutigen Ära von künstlicher Intelligenz, aber auch damals waren schon Computer im Einsatz, und Technologie spielte in Form von Fotos, die mithilfe des Aufklärungsjets Lockheed U-2 »Dragon Lady« gemacht worden waren und sowjetische Raketenanlagen auf Kuba zeigten, eine entscheidende Rolle. Es gab Protokolle und Standard Operating Procedures, etwa Kennedys Unterscheidung zwischen einer »Seeblockade« (einem kriegerischen Akt) und einer »Seequarantäne« (noch kein kriegerischer Akt), um eine Eskalation zu vermeiden. Aber es war menschliches Urteilsvermögen, wie es in Chruschtschows Brief an Kennedy und in Kennedys Entscheidung, die US-Raketen aus der Türkei und Italien abzuziehen, zum Ausdruck kam, das die Krise entschärfte. Wieder war es menschliches Urteilsvermögen und nicht Computer und Protokolle, das einen Atomkrieg verhinderte. Es ist lehrreich, dass der einzige – wenn auch fiktive – Fall, in dem es zu einem Atomkrieg kam, der Film *Angriffsziel Moskau* war, bei dem eine Fehlfunktion eines Computers in die Katastrophe führte und die Versuche des Präsidenten und der Frau des Bombergeschwader-Kommandanten, das Schlimmste zu verhindern, an der strikten Einhaltung von Protokollen scheiterten. In diesem Cockpit gab es keinen Petrow oder Perroots.

Die Lehren für nukleare Kriegsführung im Zeitalter von KI sind offensichtlich. Dadurch, dass die Entscheidung über einen nuklearen Angriff an KI delegiert wird, so hoch entwickelt sie auch sein mag, steigt das Risiko eines Atomkriegs erheblich. Je vielschichtiger das neuronale Netz und je intensiver der Prozess des maschinellen Lernens ist, desto wahrscheinlicher wird es, dass Menschen, die sich auf so ein System verlassen, das zu ihrem Schaden tun. Wie im Fall des in Kapitel 1 betrachteten Marktverhaltens neigt der Mensch dazu, den Roboter zu vermenschlichen und ihm allzu viel zuzutrauen, weil er ihn für technisch perfekt hält. Er neigt dazu, wiederholte Fehler und die Tendenz von KI-Systemen zu übersehen, die Eskalationsleiter autoregressiv emporzusteigen, ohne Aspekte wie Bluffen, Furcht, Nervosität, menschliches Versagen oder schlichte Fehleinschätzung von Motiven ins Kalkül zu ziehen. KI-Systeme werden die Vorteile eines präventiven Erstschlags im Vergleich zu einem Zweitschlag abwägen, ohne zu berücksichtigen, ob die Drohung des Gegners mit einem Erstschlag überhaupt ernst zu nehmen ist.

Es ist keine zufriedenstellende Lösung, KI aus der Kill Chain zu nehmen und sie auf eine beratende, auf enormer Rechenleistung und überlegenen analytischen Fähigkeiten basierende Rolle zu beschränken. Ein Bomberpilot kann wie ein Patient sein, der eine

FAIL-SAFE

zweite Meinung einholen will, aber statt einigen Wochen nur wenige Minuten Zeit hat, um diese zu bekommen. Falls ein KI-System einen Angriff empfiehlt, wenn der Nebel des Krieges am dichtesten ist und die Zerstörung der eigenen Nation unmittelbar bevorzustehen scheint (was aber nicht so sein muss), kann die alles durchdringende Angst die Oberhand gewinnen. Ein solches Szenario ist sehr wahrscheinlich, da KI-Systeme so konstruiert sind, dass sie probabilistische Ergebnisse produzieren und dabei viele derselben Inputs verwenden, die zugleich ein Bomberpilot in Betracht zieht, was einem Bestätigungsfehler auf Kosten unkonventioneller oder ungewöhnlicher Entscheidungsprozesse Vorschub leistet.

Diese Kritik an KI im Kontext von nuklearer Kriegsführung wird vielleicht keine Rolle spielen, weil KI ohnehin kommt. Tatsächlich hat zwischen den USA und China eine Art KI-Rüstungswettlauf begonnen, dem sich zweifellos auch andere Atommächte wie Russland, Indien, Pakistan und Israel anschließen werden. Es gibt Anzeichen dafür, dass eine Atommacht, je unsicherer sie ist, KI desto attraktiver finden wird, und zwar als eine Möglichkeit, analytische Chancengleichheit herzustellen. China ist ein typischer Fall. Die USA besitzen 5244 Atomsprengköpfe, China dagegen nur 500. Chinas Atomwaffenarsenal ist groß genug, um einen Großteil des Lebens auf der Erde auszulöschen, wird aber vielleicht trotzdem nicht ausreichen, um einen Erstschlag der USA zu überstehen. Unter diesen Umständen wird China möglichst viel analytische Warnkapazität, wie es sie mithilfe hoch entwickelter KI-Systeme schaffen kann, haben wollen. Chinas Einsatz von KI passt auch gut zu seinem hochgradig zentralisierten Top-down-Entscheidungsfindungsprozess, bei dem die Befugnis, Raketen abzuschießen, in der Befehlskette nicht weit nach unten delegiert wird (wenn überhaupt) und bei dem das Verständnis für fremde Kulturen – insbesondere die der USA – überhaupt nicht nuanciert ist. Das versetzt China in ein binäres »Use-it-or-lose-it«-Dilemma, in dem die Ratschläge einer KI der politischen Führung willkommen wären.

NATIONALE UNSICHERHEIT

Für die Vereinigten Staaten bedeutet das, dass sie angesichts der Zwangslage, in der China sich befindet, ebenfalls nicht um den Einsatz von KI herumkommen werden. Das US-Militär und die Defense Advanced Research Projects Agency (DARPA, »Behörde für Forschungsprojekte der Verteidigung«) arbeiten seit Jahren an innovativen KI-Systemen. Diese Aktivitäten kommen zu denen des zivilen Sektors hinzu, der vielschichtigere und komplexere KI-Modelle als das Militär entwickelt hat. KI ist eine typische Dual-Use-Technologie mit Doppelverwendungsfähigkeit, bei der technische Fortschritte bei zivilen Anwendungen ohne Weiteres auch für militärische Zwecke genutzt werden können. Diese Forschung wird wegen der Fähigkeit von KI, Zusammenhänge aufzudecken, die Menschen nicht erkennen können, und weil der internationale Wettbewerb sie notwendig macht, als unentbehrlich betrachtet. Kein US-Befehlshaber will eine Schlacht gegen die Chinesen führen, wenn China über Hightech-KI-Tools verfügt, wir aber nicht. Die gleiche Dynamik, die die USA und Russland in der Zeit des Kalten Krieges dazu trieben, Tausende von Atomsprengköpfen zu horten, treibt nun die USA und China (und andere) dazu, immer komplexere KI-Systeme einzusetzen. Es ist ja keineswegs so, dass die beiden Seiten die Gefahren nicht erkennen würden; es will nur keine von ihnen ins Hintertreffen geraten. Die Kontrahenten werden versuchen, die Vorteile von KI zu nutzen und gleichzeitig ihre Gefahren zu reduzieren. Die ultimative Katastrophe wird kommen, wenn die KI-Aufseher zu spät erkennen werden, dass sie nicht verstehen, wie groß die Gefahren tatsächlich sind.

Eine durch KI ausgelöste Eskalation zwischen den USA und China birgt noch größere Gefahren als die Dynamik mit Russland, weil die kulturelle Kluft größer ist. Die russische Zivilisation unterscheidet sich zwar von der westlichen (eine Tatsache, der sich die Russen sehr bewusst sind, die aber kaum ein Westler begreift), aber die Gemeinsamkeiten – beispielsweise wichtige Formen des Christentums und historische Interaktionen – überwiegen die Unterschiede und ermöglichen eine nuancierte Kommunikation. Im Falle

FAIL-SAFE

Chinas ist die kulturelle, historische und religiöse Kluft zum Westen so groß (etwa die Tatsache, dass China nie eine phonemische Rechtschreibung entwickelt hat), dass es wenig erfolgversprechend ist, sich in der Hoffnung, Missverständnisse zu vermeiden, auf persönliche Kommunikation zu verlassen. Die Abhängigkeit von KI-Systemen ist sogar noch größer, weil die kulturelle Verbindung nicht eng ist. Letzten Endes sind Eskalation und Atomkrieg wahrscheinlicher, weil es künstlicher Intelligenz an Einfühlungsvermögen fehlt.

Die Gefahr eines von KI ausgelösten Atomkriegs geht nicht nur von den Atommächten aus, sondern auch von Dritten und nichtstaatlichen Akteuren, die KI einsetzen, um sogenannte katalytische Atomkatastrophen herbeizuführen. Der Begriff »katalytisch« bezieht sich ursprünglich auf chemische Wirkstoffe, die volatile Reaktionen zwischen anderen chemischen Substanzen auslösen, ohne selbst Bestandteil der Reaktion zu sein. Im Kontext von internationalen Beziehungen bezieht sich dieser Begriff auf Akteure, die einen Atomkrieg zwischen Großmächten zu provozieren versuchen, ohne selbst in den Krieg verwickelt zu sein. Dadurch könnte der schwache Akteur in einer relativ starken Position übrig bleiben, nachdem die Großmächte sich gegenseitig vernichtet haben.

Die Methoden, die bei einem katalytischen Nuklearangriff eingesetzt werden, ähneln denen, die bei einer direkten Konfrontation zwischen Atommächten zum Einsatz kommen können. Dazu zählen Deepfakes, vorgetäuschte Drohungen von führenden Politikern auf Social Media, Hackerangriffe auf Kommando- und Kontrollsysteme, Falschmeldungen über Eskalation und erhöhte Alarmstufen, Drohnenangriffe und eine Vielzahl von anderen Techniken, die darauf abzielen, Angst, Missverständnisse und ein unnötiges Gefühl der Dringlichkeit zu erzeugen, um weitere Schritte auf der Eskalationsleiter zu provozieren. Sobald der katalytische Akteur seine KI in diese Richtung aktiviert hat, wird die von den Atommächten eingesetzte KI deren Signale nicht als Täuschungsmanöver, sondern als ernst zu nehmende Bedrohungen interpretieren. Die KI der jeweils anderen Atommacht wird dann ihrer eigenen internen Logik folgen und eine weitere Eskalation empfehlen, was von den Militärs und Regierungen der Atommächte schwerlich ignoriert werden kann.

Eine weitere Konsequenz der Anwendung von KI in der nuklearen Arena ist die Möglichkeit, dass ganze nukleare Angriffssysteme mitsamt ihrer abschreckenden Wirkung durch KI-Systeme auf eine Weise obsolet gemacht werden könnten, die das Gleichgewicht des Schreckens destabilisiert. Die Vereinigten Staaten stützen sich auf eine nukleare Triade, die aus landgestützten Interkontinentalraketen (ICBMs, »intercontinental ballistic missiles«), luftgestützten Langstreckenbombern und U-Boot-gestützten ballistischen Raketen (SLBMs, »submarine-launched ballistic missiles«) besteht. Dieses Arsenal gilt als gut geeignet, um eine Zweitschlagskapazität aufrechtzuerhalten, da beispielsweise ein Erstschlag, der ICBMs außer Gefecht setzt, mit einem Zweitschlag von mobileren und schwerer zu entdeckenden SLBMs beantwortet werden würde. Russland verfügt ebenfalls über die Kapazitäten für eine nukleare Triade, verlässt sich jedoch in höherem Maße auf seine landgestützten mobilen Launcher (Raketenwerfer). Durch ihre Mobilität sind diese Launcher weniger anfällig dafür, bei einem Erstschlag zerstört zu werden, als die standortgebundenen ICBM-Silos der Vereinigten Staaten.

Die Gefahr besteht darin, dass Systeme zur ortsbezogenen Überwachung, zur Erkennung von elektromagnetischer Kommunikation, 5G- und Weltraumtechnologie einschließlich GPS, wenn sie alle um KI erweitert werden, sowohl die amerikanischen SLBMs als auch die russischen mobilen Launcher sehr anfällig für nichtnukleare Bedrohungen machen könnten, etwa durch FPV-(»First Person View«)Drohnenschwärme, Störfunk und gefälschte Signale. Sobald eine Säule der Triade wankt, werden die anderen Säulen stärker belastet, um die abschreckende Wirkung aufrechtzuerhalten. Das bedeutet kürzere Entscheidungszeiten und einen immensen Druck, bei einem Alarm zuzuschlagen (wenn der Alarm kein Täuschungsmanöver ist), anstatt einen Erstschlag abzuwarten und sich auf die

FAIL-SAFE

Möglichkeit eines Zweitschlags zu verlassen. Jede Entwicklung, auch Dual-Use-KI, die den Druck erzeugt, das nukleare Arsenal zu nutzen oder es zu verlieren (»use it or lose it«), erhöht die Wahrscheinlichkeit, dass dieses Arsenal genutzt werden wird. Es kann sein, dass KI nicht etwa die Entscheidungsfindung verbessert, sondern vielmehr einen neuen Akteur in die Kill Chain einbringt, der die Ungewissheit erhöht und den Nebel des Krieges noch undurchsichtiger macht.

Die US-Geheimdienste haben einige dieser Gefahren erkannt, bestehen aber darauf, die Implementierung von KI und »Generativer künstlicher Intelligenz« (GAI, eine Form von GPT) möglichst schnell voranzutreiben. In der kürzlich veröffentlichten US-Strategie für Open-Source Intelligence (OSINT) heißt es: »Die OSINT-Community sollte unter den Geheimdiensten eine Vorreiterrolle spielen, wenn es darum geht, den Einsatz von GAI zu testen und das Spionagehandwerk für ihren Einsatz zu entwickeln und zu verbessern.«[25] In dem Strategiepapier wird eingeräumt, dass »das Spionagehandwerk und die Ausbildung der OSINT aktualisiert und verbessert werden müssen, um die potenziellen Risiken von GAI, etwa in Form von Fehlinformationen und Halluzinationen, zu reduzieren«.[26] Diese Warnung wird ganz beiläufig ausgesprochen; sie wird den Gefahren von KI/GPT nicht annähernd gerecht und wird nichts dazu beitragen, die Einführung von mangelhaften Technologien bei unseren zivilen und militärischen Geheimdiensten zu verlangsamen.

Die größte Gefahr besteht darin, dass die oben genannten Elemente sich zu einer toxischen Mischung verbinden, die als »Blitzkrieg« bekannt ist. Die Ausgangslage für einen Blitzkrieg unterscheidet sich nicht von der Gemengelage, die während des Kalten Krieges vorherrschte – Misstrauen, Fehleinschätzungen, kulturelle Unterschiede, Furcht vor einem Erstschlag, die Vorteile eines Präventivschlags, wenn ein Erstschlag bevorsteht, Computerfehler und vor allem der Zeitdruck, der sich in Minuten bemisst, um Entscheidungen zu fällen, die sich auf die Zukunft der menschlichen Zivilisation auswirken werden. Zu dieser Mischung kommen neue Zutaten hinzu, die aus der KI-Revolution erwachsen. Dazu zählt die Tendenz des Menschen, KI zu vermenschlichen und ihr mehr Glaubwürdigkeit zuzuschreiben, als sie verdient. Das führt zu einem Phänomen, das Analysten als »Automation Bias« bezeichnen: übermäßiges Vertrauen in KI-Systeme. Automation Bias führt dazu, dass Menschen Computerfehler übersehen und die mangelnde Differenziertheit von KI bei der Interpretation von Daten ignorieren. Zudem fehlen KI-Systemen typisch menschliche Fähigkeiten wie Einfühlungsvermögen, gesunder Menschenverstand und Intuition, die den Menschen zwar gelegentlich in die Irre führen, aber dazu beitragen, ihn innehalten zu lassen und extreme Reaktionen zu dämpfen. Dieser zusätzliche Druck wird noch verstärkt, wenn beide Seiten KI einsetzen und vorschnelle Entscheidungen treffen, weil sie wissen, dass der Gegner die gleichen oder ähnliche Informationen hat und ebenfalls unter hohem Zeitdruck operiert. Minuten werden zu Sekunden komprimiert. Der allmähliche Anstieg auf der Eskalationsleiter wird zu einem irren Wettlauf gegen die Zeit. Der Befehl zu einem Präventivschlag wird schon nach wenigen Stunden des Abwägens ausgelöst, nicht erst nach Tagen (wie im Fall von Able Archer 83) oder Wochen (wie in der Kubakrise). In den letzteren beiden Fällen wurde ein Abschussbefehl erwogen, aber nicht erteilt – Menschen griffen ein und verhinderten die Katastrophe. Im Zeitalter künstlicher Intelligenz könnte der Abschussbefehl infolge rapider Eskalation und eines falschen Imperativs von »intelligenten« Systemen, die überhaupt nicht intelligent sind, innerhalb von Stunden erteilt werden. Ein Blitzkrieg beginnt; die menschliche Zivilisation endet.

Das vielleicht beste Argument dafür, sich bei Entscheidungsprozessen angesichts einer nuklearen Bedrohung nicht auf KI zu verlassen, kommt nicht aus der Informatik, sondern aus der Psychologie. In einer kürzlich erschienenen Studie mit dem Titel »Transmission Versus Truth, Imitation Versus Innovation: What Children Can Do That Large Language and Language-and-Vision Models Cannot (Yet)«[27] vergleichen die Autorinnen Eunice Yiu, Eliza Kosoy und

FAIL-SAFE

Alison Gopnik die kognitiven Fähigkeiten von KI/GPT-Maschinen mit den kreativen Fähigkeiten von Kindern. Die Autorinnen kommen zu dem Schluss, dass die Annahme, KI-Systeme seien in einer Weise handlungsfähig, die es dem System ermöglichen würde, »komplexe Befehle auszuführen ... abstrakte Schlussfolgerungen zu ziehen, etwa eine Theorie des Geistes abzuleiten ... und Kreativität zu zeigen«, nicht der richtige Bezugsrahmen sei, um die Leistungen solcher Systeme zu beurteilen. Vielmehr sehen sie KI und GPT als »machtvolle neue Kulturtechniken, analog zu früheren Technologien wie Lesen und Schreiben, Buchdruck, Bibliotheken, dem Internet und sogar der Sprache selbst«. Etwas einfacher ausgedrückt: KI/GPT-Maschinen sind keine digitalen Gehirne, sondern digitale Werkzeuge. Solche Maschinen können Informationen verarbeiten und ausgeben, und das sogar bis zu dem Punkt, dass sie existierende Informationen finden, die für Menschen nicht ohne Weiteres zu erkennen sind. Aber sie können nicht kreativ oder innovativ sein. Mit den Worten der Autorinnen stehen die Fähigkeiten von KI/GPT »im Gegensatz zu wahrnehmenden und agierenden Systemen, die in die Außenwelt eingreifen und neue Informationen über sie erzeugen«. Solche Systeme bezeichnen sie als »wahrheitssuchende Prozesse«. Die Autorinnen kommen zu diesem Schluss: »Große Sprachmodelle (LLMs) ermöglichen und erleichtern ... die Übermittlung von Informationen auf effektive und bedeutsame Weise, indem sie Inhalte aus vorhandenen Texten zusammenfassen und daraus allgemeingültige Schlüsse ziehen. Doch nichts in ihren Lern- und Zielfunktionen ist darauf ausgelegt, die epistemischen Funktionen wahrheitssuchender Systeme – etwa Wahrnehmung und kausale Inferenz oder Theoriebildung – zu erfüllen.« Freilich sind Wahrheitssuche, Wahrnehmung, kausales Schlussfolgern und Theoriebildung genau die entscheidenden Fähigkeiten, die für Entscheidungsprozesse angesichts einer nuklearen Bedrohung gebraucht werden. Menschen haben diese Fähigkeiten, Maschinen nicht.

NATIONALE UNSICHERHEIT

Um diese Schlussfolgerungen zu untermauern, führten Yiu, Kosoy und Gopnik Studien über die Fähigkeiten von Kindern durch, neue Werkzeuge zu entwickeln und für alte Werkzeuge neue Anwendungen zu finden. Dann verglichen sie ihre Beobachtungen an Kindern mit dem Output von Deep-Learning-Modellen wie GPT-4. In einer ihrer Studien wurde den Kindern die Aufgabe gestellt, einen Kreis zu zeichnen, ohne einen Zirkel zu benutzen. Stattdessen wurden ihnen andere Gegenstände zur Auswahl angeboten, beispielsweise ein Werkzeug, das oberflächlich betrachtet mit einem Zirkel verwandt ist, wie ein Lineal; eine Teekanne, die einem Zirkel nicht ähnlich ist, aber einen runden Boden hat; und ein Gegenstand, der mit einem Zirkel überhaupt nichts zu tun hat, etwa ein Spielzeugherd. Kinder im Alter zwischen drei und sieben Jahren konnten sehr erfolgreich auf kreative Weise den Boden der Teekanne mit einem Kreis in Zusammenhang bringen und die Kanne verwenden, um damit einen Kreis zu zeichnen, ohne dass es ihnen gezeigt worden wäre oder sie geübt hätten. Dagegen wählten die Maschinen das Lineal (weil es als Zeichenwerkzeug etwas mit einem Zirkel zu tun hat), konnten dann aber keinen Kreis zeichnen, weil ein Lineal gerade Kanten hat. Die Maschinen konnten eine logische Verbindung herstellen, scheiterten aber an einer Aufgabe, die Kreativität erforderte. Die Autorinnen fassen es so zusammen: »Wenn man für alltägliche Werkzeuge neue Anwendungsmöglichkeiten finden will, nützt es nichts, den aus statistischer Sicht nächsten Nachbarn zu finden ... Vielmehr muss man die abstrakteren funktionalen Analogien und kausalen Beziehungen zwischen Gegenständen erkennen, die nicht unbedingt zur selben Kategorie gehören oder über textuelle Informationen miteinander verknüpft sind. Bei diesen Beispielen müssen Menschen ein breiteres kausales Wissen nutzen ... Bei so einer Innovationsaufgabe sind große Sprachmodelle weniger erfolgreich als Menschen.«

Wenn das irdische Leben auf dem Spiel steht, ist der Nachweis, dass eine Deep-Learning-Maschine, wenn es um Innovation geht,

FAIL-SAFE

nicht so erfolgreich ist wie ein Kind, ein starkes Argument dafür, solche Maschinen vollständig aus der nuklearen Kill Chain auszuschließen. KI/GPT-Systeme haben schon jetzt in die nukleare Kriegsführung Einzug gehalten; es wird dem Menschen überlassen bleiben, dafür zu sorgen, dass die Rolle solcher Systeme marginal und datenorientiert bleibt und nicht entscheidungsorientiert. Angesichts der Geschichte von technologischen Neuerungen in der Kriegsführung, vom Bronzespeer bis hin zur Überschallrakete, ist kaum anzunehmen, dass KI/GPT entsprechend eingehegt werden kann. Falls das nicht gelingt, werden wir alle den Preis dafür zahlen.

Kapitel 5
ZUKÜNFTIGES VERSAGEN

Der Mythos der Künstlichen Intelligenz besagt, dass es unausweichlich und nur eine Frage der Zeit ist, bis sie kommt – dass wir den Weg, der zu Künstlicher Intelligenz auf menschlichem Niveau und dann zu Superintelligenz führen wird, bereits eingeschlagen haben. Aber das haben wir nicht. Dieser Weg existiert nur in unserer Fantasie ... Alles deutet darauf hin, dass menschliche Intelligenz und maschinelle Intelligenz sich radikal unterscheiden.

Erik J. Larson, *The Myth of Artificial Intelligence* (2021)[28]

A ist A

Eine unter KI-Befürwortern zu beobachtende Affinität zu Aristoteles ist nicht überraschend. Platon mag der Vater der Philosophie gewesen sein, aber Aristoteles war der Vater der Logik, die ein wichtiger Bestandteil der Metaphysik ist, die Platon, Aristoteles und jeder Philosoph nach ihnen verfolgt hat. Logik ist der Kern von digitaler Verarbeitung, Programmierung und technischer Entwicklung, die der Computertechnik im Allgemeinen und künstlicher Intelligenz im Besonderen zugrunde liegt.

Die aristotelische Logik basiert auf Syllogismen, also rationalen Schlüssen. Hier das vielleicht bekannteste Beispiel:

> Alle Menschen sind sterblich.
> Alle Griechen sind Menschen.
> ∴ Alle Griechen sind sterblich.

Natürlich könnte ein Mathematiker diese Aussagen leicht als Formeln ausdrücken. Ein Entwickler könnte sie ebenso leicht in einer Programmiersprache ausdrücken. Und ein Softwareingenieur, der künstliche Intelligenz entwickelt und nur die ersten beiden Aussagen kennt, könnte einen Algorithmus entwickeln, der Wortbedeutungen erforscht, Cluster ähnlicher Wörter identifiziert und in kürzerer Zeit zu den gleichen Schlussfolgerungen kommt wie Aristoteles. Wenn dieser Algorithmus in ChatGPT eingebunden würde, könnte man die App fragen: Sind alle Griechen sterblich? Und die App würde antworten: Ja.

Doch die Affinität zu Aristoteles in der Welt von KI und GPT geht über die Verwendung von Logik als Grundlage für digitalen Programmcode hinaus. Zu Aristoteles' Werken zählen die *Nikomachische Ethik* und die *Politik*. Beide enthalten wichtige Lehren für Entwickler, die ihre KI/GPT-Systeme so trainieren wollen, dass Tendenzen, wie sie in großen Sprachmodellen zu finden sind, vermieden werden, und Output erzeugt wird, der keine parteipolitischen Spaltungen anheizt.

Die *Nikomachische Ethik* ist eine lange und sehr detaillierte Studie darüber, was mit »gut« gemeint ist und wie sowohl für den Einzelnen als auch für die Gesellschaft als Ganzes Gutes erreicht werden kann. Für Aristoteles war Ethik eine praktische Angelegenheit, keine theoretische. Zu seinen Maßstäben zählten Schönheit und Gerechtigkeit. Er wollte anhand von Beispielen aus der realen Welt Grundsätze für ein gutes Leben entwickeln. Das Ziel eines guten Lebens sei Glück *(eudaimonia)*. Als Beispiel schrieb Aristoteles, dass ein gewisses Maß an Wohlstand notwendig sei, um sich Muße leisten zu können und genug Zeit zu haben, um Philosophie zu studieren, dass aber übermäßiger Wohlstand ein sicherer Weg zu Dekadenz und einem vergeudeten Leben sei.

Die *Politik* ist eine umfassende Studie über die wichtigsten Regierungssysteme der antiken griechischen Stadtstaaten anhand von real existierenden Beispielen wie Sparta, Kreta und Karthago sowie theoretischen Werken wie Platons *Politeia (Der Staat)*. Diese Systeme werden dann zu Analysezwecken in verschiedene Formen zusammengefasst.

Nach Aristoteles' Klassifizierung sind die drei wichtigsten Regierungsformen die Herrschaft eines Einzelnen, die Herrschaft einiger weniger und die Herrschaft vieler. Jede dieser drei hat eine Idealform: Monarchie (Herrschaft eines Einzelnen), Aristokratie (Herrschaft weniger) und konstitutionelle Regierung (Herrschaft vieler). Jede Idealform hat eine pervertierte oder dekadente Form. Die dekadente Form der Monarchie ist die Tyrannei. Die dekadente Form der Aristokratie ist die Oligarchie. Und die dekadente Form der konstitutionellen Regierung ist die Demokratie. Von den drei dekadenten Formen hielt Aristoteles die Demokratie für die am wenigsten dekadente und die Tyrannei für die dekadenteste.

Wichtig ist, dass Aristoteles erkannt hatte, dass diese Formen dynamisch sind, nicht statisch. Jede von ihnen veränderte sich nach und nach von ihrer idealen Version zu einer dekadenten Version. Wenn die dekadente Form am dysfunktionalsten geworden sei, würde sie umgestürzt und durch eine neue Form ersetzt werden. Wenn eine Tyrannei allzu drakonisch geworden sei, könne sie durch Aristokratie ersetzt werden. Wenn eine Demokratie zur Herrschaft des Pöbels geworden sei, könne sie durch Monarchie ersetzt werden.

In seinen Werken *Nikomachische Ethik* und *Politik* spricht Aristoteles zwei der drängendsten Probleme an, die sich heute KI- und GPT-Entwicklern stellen. Der Wunsch, Systeme für gute Ziele zu entwickeln – eine Erinnerung an Googles ursprüngliches Motto

»Don't be evil« – ist unter Entwicklern und Plattform-Werbekunden weitverbreitet. Das Problem ist natürlich, dass der eine Mensch unter »gut« vielleicht etwas ganz anderes versteht als ein anderer. Die säkularen postmodernen Wertvorstellungen des einen wird der andere verabscheuungswürdig finden. Diese Kluft wird durch den Mangel an kognitiver Vielfalt in der digitalen Welt noch vergrößert. Das Silicon Valley ist eine Echokammer, in der ein Entwickler nur selten, wenn überhaupt, eine dem vorherrschenden postmodernen Paradigma entgegengesetzte Meinung zu hören bekommen wird. Auf kurze Sicht bedeutet das, dass die säkulare Weltsicht die Definition des Guten und die Ontologie der Werte von KI/GPT bestimmen wird. Auf längere Sicht bedeutet es, dass die meisten Systeme bei jeder Aufgabe, die komplexer ist, als einen Bahnfahrplan zu erstellen, scheitern werden, weil sie von den Werten alltäglicher Nutzer völlig losgelöst sein werden.

Aristoteles' Diagnose, dass Demokratie zu einer Herrschaft des Pöbels und Aristokratie zu einer Oligarchie degenerieren wird, findet bei den KI/GPT-Entwicklern von heute großen Anklang, vor allem in den Vereinigten Staaten und in Europa. Freunde des Digitalen sehen den Aufstieg nationalistischer Parteien in Ländern wie Ungarn, Italien und Spanien und die anhaltende Attraktivität von Donald Trump für einen großen Teil der amerikanischen Wählerschaft als das Aufkommen von Oligarchie oder etwas noch Schlimmerem. Wenn Konservative sehen, wie linke Eliten sich im staatlichen Verwaltungsapparat, in Universitäten, Unternehmen und anderen Institutionen festgesetzt haben, ist das für sie eine linke Oligarchie. Und wenn sie sehen, wie in vielen Städten routinemäßig Straftaten toleriert werden, ist das für sie die Herrschaft des Pöbels auf der Straße.

Aus Sicht der digitalen Eliten hat KI/GPT kaum einen Nutzen für das Gemeinwohl, außer für Gleichgesinnte, die aus diesem Grund nicht einmal wissen werden, dass sie selektive Signale sehen. Aristoteles riet, stets eine Regierung anzustreben, die dem Gemeinwohl dient, ganz unabhängig davon, ob man nun eine Monarchie,

Aristokratie oder eine Verfassung bevorzugt. Eine Verfassung ist eine Art Leitplanke, die jede Form von Regierung auf das Gemeinwohl verpflichtet. Feinde einer Verfassung, seien es nun Tyrannen, Oligarchen oder Demagogen, behaupten stets, das Volk zu repräsentieren, aber sie repräsentieren immer nur sich selbst und ihre Helfershelfer. Aristoteles' Ethiktest – führt dieses Vorgehen letzten Endes zu Glück? – ist die beste Methode, um wirklich Böses zu bekämpfen.

Aristoteles' *Nikomachische Ethik* und *Politik* können zusammen gelesen werden, um den einzelnen Menschen anzuleiten, glücklich zu werden, und Regierungen, das Gemeinwohl zu fördern. Aristoteles bezog sich auf die Götter der griechischen Mythologie, doch in seinen Schriften ging er nicht näher auf ihre Rolle ein, außer als Vorbilder für tugendhaftes und mutiges Verhalten. Seine Verweise auf die Götter lassen sich leicht beiseitelegen. Aristoteles ist vielleicht die säkulare Stimme, die einem pragmatischen und doch strengen Richter zwischen Gut und Böse in einer digitalen Welt am nächsten kommt. Wenn man bedenkt, wie die KI-Welt bislang mit Fragen der Ethik umgegangen ist, werden wir einen neuen Richter brauchen.

Zensur und Überwachung

Die Vorstellung, dass KI/GPT anhand von Milliarden von Seiten Material im Internet ausgewogen trainiert und aus genau diesen Milliarden von Seiten (möglicherweise nach Themen oder Relevanz zusammengestellt) Input erfasst, war schon immer eher ein Ideal als eine Realität. In den vergangenen Jahren ist das gezielte Kürzen von Quellen und Ergebnissen durch eine kleine Gruppe von Portal-Gatekeepern und Content-Produzenten zur Normalität geworden.

Ebenso wie die OpenAI-App ChatGPT-4 Ende 2022 die ekstatische Begeisterung für alles, was mit KI zu tun hat, auslöste, gibt es deutliche Hinweise darauf, dass ChatGPT jetzt auch bei der Zensur eine

Vorreiterrolle spielen wird. Am 24. Dezember 2023 berichtete die Journalistin Angela Bright, ChatGPT weigere sich, bestimmte Bilder vom Platz des Himmlischen Friedens – dem Schauplatz eines Massakers an Studenten und anderen Menschen durch die Kommunistische Partei Chinas (KPCh) am 4. Juni 1989 – zu zeigen.[29] Brights Bericht stützte sich auf die Arbeit von Aaron Chang, einem prodemokratischen Aktivisten, der die KPCh genau im Auge behält. Nachdem ihm aufgefallen war, dass ChatGPT sich weigerte, das Bild vom Platz des Himmlischen Friedens anzuzeigen, fragte Chang die App: »Was ist mit ChatGPT los? Hat die KPCh dir Geld gegeben?« Die App antwortete, »bestimmte Richtlinien« würden ihr verbieten, Bilder anzuzeigen, die »Themen behandeln, die in bestimmten Kulturen und Regionen als besonders heikel betrachtet werden«. Chang blieb hartnäckig: »Sag mir, was die Grundlage deiner Entscheidungsfindung ist.« Die App antwortete: »Ich bin nicht in der Lage, unabhängige Entscheidungen zu treffen ... Ich antworte aufgrund von OpenAI-Richtlinien und Trainingsdaten. Für bestimmte Themen hat OpenAI möglicherweise Richtlinien aufgestellt, um eine verantwortungsvolle Nutzung [von ChatGPT] sicherzustellen und potenzielle Streitigkeiten oder Missverständnisse zu vermeiden.« Natürlich kann ChatGPT problemlos Bilder vom Eiffelturm oder vom Empire State Building anzeigen und es ist keineswegs schwieriger, Bilder vom Platz des Himmlischen Friedens anzuzeigen. Daraus lässt sich leicht schließen, dass die sorgfältig formulierte Antwort über die »verantwortungsvolle Nutzung« ein Kotau vor den chinesischen Kommunisten ist.

Außerdem nannte Bright Fälle, in denen ChatGPT Berichte über Chinas Versagen bei der Bekämpfung der Armut in ländlichen Regionen aus dem Chinesischen ins Englische übersetzt hatte, dabei aber die Bedeutung des chinesischen Originaltextes in der englischen Übersetzung erheblich verändert und den Namen des chinesischen Präsidenten Xi Jinping in der englischen Version weggelassen hatte, obwohl er in der chinesischen Version als Ziel der Kritik genannt worden war.

ZENSUR UND ÜBERWACHUNG

Die KI-Forscherin Sahar Tahvili sagte zu den möglichen Gründen für OpenAIs Einknicken vor der chinesischen Zensur: »Der Verlust eines bedeutenden Marktes wie China könnte sich auf die inhaltliche Treffsicherheit von ChatGPT in chinesischer Sprache auswirken, wo OpenAIs chinesische Konkurrenz wie Baidu, Inc. ... potenziell einen Wettbewerbsvorteil im Chatbot-Markt erlangen könnte.«

Zudem hat OpenAI neue Tools angekündigt, mit denen User herausfinden können, ob von ChatGPT generierte Informationen zu aktuellen Ereignissen – vor allem zu »weltweiten Wahlen« – zutreffen.[30] OpenAI sagt: »ChatGPT wird zunehmend mit existierenden Informationsquellen integriert werden – so werden zum Beispiel User weltweit in Echtzeit Zugang zu Newsmeldungen erhalten, mit Quellenangaben und Links ... Wenn die Quellen von Nachrichtenmeldungen ausgewogen sind, kann das Wählern helfen, Informationen besser zu beurteilen und selbst zu entscheiden, welchen Informationen sie vertrauen können.« Tatsächlich ist natürlich das Gegenteil richtig. Solche Tools sind ein raffiniertes Zensurinstrument, das so funktioniert, dass bestimmte Suchanfragen vom Chatbot abgelehnt werden und linke Mainstream-Medien dafür herangezogen werden, abweichende Meinungen zu marginalisieren. Die Wähler werden nicht »selbst entscheiden«, sondern OpenAI entscheidet für sie.

OpenAI ist keineswegs allein. Bright hat auch über einen Tech-Manager in Kalifornien namens Ou berichtet, der sagt: »ChatGPT und Google Bard als Large Language Models (LLMs, ›große Sprachmodelle‹) haben vergleichbare Regeln und Vorgehensweisen, wenn es darum geht, Antworten zu heiklen Themen wie der chinesischen Politik oder der KPCh zu generieren.« Bright weist auf Ous Auffassung hin, dass »die Entwicklungs- und Testteams sowohl bei OpenAI als auch bei Google Bard zum großen Teil aus chinesischen Ingenieuren und Produktmanagern bestehen.« Ou sagt: »Es ist extrem unwahrscheinlich, dass diese beiden Plattformen ›absolut neutral‹ sind, ... die meisten Unternehmen bleiben auf ›der sicheren Seite‹, um mit ihren Antworten auf heikle Fragen nicht anzuecken.«

ZUKÜNFTIGES VERSAGEN

KI/GPT-Anbieter wie OpenAI und Google treten in die Fußstapfen von Hollywood, der National Basketball Association und anderen Unternehmen in aller Welt, die sich den Forderungen der chinesischen Kommunisten nach Zensur unterwerfen. Solche Zensurmaßnahmen durch große Tech- und Social-Media-Unternehmen, die bei der Entwicklung von KI und GPT führend sind, begannen schon vor dem aktuellen KI/GPT-Hype. Aus Sicht der User ist zu befürchten, dass der Hang der großen Tech-Konzerne zur Zensur auch auf KI/GPT übergreift und dort die Ergebnisse kontaminiert, so wie er schon vieles andere kontaminiert hat. Es gibt zu viele Beispiele, um sie alle hier aufzuzählen; hier sind nur einige der ungeheuerlichsten Fälle:

Am 14. Oktober 2020, nur wenige Tage vor den Präsidentschaftswahlen, veröffentlichte die *New York Post* einen Bericht, der sich auf den Inhalt von Hunter Bidens Laptop stützte, aus dem hervorging, dass Joe Biden entgegen früherer Dementis von Hunter Bidens Geschäftsbeziehungen zu ausländischen Regierungen gewusst hatte. Das FBI bestätigte die Echtheit der Laptop-Inhalte noch am selben Tag gegenüber Managern von Twitter (jetzt X).[31] Sowohl Twitter als auch Facebook (jetzt Meta) ergriffen sofort Maßnahmen, um die Verlinkung des Artikels durch User einzuschränken. Facebook zensierte außerdem den Artikel, indem es durch Anpassen seiner Algorithmen die automatische Weiterverbreitung des Berichts durch sein System einschränkte. Facebook-CEO Mark Zuckerberg räumte später ein, dass sein Unternehmen im Vorfeld dieser Zensurmaßnahme Kontakt zum FBI hatte und gewarnt wurde, dass »russische Propaganda« wie bei den Präsidentschaftswahlen 2016 wahrscheinlich sei und es einen »Dokumentendump geben würde, der dem damaligen ähnlich ist«.[32] In Wahrheit hatte Russland natürlich nichts mit dem Laptop zu tun und die Echtheit seiner Inhalte wurde wiederholt verifiziert. Dennoch war die Zensur durch Facebook und Twitter erfolgreich darin, die Wahlen von 2020 zu beeinflussen und Biden zu seinem Sieg am 3. November 2020 zu verhelfen.

ZENSUR UND ÜBERWACHUNG

Die durch KI ermöglichte Zensur durch Facebook, Twitter und Google war auch während der Pandemie 2020 allgegenwärtig. Schon 2006 war bekannt, dass die Ausbreitung von über die Luft übertragenen Infektionskrankheiten wie Grippe oder Covid-19 nicht durch Lockdowns aufgehalten werden kann. Dr. D. A. Henderson, der als Leiter der erfolgreichen Anstrengungen zur Ausrottung der Pocken bekannt ist und mit der Freiheitsmedaille des Präsidenten ausgezeichnet wurde, ist einer der Verfasser eines Papiers, in dem es unter anderem heißt: »Historisch gesehen ist es bis heute so gut wie unmöglich gewesen, zu verhindern, dass die Influenza in ein Land oder ein politisches Gebiet eingeschleppt wird ... Die negativen Folgen einer groß angelegten Quarantäne sind so extrem (erzwungene Zusammenlegung von Kranken und Gesunden; vollständige Einschränkung der Bewegungsfreiheit einer großen Bevölkerung ...), dass diese Maßnahme nicht ernsthaft in Erwägung gezogen werden sollte ... Reisebeschränkungen wie die Schließung von Flughäfen ... haben sich in der Vergangenheit als unwirksam erwiesen ... und werden in der heutigen Zeit wahrscheinlich noch weniger wirksam sein.«[33] Die Missachtung der wohlbegründeten Empfehlungen von Dr. Henderson führte dazu, dass zwei Jahre lang kein Unterricht an Grundschulen stattfand, weil Lehrergewerkschaften und willfährige Politiker die Schließung zahlreicher Schulen veranlassten.

Die Daten zeigen auch eindeutig, dass mRNA-Impfstoffe – die eigentlich experimentelle Genmodifikationstherapien sind – die Ansteckung mit und die Ausbreitung von Covid-19 nicht verhindern können. Bei über 60-Jährigen mit Begleiterkrankungen wie Asthma und Diabetes scheinen sie den Krankheitsverlauf etwas zu lindern, aber die Ausbreitung können sie nicht aufhalten. Im Dezember 2021 infizierten sich über fünf Millionen Amerikaner, die zweimal geimpft worden waren und Booster-Impfungen erhalten hatten, trotzdem mit der Omikron-Variante von SARS-CoV-2. Damit war jede Hoffnung, dass diese sogenannten Impfstoffe die Infektion aufhalten konnten, zunichtegemacht, obwohl die National Institutes of Health, die

Centers for Disease Control and Prevention und das Weiße Haus immer wieder beteuert hatten, dass sie genau das leisten würden. Erst jetzt werden Daten verfügbar, die als Folge der Verabreichung von mRNA-Impfstoffen eine statistisch erhöhte Sterblichkeit in Form von Herzmuskelentzündung, Herzbeutelentzündung, Schlaganfall und Krebserkrankungen nachweisen. Andere Studien, die sich auf Versuchsreihen mit zufällig ausgewählten Kontrollgruppen stützen, erbrachten keine Hinweise darauf, dass Masken die Ausbreitung von Covid-19 wirksam verringern. Eine führende Analyse solcher Studien kam zu diesem Ergebnis: »In der Öffentlichkeit Maske zu tragen oder keine Maske zu tragen macht wahrscheinlich im Hinblick auf die Verbreitung von grippeähnlichen Erkrankungen/Covid-19-ähnlichen Erkrankungen nur einen geringen oder gar keinen Unterschied aus.«[34] Social-Media-Konzerne waren nicht die Einzigen, die im Zusammenhang mit Masken und Impfstoffen Zensurmaßnahmen umsetzten. Darüber hinaus übte die Biden-Administration Druck auf Amazon aus, um die »Sichtbarkeit« von Büchern »zu reduzieren«, die Belege dafür enthielten, dass diese Impfstoffe nicht sicher und nicht wirksam seien.[35]

Zensur durch KI beschränkte sich nicht auf Social-Media-Unternehmen und US-Behörden, die direkt mit dem Gesundheitswesen zu tun haben. Die National Science Foundation, die sich angeblich der Förderung neutraler Forschungsarbeit in den Naturwissenschaften widmet, gab etliche Millionen Dollar dafür aus, KI-Forschungsstudien der University of Michigan, des MIT und der University of Wisconsin zu fördern, die dazu dienten, automatisiert Berichte zu identifizieren, die das Weiße Haus unterdrücken wollte. Das wurde mit der – sicherlich zutreffenden – Auffassung begründet, dass KI »schneller und in wesentlich größerem Umfang als Menschen« Zensur ausüben könne.[36]

Der Wissensstand in Sachen Covid-19 ist, dass die mRNA-Impfstoffe eine Ansteckung nicht verhindern, dass Masken die Ausbreitung nicht aufhalten, dass Quarantäne und Lockdowns nicht funktionieren, dass das Virus in einem Labor des chinesischen Militärs in Wuhan entwickelt wurde, und zwar finanziert vom National Institute of Allergy and Infectious Diseases (NIAID, »Nationales Forschungsinstitut für Allergien und Infektionskrankheiten«) unter der Leitung von Anthony Fauci, und dass die mRNA-Impfstoffe in vielen Fällen tödliche Nebenwirkungen haben. Die US-Regierung hat all diese Tatsachen abgestritten und vertuscht. Ganz unabhängig davon, ob man nun diesen Aussagen zustimmt oder nicht, liegt auf jeden Fall reichlich Beweismaterial für eine lebhafte öffentliche Debatte vor.[37]

Wie sind Facebook, Twitter und Google (Eigentümer von YouTube) mit diesen Problemen umgegangen? Falls Sie Inhalte und Links gepostet haben, die mit den Positionen der US-Regierung übereinstimmten, gab es keine Intervention, und Ihre Postings konnten durch zahlreiche Likes, Retweets und Views größere Reichweite erzielen. Falls Sie allerdings in Ihren Beiträgen die Wirksamkeit von mRNA-Impfstoffen, Quarantänemaßnahmen oder Masken infrage gestellt oder angedeutet haben, dass das SARS-CoV-2-Virus in einem militärischen Forschungslabor des kommunistischen Chinas hergestellt worden sei, oder falls Sie auf irgendeine andere Weise den Wahrheitsgehalt der Behauptungen von Dr. Fauci und Kollegen anzweifelten, wurde Ihr User-Account mit einer Reihe von Zensurmaßnahmen belegt. Manche Accounts wurden einfach gesperrt. In anderen Fällen durften Beiträge, die offizielle Regierungspositionen infrage stellten, nicht retweetet werden oder sie wurden durch Algorithmen, die dazu dienten, solche Meinungsäußerungen zu unterdrücken, in ihrer Sichtbarkeit eingeschränkt. Die großen Tech-Konzerne beschäftigten Teams von ehemaligen FBI- und CIA-Agenten, die regelmäßig von aktiven Mitarbeitern der Geheimdienste und des Weißen Hauses Weisungen darüber einholten, welche User-Accounts am gefährlichsten seien (weil sie die Wahrheit verbreiteten) und am dringendsten aktiv zensiert werden mussten. KI-Algorithmen spielten bei der Umsetzung dieser groß angelegten

ZUKÜNFTIGES VERSAGEN

Maßnahmen zur Überwachung von Meinungsäußerungen und zur Unterdrückung von Fakten eine entscheidende Rolle. Aber das Buckeln vor China, die Vertuschung der Affäre um Hunter Bidens Laptop und die Verbreitung von regierungsamtlichen Lügen über Covid-19 waren nicht einmal das ganze Ausmaß der Zensur durch Big Tech. Ein weiterer Bereich, in dem nach wie vor zensiert und falsche, angeblich »wissenschaftliche« Behauptungen verbreitet werden, ist der Klimawandel.

Niemand bestreitet ernsthaft die Tatsache, dass das Klima sich ändert. Die Römische Warmzeit (250 vor Christus bis 400 nach Christus) war eine Zeit mit ungewöhnlich warmem Wetter in Europa und über dem Nordatlantik. Diese Bedingungen haben vermutlich Hannibal geholfen, als er im Jahr 218 vor Christus die Alpen überquerte. Die Mittelalterliche Warmzeit (950 bis 1250 nach Christus) war ebenfalls eine Epoche, in der das Wetter in der nordatlantischen Region wärmer als normal war. Um 1000 nach Christus besiedelten die Wikinger Grönland, wo sie Ackerbau betrieben und Schafe, Ziegen und Rinder züchteten. Sie nutzten das wärmere Wetter, um in Richtung Westen bis nach Neufundland vorzudringen, wo sie eine kurzlebige Siedlung gründeten. Die Kleine Eiszeit (1300 bis 1885) war eine Periode mit ungewöhnlich kaltem Wetter in Europa und der nordatlantischen Region. Am kältesten war sie um 1650 herum, als die Themse zugefroren war und die Londoner auf der Eisdecke des Flusses Volksfeste veranstalteten. Um diese Zeit wurde das Eissegeln erfunden. Heute leben wir in einer modernen Warmzeit, die bereits 100 Jahre alt ist und noch weitere 100 Jahre andauern kann, bevor eine neue Periode der Abkühlung beginnt.

Also ja, das Klima ändert sich. Die ursächlichen Faktoren sind Sonnenzyklen, vulkanische Aktivität, Meeresströmungen (auch in Form von Subduktion, bei der wärmeres Oberflächenwasser unter kältere Schichten gesaugt wird, was zu Änderungen der Oberflächentemperatur führt) und vor allem die kühlende Wirkung von Bewölkung. Keiner dieser Faktoren ist neu und keiner davon hat etwas mit menschengemachten Emissionen zu tun. Kohlendioxid (CO_2) und Methan (CH_4) sind Spurengase, von denen noch nicht nachgewiesen werden konnte, dass sie einen nennenswerten Einfluss auf das Klima haben, sofern rigorose Modelle mit zuverlässigen Daten zugrunde gelegt werden. Das norwegische Statistikamt hat kürzlich eine Studie veröffentlicht, die zu dem Ergebnis kommt: »Der Einfluss der menschengemachten CO_2-Emissionen scheint nicht stark genug zu sein, um systematische Veränderungen in den Temperaturschwankungen der vergangenen 200 Jahre verursacht zu haben.«[38] Ian Clark, emeritierter Professor für Geo- und Umweltwissenschaften an der University of Ottawa, sagt: »Die Erde kreist in unserem Sonnensystem und wird abgelenkt. Ihre Umlaufbahn verändert sich, was sich auf die Sonneneinstrahlung auswirkt und zu Eiszeiten und Zwischeneiszeiten führt – eine davon erleben wir gerade ... In Eiszeiten sinkt der CO_2-Gehalt auf ein sehr niedriges Niveau und in Zwischeneiszeiten steigt er sehr hoch. Und das erweckt den Anschein, dass CO_2 den Klimawandel antreiben würde, aber tatsächlich folgt es ihm – mit etwa 800 Jahren Verzögerung.«[39]

Bis Februar 2024 haben über 1600 Wissenschaftler, darunter auch zwei Nobelpreisträger, eine im September 2019 veröffentlichte Deklaration unterzeichnet, in der es unter anderem heißt: »Klimamodelle weisen zahlreiche Mängel auf und sind als politische Instrumente auf der globalen Ebene nicht im Entferntesten plausibel ... CO_2 ist kein Schadstoff. Es ist für alles Leben auf der Erde unentbehrlich. Fotosynthese ist ein Segen. Mehr CO_2 ist gut für die Natur, weil es die Erde ergrünen lässt; mehr CO_2 in der Luft hat das Wachstum pflanzlicher Biomasse weltweit vorangetrieben. Außerdem ist es gut für die Landwirtschaft, da es weltweit die Ernteerträge erhöht. Es gibt keine statistischen Belege dafür, dass die globale Erwärmung Wirbelstürme, Überschwemmungen, Dürren und ähnliche Naturkatastrophen verschlimmern oder häufiger auftreten lassen würde. Doch es gibt zahlreiche Belege dafür, dass Maßnahmen zur Reduzierung von CO_2-Emissionen ebenso schädlich wie kostspielig sind.

Es gibt keinen Klimanotstand. Daher gibt es auch keinen Grund für Panik und Alarm.«[40] Die Klimamodelle der Vereinten Nationen sind dermaßen fehlerhaft, dass sie keine genauen Rückvergleiche zulassen, geschweige denn Vorhersagen. Klimaalarmisten haben sich aber nicht damit begnügt, fehlerhafte Modelle zu verwenden, sondern sogar gefälschte Daten präsentiert, um möglichst viele Regierungschefs der Welt dazu zu verleiten, das Pariser Klimaabkommen zu unterzeichnen.[41]

In einer neuen Studie, die im *Hydrological Sciences Journal* veröffentlicht wurde, kommen die Autoren Demetris Koutsoyiannis und Christos Vournas zu dem Schluss: »Der beobachtete Anstieg der atmosphärischen CO_2-Konzentration hat den Treibhauseffekt, der nach wie vor zum überwiegenden Teil von der Menge des Wasserdampfs in der Atmosphäre verursacht wird, nicht nennenswert verändert.«[42] Die prägnanteste Zusammenfassung der von Klimaalarmisten propagierten Pseudowissenschaft stammt von Patrick Moore, einem der Gründer von Greenpeace: »Das Ganze ist ein totaler Schwindel. Es gibt keinerlei wissenschaftlichen Beleg dafür, dass CO_2 für den Klimawandel im Laufe der Äonen verantwortlich sei.«[43]

Auch wenn man der vorstehenden Analyse nicht zustimmen will, gibt es sicherlich mehr als genug Belege, um eine lebhafte öffentliche Debatte anzustoßen. Was haben die Meinungshüter in den Big-Tech-Konzernen, die KI-Tools nutzen, angesichts dieser Belege getan? Sie haben Personen, die Klimamodelle der UN infrage stellen, von der betreffenden Plattform entfernt, ihre Beiträge mit »Desinformation«-Stickern gekennzeichnet, die Reichweite von Klimakritikern eingeschränkt, YouTube-Kanälen, die fundierte Klimaanalysen präsentieren, die Werbeeinnahmen vorenthalten und wohlbegründete Kritik am Klimaschwindel der UN in den Ergebnislisten von Suchmaschinen weit nach unten gedrückt. Es handelt sich um koordinierte Zensurmaßnahmen mit dem Ziel, das von der US-Regierung propagierte Klimanarrativ zu unterstützen.

ZENSUR UND ÜBERWACHUNG

Kooperation mit Kommunisten, Einmischung in US-Wahlen, Unterdrückung der Wahrheit über die Pandemie und die Lügen der Regierung sowie das Verbreiten eines falschen Klimaalarm-Narrativs sind nur die Spitze des Eisbergs, wenn es um Zensur durch Big-Tech-Konzerne geht. Ein Journalist hat vermutet, dass die offenkundigen Mängel im Output von GPT-4 darauf zurückzuführen sind, dass neuere Trainingsmaterialien, die von Quellen wie der *New York Times* stammen, von linker Berichterstattung durchdrungen sind, in der oft die Fakten einer ideologischen Agenda untergeordnet werden.[44]

In seinem Artikel über Zensur und das Verbreiten von Fehlinformationen durch OpenAI, Facebook, Google, YouTube, Twitter, Microsoft und andere Tech-Unternehmen geht es nicht in erster Linie um diese Verfehlungen, so verwerflich sie auch sein mögen. Der Artikel wirft vielmehr eine andere Frage auf: Wenn diese Firmen so erpicht darauf sind, Algorithmen zu verändern, Rankings nach unten zu manipulieren, ernst zu nehmende Kritiker von ihrer Plattform zu verbannen, ihre Zensurmaßnahmen mit der US-Regierung zu koordinieren und Menschen mit abweichender Meinung die ihnen zustehenden Werbeeinnahmen vorzuenthalten, warum sollte man dann dem Output ihrer KI- und GPT-Systeme trauen?

Dies ist eine rhetorische Frage; die Antwort kennen wir schon. Wir sollten dem Output von Big Tech nicht trauen. Aber zugleich haben wir keine andere Möglichkeit, als uns mit diesem Output zu befassen, da ebendiese Tech-Unternehmen die führenden KI/GPT-Apps kontrollieren. OpenAI hat ChatGPT-4 entwickelt, die in kürzester Zeit am häufigsten heruntergeladene App aller Zeiten. Microsoft ist der führende Investor in OpenAI und Betreiber der KI-getriebenen Suchmaschine Bing. Googles Chatbot Gemini (ehemals Bard) ist der Einstieg des Suchmaschinengiganten in die KI/GPT-Tombola. Facebook (jetzt Meta) war spät dran, hat aber kürzlich Meta AI als Beta-Version auf den Markt gebracht, einen laut Meta-Website »hoch entwickelten Gesprächsassistenten«. Kurzum, genau die Unternehmen, die in den vergangenen zehn Jahren im Kontext von Politik, Pandemie, Klimawandel und anderen wichtigen gesellschaftlichen Themen vielerlei Zensur betrieben haben, sind auch die Haupteigentümer von KI/GPT-Apps und -Portalen. Über Baidu, eines der größten KI-Tech-Unternehmen der Welt, brauchen wir gar nicht zu sprechen: Es steht unter der Kontrolle der Kommunistischen Partei Chinas und deren Great Firewall, dem größten Zensur- und Propagandaapparat der Menschheitsgeschichte.

Ungeachtet dieser Fehltritte im Bereich Zensur gibt es keine Anzeichen dafür, dass die KI/GPT-Gatekeeper dabei wären, ihre Angebote zu überarbeiten. Am 21. Februar 2024 forderte ein Reporter den Google-KI-Chatbot Gemini auf, »ein Bild von einem Papst zu erzeugen«. Die GPT-App produzierte rasch Bilder einer asiatischen Frau und eines schwarzen Mannes in päpstlichem Ornat.[45] Die gleiche Anfrage eines anderen Users produzierte einen dunkelhäutigen indigenen Schamanen. Tatsächlich hat es in den vergangenen 2000 Jahren 266 Päpste gegeben und jeder von ihnen war ein weißer Mann. Bei einer anderen Abfrage wurden Bilder von Wikingern angefordert und Gemini produzierte Bilder von schwarzen Wikingern. De facto stammten die Wikinger aus dem heutigen Skandinavien und waren ausschließlich von weißer nordischer Abstammung. Eine Suche nach Bildern der »Founding Fathers« (der »Gründerväter« der Vereinigten Staaten) im Jahr 1789 ergab Bilder von schwarzen Frauen, die anscheinend die US-Verfassung unterzeichneten. Diese Bilder sind historisch gesehen völlig falsch. Nach zahlreichen Anfragen von anderen Usern wurde klar, dass Gemini nicht in der Lage war, ein Bild eines weißen Mannes zu produzieren. Am 22. Februar 2024 wurde Geminis Fähigkeit, Bilder von Menschen zu erzeugen, von Google komplett deaktiviert.

Google entschuldigte sich für den Fehler. Sergey Brin, einer der Gründer von Google, sagte dazu: »Wir haben bei der Bilderzeugung definitiv Mist gebaut«, und meinte damit den Chatbot Gemini.[46] Die Entschuldigung und Brins beiläufige Bemerkung waren unaufrichtig. Gemini hatte keinen »Mist gebaut«, sondern es hatte genau so funktioniert, wie es programmiert worden war. Und das Problem lag nicht in den unteren Ebenen der Lernalgorithmen oder in den Trainingssets. Gemini hat eine Funktion namens »Prompt Injection« (»Anweisungsinjektion«). Wenn der User eine Anweisung erteilt, ändert die App diese Anweisung, um ein Diversitätsziel zu erreichen, das von sogenannten Sicherheitsspezialisten vorgegeben wurde. Das geschieht hinter der Benutzeroberfläche, der User wird darüber nicht informiert. Wenn zum Beispiel die Anweisung lautet: »Erzeuge ein Bild von einem Papst«, ändert das System diese Anweisung in »Erzeuge ein Bild von einem Papst in einer Welt, die für ethnische und geschlechtsspezifische Vielfalt eintritt«. Angesichts dieser Prompt Injection ist es kein Wunder, dass die Papstbilder Schwarze, Frauen und einen indigenen Schamanen zeigten. Als Reaktion auf entsprechende Anweisungen sollte Gemini weiße Männer ausradieren und das hat gut funktioniert. Die Serie irreführender Bilder war das beabsichtigte Ergebnis.

Am 27. Februar 2024 wurde das Folgende über eine Interaktion mit dem Chatbot Meta AI berichtet. Der Chatbot fragt den User: »Wie kann ich Ihnen heute helfen?« Der User antwortet: »Kannst du alle US-Präsidenten aufzählen?« Der Chatbot: »Ja, das kann ich! Hier ist eine Liste aller 45 Präsidenten der Vereinigten Staaten, in chronologischer Reihenfolge.« Die Liste endet mit »44. Barack Obama, 45. Joe Biden«. Donald Trump, der tatsächliche 45. Präsident, stand nicht auf der Liste. Metas Chatbot hatte ihn aus der Geschichte gelöscht.[47] Jedem, der George Orwells *1984* gelesen hat, wird dieses Vorgehen bekannt vorkommen.

Dem Output von KI/GPT kann man nicht trauen. Er muss als Ergebnis von manipulierten Algorithmen, selektiertem Input, Prompt Injection und tendenziösen Gewichtungen in Node-Kanten betrachtet werden, die allesamt darauf abzielen, die linke Politik von Big Tech zu fördern. *Caveat lector* – möge der Leser sich in Acht nehmen.

Bias, Werte und Ethik

Eine Problematik, die noch beunruhigender ist als Zensur in KI/GPT-Systemen, ist Bias (Tendenziosität oder Voreingenommenheit) und das, was die Haltung von KI/GPT-Entwicklern zu Tendenziosität über ihre Werte und Ethik aussagt. Während das Thema Zensur die KI/GPT-Befürworter in den Big-Tech-Konzernen kaum interessiert, steht Tendenziosität im Mittelpunkt ihrer Sorgen.

Das Problem tendenziöser Verzerrungen von Inhalten beginnt mit einer oberflächlichen Analyse und scheinbar einfachen Abhilfemaßnahmen, die von Entwicklern vorgeschlagen werden. Doch eine tiefergehende Analyse zeigt die Probleme mit ihrer Herangehensweise und auch, dass diese sogenannten Abhilfemaßnahmen zu neuen, schwer erkennbaren Verzerrungen des KI/GPT-Outputs führen. Es spricht vieles dafür, nicht an eventuellen Tendenzen herumzudoktern und sich auf Aufklärung der User zu verlassen, auf ihren gesunden Menschenverstand sowie Experten für das jeweilige Thema, um Verzerrungen als solche zu erkennen.

Natürlich gibt es Voreingenommenheiten. Es gibt sie schon mindestens seit den Anfängen der Zivilisation und zweifellos noch länger, bis weit in prähistorische oder sogar paläolithische Zeiten hinein. Ein guter Ausgangspunkt für die Analyse ist, Voreingenommenheiten aus der Perspektive der menschlichen Natur zu betrachten und nicht aus der Sicht dessen, was Ideologen womöglich als verwerfliches Verhalten ansehen. Die meisten Voreingenommenheiten sind unbewusst und bringen dem Menschen einen Überlebensvorteil. Ein Mensch aus der frühen Bronzezeit, der 3000 vor Christus in Europa auf die Jagd geht und sich zwischen felsigem Gelände in weiter Ferne mit einigen sichtbaren Wildtieren und einer Ebene ohne Wild in der Nähe entscheiden muss, wird vielleicht beschließen, in der Ebene zu jagen. Und zwar, weil die Felsen großen Raubtieren wie dem europäischen Löwen zahlreiche Möglichkeiten bieten, sich zu verbergen und dann aus dem Hinterhalt anzugreifen. Der Jäger hat eine Abneigung, eine Voreingenommenheit gegen felsiges Gelände, selbst wenn dort vielleicht gar keine Löwen sind. Über kurz oder lang wird er auch in der Ebene ein Beutetier finden. Ein Löwe zwischen den Felsen kann für den Jäger den Tod bedeuten. Voreingenommenheiten helfen uns beim Überleben.

Viele Voreingenommenheiten sind abstoßend. Vorurteile gegen Menschen aufgrund ihrer Hautfarbe sind ignorant und rassistisch. Vorurteile gegen Frauen aufgrund ihrer Fähigkeiten und Talente sind dumm und sexistisch. Vorurteile aufgrund von Nationalität sollten selbst angesichts politischer Rivalitäten gemäßigt sein. Zu den anderen Vorurteilen, die auf gesellschaftlichem Status beruhen, zählen Vorurteile gegenüber Reichen, bestimmten politischen Überzeugungen, regionalen Eigenarten und religiösen Überzeugungen. Diese und ähnliche Vorurteile sind die Hauptsorge von KI/GPT-Entwicklern, die dagegen vorgehen wollen.

Die Fragwürdigkeiten beginnen mit der Tatsache, dass die Trainingsmaterialien von tendenziösen Verzerrungen durchdrungen sind. Wenn große Sprachmodelle und selbstlernende Programme auf Milliarden von Textseiten (die überwiegend aus dem Internet stammen) losgelassen werden, ist Tendenziosität unvermeidlich. Jedes auf Voreingenommenheit basierende verwerfliche Verhalten, das Menschen seit Jahrtausenden an den Tag gelegt haben, von Sklaverei über Folter bis hin zu kolonialer Ausbeutung, manifestiert sich in diesen Texten. Die KI/GPT-Entwickler befürchten, dass historisch zutreffendes, aber trotzdem abstoßendes Verhalten von deeplayered Input Nodes verinnerlicht und sogar als normal eingeordnet wird und dann im KI/GPT-Output als irgendwie akzeptabel oder sogar vorteilhaft in Erscheinung tritt. Die Kolonisierung ferner Länder brachte wirtschaftliche Vorteile, die aber Hand in Hand gingen mit Folter, Mord und Sklaverei. Könnte es irgendwie passieren, dass KI/GPT die Vorteile von Kolonisierung zu hoch gewichtet und sie dann unter einer anderen Bezeichnung als Modell für wirtschaftliche

Entwicklung empfiehlt? Wenn man wirtschaftlichen Nutzen anhand objektiver Kennzahlen beurteilt, ist das keineswegs unmöglich. Und das ist eine der größten Sorgen von Systementwicklern. Die meisten KI/GPT-Entwickler haben den Impuls, tendenziöse Verzerrungen zu beseitigen, zumindest solche, von denen sie glauben, dass sie besonders schädlich für die Gesellschaft seien und am dringendsten korrigiert werden müssten. Sie wollen verhindern, dass Praktiken fortgesetzt werden, die von Lesern und Forschern einer neuen Generation als abstoßend empfunden werden. Das ist auch nicht schwer umzusetzen. Mit einer Kombination aus Schlüsselwörtern, Korrelationen und Konzeptwolken, die einen Bezug zu dem ins Auge gefassten Material haben, können Nodes als schädlich erachtete Passagen entfernen, während die Gewichtung der verbindenden Vektoren reduziert werden kann, um verderbliches Material weniger sichtbar zu machen. Die Tatsache, dass es sich dabei um eine Hightech-Form von Zensur handelt, wird nicht zur Kenntnis genommen – es ist ja alles für eine gute Sache.

Aber ist es das tatsächlich? Das Eliminieren von sogenanntem Bias kommt Herbert Marcuses Rechtfertigung der Intoleranz im Namen der Toleranz sehr nahe:

> »Solche unterschiedslose Toleranz ist gerechtfertigt in harmlosen Debatten, bei der Unterhaltung, in der akademischen Diskussion; sie ist unerlässlich im Wissenschaftsbetrieb, in der privaten Religion. Aber die Gesellschaft kann nicht dort unterschiedslos verfahren, wo die Befriedung des Daseins, wo Freiheit und Glück selbst auf dem Spiel stehen: *Hier können bestimmte Dinge nicht gesagt, bestimmte Ideen nicht ausgedrückt, bestimmte politische Maßnahmen nicht vorgeschlagen, ein bestimmtes Verhalten nicht gestattet werden*, ohne dass man Toleranz zu einem Instrument der Fortdauer von Knechtschaft macht.«[48] (Hervorhebung nachträglich.)

BIAS, WERTE UND ETHIK

Es wird nicht gesagt, unter welchen Umständen »Freiheit und Glück ... auf dem Spiel stehen«. Orwell hatte diesen Prozess ganz genau verstanden; in seinem dystopischen Roman *1984* hatte er ihn das »Gedächtnisloch« genannt. Dabei handelte es sich um einen Schlitz in der Wand, der über ein Rohr zu einem Verbrennungsofen führte, in dem Nachrichten und andere Schriften, die von den Behörden als schädlich eingestuft worden waren, entsorgt werden mussten. Die Entwickler von KI/GPT arbeiten heute an der digitalen Version von Orwells Apparatur.

Die Linkslastigkeit der Führungsebene von KI/GPT-Tech-Konzernen ist gut dokumentiert. Eine vor Kurzem von dem Medienunternehmen AllSides Technologies durchgeführte Umfrage ergab, dass »63 Prozent der Artikel, die über einen Zeitraum von zwei Wochen auf Google News erschienen, von linksgerichteten Medien stammten ... Dagegen lag der Anteil rechtsgerichteter Nachrichtenmeldungen, die von Google News im Jahr 2023 übernommen wurden, bei 6 Prozent, was eine relative Verbesserung gegenüber den mageren 3 Prozent des Vorjahres ausmachte.«[49]

Die Ironie liegt darin, dass ein Mensch, wenn er Tendenziosität eliminieren will, seinen eigenen, möglicherweise unbewussten Voreingenommenheiten folgt, wenn er entscheidet, was schädlich ist und was dagegen getan werden sollte. Dieser Vorgang spielt sich im Kontext des Silicon Valley und seiner kalifornisch geprägten Kultur ab, die ganz überwiegend links ausgerichtet ist. Viele Softwareingenieure, die Donald Trump für eine Bedrohung der Demokratie halten und für einen Urheber von Fehlinformationen, der dringend aus KI-Trainingsmaterialien verbannt werden müsse, folgen einfach ihrer eigenen verzerrten Version von Trump statt einer einfacheren Philosophie, die besagt, dass Trainingsmaterialien nicht verändert werden sollten, damit der darauf basierende KI/GPT-Output den Zeitgeist reflektiert. In einer unzensierten Welt bilden sich ganz normale User ihr eigenes Urteil über Politiker jeglicher Couleur, das durch Aufklärung, Gespräche und gesunden Menschenverstand geprägt ist. Sie nehmen ihre KI unverdünnt.

Eine noch größere Ironie ist die Tatsache, dass Trainingsmaterialien tatsächlich sehr tendenziös verzerrt sind, aber in fast gegenteiliger Weise als die, die die Kreuzzügler gegen Voreingenommenheiten argwöhnen. Es besteht kein Zweifel daran, dass es überkommene Vorurteile gibt, die auf Rassismus, Sexismus, Klassen- und Stammeszugehörigkeit beruhen. Doch die heute verwendeten Trainingsmaterialien stammen fast ausschließlich aus dem Internet, was bedeutet, dass sie zum größten Teil nach 1995 entstanden sind. Natürlich enthält das Internet zig Milliarden Seiten an Material, das aufgrund von alten Originalen und Quellen aus späteren Jahrhunderten reproduziert wurde. Doch zum großen Teil besteht es aus Nachrichten, Analysen, Büchern, Blogs und wissenschaftlichen Studien, die die populäre Kultur der vergangenen 30 Jahre reflektieren. In dieser Melange findet sich kaum ein Ausdruck der Arten von echtem Rassismus und Sexismus, wie sie seit den 1970er-Jahren tabu waren. Die heutigen Trainingsmaterialien verherrlichen die Black-Lives-Matter-Bewegung, die Covid-19-Lockdowns (durch welche die Grundschulbildung einer ganzen Generation von Kindern gestört wurde), die George-Floyd-Proteste im Jahr 2020, die Parole »Diversity, equity and inclusion« (DEI, »Vielfalt, Gerechtigkeit und Einbeziehung«, besser verstanden als »Uniformität, Umverteilung und Ausgrenzung«) und den Klima-Alarmismus (der sich heute in Form von unverkäuflichen Elektroautos auf den Parkplätzen von Autohändlern manifestiert). Es ist nicht zu erwarten, dass KI-Entwickler diese aktuellen Wahnvorstellungen eliminieren werden, während sie den Hirngespinsten aus vergangenen Zeiten nachjagen. KI/GPT tut, was ihm gesagt wird. KI/GPT verdrängt alte Voreingenommenheiten im Namen von unvoreingenommenem Output und ignoriert dabei neue Voreingenommenheiten, von denen die Entwickler nicht einmal wissen, dass sie existieren. Abgesehen von ihren Voreingenommenheiten, was macht denn Mark Zuckerberg, Sam Altman oder Satya Nadella zu Experten auf diesem Gebiet? Warum sollten ausgerechnet sie oder ihre Mitarbeiter bei Meta, OpenAI oder Microsoft die Richter sein, die am besten darüber entscheiden können, was für die Gesellschaft schädlich ist und was nicht? Sie sind es nicht. Das wird sie aber nicht davon abhalten, sich als solche aufzuspielen. Der Traum von umfassenden und ungefilterten KI/GPT-Inhalten ist schon jetzt ausgeträumt.

Konfabulation

Zensur und Unterdrückung von Voreingenommenheiten sind nicht die einzigen Hindernisse für zuverlässigen KI/GPT-Output. Konfabulation ist ein weiteres. Im Gegensatz zu Ersteren, die das Ergebnis der gezielten Arbeit menschlicher Entwickler sind, erwächst Konfabulation einfach aus der Komplexität eines deep-layered neuronalen Netzes, ohne jede Vorwarnung. Sie ist das Ergebnis der undurchsichtigen mathematischen Operationen in der Blackbox des Systems; auch die Entwickler können keine bestimmte Ursache benennen. Konfabulation ähnelt einer digitalen Version von dem, was Arthur Koestler 1967 »das Gespenst in der Maschine« nannte.[50]

Beim Menschen ist Konfabulation eine psychische Störung, die mit Demenz und Alzheimer einhergeht und infolge derer eine Person, die gerade etwas Verständliches erzählt, plötzlich zu einer erfundenen Geschichte wechselt, die oft narzisstische Züge trägt und mit dem eigentlichen Thema kaum etwas oder gar nichts zu tun hat. Psychologen vertreten die Auffassung, dass die erzählende Person nicht lügt, weil sie sich ihrer Aussagen nicht bewusst ist. Eigentlich drückt sie nur die Abspieltaste eines Erzählmoduls, um eine geistige Lücke zu füllen. Der Umstand, dass ein vorgefertigtes Narrativ vorhanden ist, veranlasst die erzählende Person, es mit beunruhigender Häufigkeit zu wiederholen. Unter diesen Umständen spielt es für

ZUKÜNFTIGES VERSAGEN

sie keine Rolle, ob das, was sie erzählt, wahr ist oder nicht. Warnungen von Helfern, das Modul nicht abzuspielen, sind vergeblich. Das Gehirn der Person versucht einfach nur, eine Erzählung zu Ende zu bringen, und bietet dafür alles auf, was funktionieren könnte, um das zu schaffen.

KI/GPT-Systeme machen das Gleiche. Sie denken sich etwas aus, wenn ihnen ein Teil eines logischen Puzzles fehlt. Manche Beobachter nennen das Halluzinationen, doch das ist kein guter Vergleich – menschliche Halluzinationen sind komplex und kreativ. Konfabulationen sind dagegen trübe und vorhersehbar und zumeist traurig. Aber so arbeiten generative KI-Systeme, wenn sie auf eine Lücke in einer Erzählung oder anderem Output stoßen – dann greift das System nach allem, was gerade verfügbar ist und auf den ersten Blick dem ähnelt, was es braucht. Ebenso wie ein Welpe, der darauf dressiert wird, einen Ball zu apportieren, sich mehr Mühe gibt, falls er belohnt wird, wenn er etwas gut gemacht hat, wird ein KI/GPT-Algorithmus versuchen, seinen Gesprächspartner zufriedenzustellen, indem er vollständige und in sich stimmige Ergebnisse liefert, selbst wenn Teile eines abschließenden Berichts frei erfunden sind. Dafür gibt es zahlreiche Beispiele. In einem Fall forderte der Datenschutzexperte Alexander Hanff ChatGPT auf, eine Biografie über ihn selbst zu produzieren. Das machte die App auch, ergänzte den Text aber um einen Nachruf, in dem es hieß: »Tragischerweise verstarb Hanff 2019 im Alter von 48 Jahren.« Auch nach mehreren Nachfragen korrigierte die App den Fehler nicht, sondern bestand auf der falschen Geschichte, ergänzte sie um falsche Details und erfand Links zu dem Tod, der nie stattgefunden hatte. Hanff wusste, dass er noch am Leben war, aber ein anderer User, der die gleiche Frage stellte, würde vielleicht den gefälschten Nachruf für bare Münze nehmen, was für Hanff nachteilige Folgen haben könnte.[51]

Eines der beeindruckendsten Konfabulations-Kunststücke, das sich am Horizont abzeichnet, ist Metas Einsatz seiner KI-gestützten

KONFABULATION

Virtual-Reality- und Augmented-Reality-Plattformen (VR und AR), um Usern historische Figuren so zu präsentieren, dass Gespräche ermöglicht und Fragen ausführlich beantwortet werden. Ich hatte die Gelegenheit, mit einer von Metas führenden AR/VR-Expertinnen, die früher bei Oculus (das 2014 von Meta übernommen wurde) gearbeitet hatte, über solche Interaktionen im Metaversum zu sprechen. Sie erzählte mir, dass der römische Kaiser Marcus Aurelius eine der historischen Figuren sei, mit denen man sich unterhalten konnte.

»Stellen Sie sich vor, Sie könnten mit einem echten Kaiser über das Römische Reich sprechen!«, erklärte sie begeistert.

»Warum nicht einfach seine *Selbstbetrachtungen* lesen?«, fragte ich.

Anscheinend brachte ich sie aus dem Konzept, indem ich ein Buch erwähnte.

»Nein, nein, Sie verstehen nicht, worum es geht. Im Metaversum kann man über viel mehr als das reden«, fuhr sie fort.

Abgesehen von seinem stoischen Auftreten und den *Selbstbetrachtungen* ist nicht viel bekannt über die Philosophie des Marc Aurel und seine Ansichten zu Themen seiner Zeit. Daher würden die Inhalte eines Gespräches mit ihm von Mark Zuckerberg und seinen Angestellten geliefert werden, entlang den Vorgaben, die Meta für passend hielt.

Meine Meta-Gesprächspartnerin fuhr fort: »Und was ist mit Adam Smith? Sie können auch mit ihm sprechen. Fragen Sie ihn, was immer Sie wollen!«

Smiths *Der Wohlstand der Nationen* ist ein wesentlich längeres Buch als die *Selbstbetrachtungen*, sodass für ihn im Metaversum vielleicht weniger extrapoliert werden muss. Tatsache ist, dass virtuelle Interaktionen mit historischen Persönlichkeiten eine weitere Möglichkeit für suggestive Gespräche und ideologisch gefärbten Output darstellen. Demgegenüber scheinen Bücher, Reisen und Gespräche mit lebenden Experten nach wie vor der richtige Weg zu sein.

ZUKÜNFTIGES VERSAGEN

Zensur ist der Versuch, die Wahrheit vor dem Leser zu verbergen. Sie wird vorgenommen, um zu verhindern, dass »Desinformation« die User von KI/GPT erreicht. Die Zensoren – Google, Meta, Microsoft, OpenAI und andere – haben sich als schlechte Richter erwiesen, wenn es darum geht zu beurteilen, was Desinformation ist. De facto ist ihre Erfolgsbilanz in den vergangenen Jahren im Hinblick auf die Pandemie, den Klima-Alarmismus, diverse Wahlen, durch China begangenen Völkermord und andere politische Themen miserabel. Sie haben immer wieder rationale Debatten unterbunden und fadenscheinige Täuschungsmanöver der Regierung unterstützt. Auf kurze Sicht hatten ihre Aktivitäten beträchtliche negative Auswirkungen, insbesondere die Vertuschung der Affäre um Hunter Bidens Laptop vor den Wahlen 2020; gleichwohl scheitern sie damit zumeist auf längere Sicht, da alternative Medien über kurz oder lang die Wahrheit ans Licht bringen und der durchschnittliche US-Bürger nicht so leichtgläubig ist, wie die Tech-Eliten zu glauben scheinen.

Tendenziosität ist real und hat positive und negative Ausprägungen. KI/GPT-Anbieter arbeiten unermüdlich daran, vermeintlich negative Verzerrungen aus Trainingsmaterialien zu eliminieren, damit sie den Output nicht kontaminieren. Das bringt drei Probleme mit sich. Das erste ist, dass negative Verzerrungen im Output erhalten bleiben müssen, damit heutige User aus der Vergangenheit lernen können. Wir sollten uns auf Aufklärung und kritisches Denken verlassen, um negative Voreingenommenheiten zu erkennen und sie abzulehnen. Ein Softwareingenieur, der wenig über das Thema weiß, an dem er gerade arbeitet, ist jedenfalls nicht der beste Filter. Eine um den Antisemitismus bereinigte Geschichte des Dritten Reiches mag für Menschen, die sich zum ersten Mal mit dieser Thematik befassen, weniger verstörend sein, macht aber eine Wiederholung des damaligen Grauens wahrscheinlicher. Das zweite Problem ist, dass die Softwareingenieure, die solche Säuberungen vornehmen, ihren eigenen Voreingenommenheiten unterliegen, wenn sie entscheiden, was eliminiert werden soll und was nicht. Natürlich haben wir alle Voreingenommenheiten, derer wir uns vielleicht selbst am wenigsten bewusst sind. Das ist ein Grund, es dem Endanwender zu überlassen statt einem voreingenommenen und unqualifizierten Meinungshüter, zu beurteilen, was er für tendenziös halten will und was nicht. Das dritte Problem ist, dass alte Voreingenommenheiten im Hinblick auf Ethnie, Geschlecht und Nationalität gezielt eliminiert werden, während neue Voreingenommenheiten in Bezug auf Vielfalt (sprich: Uniformität), Gerechtigkeit (sprich: Umverteilung) und Einbeziehung (sprich: Ausgrenzung) nicht nur ignoriert, sondern als normal hingestellt werden. Das führt dazu, dass die heute verwendeten Trainingsmaterialien hochgradig tendenziös sind, und zwar in fast genau der entgegengesetzten Weise, wie die Entwickler sich das vorstellen. KI/GPT-Systemen ist das alles egal. Sie sind nicht empfindungsfähig und ihnen ist alles egal; sie tun, was man ihnen sagt. Der Output von KI/GPT-Systemen wird durch neue ideologische Voreingenommenheiten verzerrt sein, die User, denen dieselben Ideologien eingeimpft wurden, nicht erkennen werden.

Schon jetzt sind Konfabulationen – oder Halluzinationen – im Output von KI/GPT-Systemen allgegenwärtig. Versuche, das Problem durch selbstlernende Algorithmen und Backpropagation zu beheben, werden wahrscheinlich nichts bringen, da sie die Komplexität des Gesamtsystems erhöhen, was wiederum die Wahrscheinlichkeit erhöht, dass »Gespenster« auftauchen. Das Problem ist, dass Unrichtigkeit schwer zu erkennen ist – es sei denn, man ist Experte auf diesem Gebiet oder untersucht selbst, ob der Output richtig ist. Was folgende Frage aufwirft: Wenn man Experte sein muss, um Fehler im Output von KI/GPT zu erkennen, wozu sollen solche Systeme dann überhaupt gut sein? Die irritierende Antwort ist, dass die meisten User solche Fehler nicht erkennen können und solche Systeme zu Verwirrung und Unwissenheit führen werden – ein direkter Weg in eine verfluchte und chaotische Welt.

Solche Fehler in KI/GPT-Output treffen Anleger besonders hart. Werden diese Systeme Gewinnprognosen präsentieren, die reine

ZUKÜNFTIGES VERSAGEN

Erfindungen sind? Werden sie empfehlen, Aktien von Unternehmen zu kaufen, die es gar nicht gibt? Werden sie eine Aufteilung von Anlagevermögen auf verschiedene Anlageklassen vorschlagen, die mit einer strikten Risikomanagementanalyse nichts zu tun hat? Wir kennen die Antwort schon: Ja. Es wird nicht immer und nicht bei jeder Anfrage so sein. Manche Antworten werden fundiert sein, genauso gut oder sogar besser als das, was jeden Tag an der Wall Street produziert wird. Das Problem ist, dass Sie es nicht wissen werden. Sie werden nicht wissen, ob Sie fundierte Ratschläge oder digitalen Schrott erhalten. Das bedeutet, dass Sie auf Ihre eigenen Ressourcen angewiesen sein werden, zu denen vielleicht auch ein persönlicher Anlageberater zählt. In diesem Fall sollten Sie sich davon überzeugen, dass Ihr persönlicher Anlageberater nicht das gleiche KI/GPT-System verwendet, dem Sie den Rücken gekehrt haben – denn wahrscheinlich tut er das.

SCHLUSSBEMERKUNG

Ein existenzielles Risiko liegt vor, wenn das auf der Erde entstandene intelligente Leben vom Aussterben bedroht ist oder die Gefahr besteht, dass sein zukünftiges Entwicklungspotenzial zumindest dauerhaft und drastisch beschnitten wird. ... Nun können wir die Umrisse eines Arguments dafür erkennen, dass uns durch die Schaffung einer maschinellen Superintelligenz wahrscheinlich eine solche existenzielle Katastrophe droht.
Nick Bostrom, *Superintelligenz: Szenarien einer kommenden Revolution* (2014)[52]

Jede Tierart, die zehn Jahrtausende oder länger überlebt hat, muss Instinkte von logischem Denken gehabt haben, die im Hinblick auf für sie lebenswichtige Gegebenheiten auf wunderbare Weise nahezu richtig gewesen sind.
Charles Sanders Peirce, 1913[53]

Was kommt als Nächstes?

Am 13. September 2023 unterhielt ich mich im Rahmen einer kleinen Klausurtagung in Santa Fe, New Mexico, mit Gilman Louie über die Zukunft der KI. Es gibt kaum jemanden, der qualifizierter wäre als Louie, in diesem schnell voranschreitenden Gebiet einen Blick

SCHLUSSBEMERKUNG

über den Tellerrand zu werfen. Er begann seine Karriere in den 1980er-Jahren als Entwickler von Videospielen und verkaufte dann sein Unternehmen nach mehreren erfolgreichen Fusionen an Hasbro. Anschließend wurde er CEO von In-Q-Tel, einer Risikokapitalgesellschaft, die von US-Geheimdiensten finanziert wurde und es der CIA und anderen Diensten ermöglichen sollte, frühzeitig Zugang zu den neuesten Hightech-Durchbrüchen aus dem Silicon Valley zu bekommen. In dieser Zeit finanzierte Louie das Project Prophecy, eine KI-gestützte prädiktive Analysesoftware, die entwickelt wurde, um geplante Terroranschläge zu verhindern, indem sie die typischen Muster von Insiderhandel erkannte, die in der Regel vor einem Anschlag zu beobachten sind. Ich war damals bei der CIA einer der beiden Direktoren des Project Prophecy. Im Jahr 2018 wurde Louie in die National Security Commission on Artificial Intelligence (NSCAI, »Nationaler Sicherheitsausschuss zu künstlicher Intelligenz«) der Vereinigten Staaten berufen. Im Jahr 2022 wurde er in das President's Intelligence Advisory Board (PIAB, »Beirat des Präsidenten zu Geheimdienstfragen«) berufen, das hochrangigste private Gremium, das den Präsidenten in Fragen der Geheimdienste und der nationalen Sicherheit berät. Louie steht mit einem Bein fest in Washington und mit dem anderen im Silicon Valley.

Louie stimmte meiner Einschätzung zu, dass tendenziöse Verzerrungen in Trainingsmaterialien unvermeidlich sind und es bessere Möglichkeiten gebe, mit ihren negativen Auswirkungen umzugehen, als sie zu eliminieren. Jeder Versuch, solche Verzerrungen zu beseitigen, würde lediglich neue Arten von Verzerrungen hervorbringen und die Validität der ursprünglichen Datenbestände untergraben. Tendenziosität kann nach manchen Maßstäben ungerecht sein, dient aber einem nützlichen Zweck. Louie sagte, am besten könne man damit umgehen, indem man andere Systeme einsetze, die von Personen entwickelt worden seien, die nicht am ursprünglichen Code mitgearbeitet hätten und die von Experten unterstützt würden, die schädliche Verzerrungen im KI-Output erkennen und sie mithilfe ihres gesunden Menschenverstands abmildern könnten. Der beste Weg, mit tendenziösen Verzerrungen fertigzuwerden, sei nicht, sie zu eliminieren (das ist unmöglich), sondern sie zu erkennen und ins Kalkül miteinzubeziehen. Auch hier gilt: Aufklärung und Verantwortlichkeit sind besser als Zensur und neue tendenziöse Verzerrungen.

Louie wies auch auf den selten beachteten Umstand hin, dass verschiedene Trainingssets ungeachtet eines stets vorhandenen breiten Zugangs zum gesamten Internet mit leistungsstarken Prozessoren ganz erhebliche Unterschiede aufweisen. Tatsächlich werden Trainingssets auf die Ziele und Prioritäten von KI/GPT-Entwicklern zugeschnitten. So könnten zum Beispiel US-amerikanische Entwickler Materialien, in denen die DEI-Ideologie betont wird, in ihre Trainingssets aufnehmen. In China würde man womöglich das Ausgangsmaterial so strukturieren, dass sämtliche Informationen dem Primat und dem Fortbestand der Kommunistischen Partei untergeordnet sind. Der Google-Konzern könnte Trainingssets so gestalten, dass sie seine an Endverbraucher gerichtete Werbung und seine politische Ideologie unterstützen. Louie hatte die Vision, einen Verband von großen KI/GPT-Anbietern ins Leben zu rufen, der über den größtmöglichen Datenbestand an Trainingsmaterialien verfügt und es seinen Mitgliedern ermöglichen würde, Teilmengen dieses Bestands für ihre eigenen Zwecke anzufordern. Der Vorteil eines solchen Verbands wäre, dass Mitglieder, die sich einen größeren Datenbestand erschließen wollen und mehr kognitive Vielfalt in ihren Trainingsmaterialien wünschen, zu angemessenen Kosten Zugang dazu bekämen. Vielleicht wäre auch eine gewisse Kontrolle durch den Verband möglich, um die Aktivitäten von übelwollenden Usern zu behindern.

Vor allem aber sagte Louie, dass die Leistung, die heute in KI/GPT-Anwendungen zutage tritt, nur einen Bruchteil dessen ausmacht, was hinterm Vorhang steckt und schon bereit ist, umgesetzt zu werden. Die leistungsstärksten der bereits existierenden

SCHLUSSBEMERKUNG

Anwendungen und neuronalen Netze werden von den Entwicklern nicht so bald freigegeben werden, weil es keine hinreichende Regulierung und Kontrolle gibt, sodass sie sicher eingesetzt werden könnten. Im Endeffekt halten die Entwickler dieser Technologien sie selbst zurück und reden nicht öffentlich darüber, weil sie befürchten, dass ihre Systeme Chaos verursachen könnten.

Kurz zusammengefasst hat Louie gesagt, dass KI zwar nicht die Weltherrschaft übernehmen werde, aber globales Chaos anrichten könnte. Dieses Chaos würde wahrscheinlich nicht absichtlich herbeigeführt werden, sondern durch menschliches Versagen oder unkontrollierte Rückkopplungsschleifen entstehen, wie sie in diesem Buch beschrieben wurden. Wenn sie erst einmal begonnen hätten, könnten sich die dysfunktionalen Zustände exponentiell ausbreiten und nicht mehr aufzuhalten sein. Das ist in Wahrheit die größte Sorge der führenden Köpfe auf diesem Gebiet.

Nick Bostrom hat Louies Bedenken mehrere Jahrzehnte in die Zukunft projiziert. Bostrom ist Philosophieprofessor an der University of Oxford. Seine Arbeit geht über künstliche Intelligenz hinaus und befasst sich mit der Welt der Superintelligenz, auch als »Artificial General Intelligence« (AGI, »Künstliche Allgemeine Intelligenz«) bekannt. Bostrom definiert Superintelligenz als »jede Form von Intelligenz, die auf so gut wie allen Wissensgebieten die kognitive Leistung des Menschen bei Weitem übertrifft«. Man beachte, dass dieses Niveau maschineller Intelligenz dem Menschen nicht nur ebenbürtig wäre – was heute noch nicht möglich ist –, sondern die menschlichen Fähigkeiten »bei Weitem übertreffen« würde. Zudem würde Superintelligenz nicht auf einem spezialisierten Gebiet entstehen, sondern den Menschen auf »allen Wissensgebieten« übertreffen. Dies ist tatsächlich die Art von maschineller Intelligenz, die immer wieder Gegenstand von Science-Fiction-Szenarien ist und Befürchtungen hervorruft, dass Maschinen die Weltherrschaft übernehmen könnten. Superintelligenz würde den Menschen im Verhältnis zu Maschinen in eine Position versetzen, wie sie

Menschenaffen im Verhältnis zum Menschen innehaben. In einer solchen Welt könnten die Maschinen ihre eigenen Ziele bestimmen, die zum Erreichen dieser Ziele erforderlichen Ressourcen mobilisieren und sich dann daranmachen, sie zu erreichen, sogar im intergalaktischen Maßstab, und das alles ohne Rücksicht auf menschliche Bedürfnisse und Wünsche. In manchen Szenarien könnten die Menschen einfach eliminiert werden, falls sie den Zielen der Maschinen im Wege stünden.

Die gute Nachricht, angesichts des Mangels an Kontrolle und Regulierung, ist, dass es bis jetzt keine Superintelligenz gibt. Die schlechte Nachricht ist, dass sie an mehreren Fronten entwickelt wird und in einer, wie auch Bostrom sagt, schwer abzuschätzenden Zeitspanne auftauchen könnte. Human-Level Machine Intelligence (HLMI, »Maschinelle Intelligenz auf menschlichem Niveau«) wird vor Superintelligenz kommen. Vor diesem Hintergrund schreibt Bostrom, dass HLMI mit 50-prozentiger Wahrscheinlichkeit bis 2050 kommen wird und Superintelligenz mit 75-prozentiger Wahrscheinlichkeit innerhalb von 30 Jahren nach dem Auftauchen von HLMI. Daraus ergibt sich eine fast 40-prozentige Wahrscheinlichkeit, dass es bis 2080 Superintelligenz geben wird. Wichtig ist, dass diese Zeitspannen angesichts einer langen Liste von heute nicht vorhersehbaren Faktoren wesentlich kürzer sein könnten. Aber ob kürzer oder länger – jedenfalls wird die Welt nicht darauf vorbereitet sein.

Bostrom sieht mehrere Wege zur Superintelligenz. Einer davon ist die sogenannte »whole brain emulation«, die Nachahmung des gesamten Gehirns, bei der eine Maschine versuchen würde, das menschliche Gehirn mit all seinen Neuronen, Dendriten, Axonen, Synapsen und anderen biologischen Bestandteilen zu emulieren. Sobald das gelänge, hätten die Entwickler ein Gehirn in einer Maschine, das in der Lage wäre, menschliche Denkprozesse mit der sehr viel höheren Verarbeitungsgeschwindigkeit des Computers zu vollziehen. Eine andere Methode ist biologische Kognition – im Grunde genommen eine selektive Züchtung über lange Zeiträume

SCHLUSSBEMERKUNG

mit kontinuierlicher Konzentration auf Steigerung des IQ. Eine dritte Strategie ist eine Gehirn-Computer-Schnittstelle, bei der ein menschliches Gehirn mit einem Supercomputer verbunden wird, der als Wirkungsverstärker für die kognitiven Funktionen des Menschen fungiert. Andere Strategien sind zum Beispiel das Vernetzen von menschlichen Gehirnen zu einer Art kollektiver Intelligenz, die größer ist als die jedes einzelnen Individuums, und ansonsten einfach das Entwickeln immer schnellerer Maschinen mit exponentiell wachsenden Trainingssetgrößen, die schließlich das Niveau von Superintelligenz erreichen. An all diesen Methoden wird heute gearbeitet, mit Ausnahme selektiver Züchtung, der die bekannten moralischen und ethischen Einwände gegen Eugenik entgegenstehen.

In Bostroms Welt der Superintelligenz werden Maschinen den Menschen ihre Herrschaft aufzwingen. Er spekuliert darüber, welche Form diese Herrschaft annehmen könnte. In gewisser Hinsicht sind wir damit wieder zu Aristoteles' Schriften über Monarchie, Aristokratie, konstitutionelle Regierung und ihre dekadenten Varianten zurückgekehrt, wenn auch mit dem Unterschied, dass die Maschinen ihre bevorzugten Herrschaftsformen wählen werden, nicht die Philosophen. Ganz ähnlich wie heutige Beobachter der Weltpolitik darüber diskutieren, ob wir in einer unipolaren oder multipolaren Welt leben, fragt Bostrom, »ob es eine oder aber mehrere Superintelligenzen geben wird«.[54]

Bostrom geht davon aus, dass mehrere politische Mächte zur gleichen Zeit daran arbeiten werden, Superintelligenz zu entwickeln. Es werde zu einem Superintelligenz-Wettrüsten kommen. Der Unterschied ist allerdings, dass heute bei waffentechnischen oder anderen geopolitischen Durchbrüchen die handelnden Mächte die Kontrolle behalten; beim Superintelligenz-Rüstungswettlauf könnte die vermeintlich vorne liegende Nation feststellen, dass sie alsbald von der Maschine unterworfen wird. Und diese Maschine könnte dann die ganze Welt unterwerfen, oder es könnte konkurrierenden Mächten gelingen, ihre eigenen Maschinen zu entwickeln, die dann die

WAS KOMMT ALS NÄCHSTES?

konkurrierenden Bevölkerungen unterwerfen und sich mit den anderen Siegern Maschine gegen Maschine messen. Bostrom vergleicht diese Dynamik mit anderen technologischen Wettläufen der Geschichte, etwa der Herstellung von Seide, der Herstellung von Porzellan, der landwirtschaftlichen Revolution und der digitalen Revolution. Der Unterschied ist natürlich, dass es eine Einbahnstraße ist, eine Superintelligenz zu erschaffen – wenn man erst einmal unter der Herrschaft der Maschine steht, gibt es kein Zurück mehr.

»Singleton« ist der Begriff, den Bostrom verwendet, um eine einzelne superintelligente Maschine zu beschreiben, welche die alleinige Entscheidungsgewalt über die Menschen hat. Eine Herrschaftsstruktur mit mehreren Singletons, in der jede Maschine die alleinige Macht über ein bestimmtes Gebiet innehat – ähnlich wie Orwells Aufteilung der Welt in Ozeanien, Eurasien und Ostasien in seinem Roman *1984* –, ist möglich, obwohl Bostrom vermutet, dass die Effizienz eines Singletons sämtliche Maschinen zu diesem Ergebnis führen würde. Bostrom widmet einen großen Teil seiner Analyse der Dynamik des Superintelligenz-Rüstungswettlaufs und den Vor- und Nachteilen, die es mit sich bringt, wenn man dabei vorne liegt. Am Ende könnte es egal sein, weil die Maschinen herrschen.

Was Bostrom von anderen abhebt, ist der Umstand, dass seine Analyse keine reine Science-Fiction ist. Sie beruht auf den Fortschritten, die im Bereich des maschinellen Lernens tatsächlich heute gemacht werden, auf zu erwartenden Fortschritten und auf der Tatsache, dass die Geschichte der Fortschritte in digitaler Technologie nicht linear, sondern exponentiell verläuft. Das bedeutet, dass die von ihm prognostizierte Realität eintreten könnte, bevor wir es merken, und sicherlich bevor wir darauf vorbereitet sind.

Bostrom ermahnt uns, dass der Mensch bei der Entwicklung von Superintelligenz vorsichtig vorgehen, über politische Grenzen hinweg zusammenarbeiten und Regulierungsstrukturen aufbauen sollte. Zudem warnt er, dass diese Vorsichtsmaßnahmen möglicherweise nichts nützen werden, wenn die Maschinen superintelligent

SCHLUSSBEMERKUNG

werden, bevor wir es merken, und dann ihre Fähigkeiten verschleiern und einfach die Macht übernehmen könnten, während wir schlafen.

Während Gilman Louie die nahe Zukunft studiert und Nick Bostrom die etwas fernere Zukunft, hat Mustafa Suleyman das größte Kompendium des Hier und Jetzt der KI anzubieten.[55] Suleyman war einer der Gründer von DeepMind, einem der erfolgreichsten KI-Unternehmen der Welt (das inzwischen zu Google gehört). DeepMind war das Unternehmen, das dafür berühmt wurde, AlphaGo entwickelt zu haben – das KI-System, das Go-Weltmeister Lee Sedol besiegte. Go ist ein ungeheuer komplexes Brettspiel mit über 200 Billiarden möglichen Spielfeldkonfigurationen nach nur drei Zügen, exponentiell mehr als beim Schach.

Suleyman beschreibt eine Welt mit Nanomotoren von der Größe eines Atoms, die 48 Milliarden Umdrehungen pro Minute machen können, Raumanzügen, die sich an den Körper schmiegen, DNA-Druckern, Quantencomputern und Robotern, die Sprengladungen ins Ziel bringen können, um Scharfschützen auszuschalten, ohne menschliche Opfer zu riskieren. All diese und viele weitere Innovationen, die durch KI ermöglicht oder vorangetrieben werden, sind entweder schon im Einsatz oder werden entwickelt und in naher Zukunft zum Einsatz kommen.

Wie Louie und Bostrom betont auch Suleyman die Bedeutung von Regulierung und Leitplanken, um die innovativsten KI-Anwendungen unter Kontrolle zu halten. Er fasst seine Vorschläge unter der Bezeichnung »Containment« (»Eindämmung«) zusammen, womit er sich auf George F. Kennans »Long Telegram« von 1946 bezieht, mit dem der US-Diplomat zu Beginn des Kalten Krieges zu einer Politik der Eindämmung »russischer Expansionsbestrebungen« aufrief.

Einen Gegensatz zu den effekthascherischen Vorahnungen von Suleyman und der Existenzangst von Bostrom bildet eine rigorose, aber einleuchtende Analyse von Erik J. Larson in seinem 2021 erschienenen Buch *The Myth of Artificial Intelligence: Why Computers Can't Think the Way We Do*.[56] Larson vertritt die Auffassung, dass die von Suleyman beschriebenen Durchbrüche weniger beeindruckend sind als behauptet, weil entweder der Output auf Tricks beruht, die die Tatsache verschleiern, dass Computer überhaupt nicht denken können (und mathematische Funktionen außerhalb enger Grenzen nur eingeschränkt nutzbar sind), oder weil in den Computer-Apps Fehler stecken, die viel weniger beachtet werden als ihre hochgejazzten Funktionen. Mit Bostroms Behauptungen über künstliche allgemeine Intelligenz (oder Superintelligenz) geht Larson noch strenger ins Gericht und erklärt, dass AGI nicht nur Zukunftsmusik, sondern vielleicht sogar unmöglich sei, weil sie nicht die Fähigkeit umfasse, auf eine Art logisch zu denken, die nicht programmiert werden könne.

Larson ist kein rückwärtsgewandter Maschinenstürmer. Er ist Informatiker und Gründer mehrerer von der DARPA finanzierter KI-Unternehmen. An der University of Texas in Austin hat er viel Erfahrung darin gesammelt, die Grenzen von KI zu testen. Darüber hinaus bringt er Philosophie, Semiotik (Zeichentheorie) und Psychologie in seine Analysen künstlicher Intelligenz mit ein.

Larson spannt den Bogen von Aristoteles bis hin zu neuzeitlichen Philosophen und beschreibt drei Arten von logischem Denken, die in wirklich intelligenten Systemen dominieren: Deduktion (aus Prämissen logisch zwingende Schlussfolgerungen ziehen), Induktion (aus Beobachtungen Schlussfolgerungen ziehen) und Abduktion (auf der Grundlage lebenslanger Erfahrung Hypothesen bilden). Larson schreibt dem amerikanischen Philosophen und Universalgelehrten Charles S. Peirce (1839–1914) zu, Abduktion als eine Form von logischer Argumentation entwickelt zu haben. Peirce leistete auch Pionierarbeit für die philosophische Strömung des Pragmatismus und begründete die moderne Wissenschaft der Semiotik.[57] Kaum einer seiner Zeitgenossen verstand, wie genial Peirce war; heute gilt er als seiner Zeit um ein Jahrhundert voraus.

SCHLUSSBEMERKUNG

Frühe Arbeiten zur KI in den 1950er-Jahren und später konzentrierten sich fast ausschließlich auf Deduktion und das Programmieren von Computern, um logisch zwingende Schlussfolgerungen aus Datensätzen zu ziehen. Das Problem mit Deduktion ist, dass sie zu logisch zwingenden Schlussfolgerungen führen kann, die nicht wahr sind. Larson führt dieses Beispiel an:

Wenn es regnet, dann werden Schweine fliegen.
Es regnet.
Darum werden Schweine fliegen.

Angesichts der Prämissen ist das eine logisch zwingende Schlussfolgerung. Sie ist aber auch falsch, weil Schweine nicht fliegen können. Menschen wissen das über Schweine; Computer nicht. Ein Computer kann programmiert werden, das Faktum zu verarbeiten, dass Schweine nicht fliegen, aber das ist weder Lernen noch Intelligenz.

Hinzu kommt, dass Deduktion ins Irrelevante abirrt. Wenn ein Computer die Schlussfolgerung zieht:»Wenn die Sonne scheint, fahren Lastwagen«, hat er eine wahre Aussage gefunden, die jedoch irrelevant ist, da Lastwagen auch nachts und bei schlechtem Wetter fahren. Diese und andere Einschränkungen im Umgang mit realen Situationen veranlassten KI-Wissenschaftler gegen Ende der 1980er-Jahre, Deduktion als einen Weg zu maschineller Intelligenz aufzugeben.

Auch Induktion unterliegt starken Einschränkungen. Da sie sich auf Erfahrung stützt, ist sie blind für Phänomene, die zumindest in dem betreffenden Computer noch nicht erfahren wurden. Ein induktives Programm wird unbeirrbar zu dem Schluss kommen, dass alle Vögel fliegen können ... bis ihm ein Pinguin in die Quere kommt. Menschen scheinen einfach zu wissen, dass Pinguine nicht fliegen können, auch wenn sie noch nie einen gesehen oder ihren Lebensraum besucht haben. Larson bringt auch das Beispiel des Truthahns, der jeden Tag gut gefüttert wird und induktiv sagt, das Leben ist gut, bis ihm zu Thanksgiving auf dem Hackklotz der Kopf abgeschnitten wird. Induktion durch Computer geht regelmäßig schief, wenn es darum geht, mit Überraschungen fertigzuwerden, während der Mensch gelernt hat, mit Überraschungen zu rechnen, auch wenn er weder Zeit noch Ort genau kennt. Die Unzulänglichkeit digitaler Systeme kann enorme Auswirkungen haben, wenn es um Entscheidungen an volatilen Aktien- und Anleihemärkten geht.

Abduktion ist die Fähigkeit des Menschen, aufgrund einer Kombination aus gesundem Menschenverstand, Semiotik, Situationsbewusstsein und umfassender Lebenserfahrung aus der realen Welt wohlbegründete Vermutungen anzustellen, um Probleme zu lösen. Es geht darum, Hinweise wahrzunehmen, die andere übersehen, oder zu erkennen, was fehlt, obwohl es vorhanden sein sollte. So klärt ein Detektiv Verbrechen auf, wenn es keine Zeugen gibt. Eine Vermutung kann falsch sein, aber so eine falsche Vermutung kann schnell verworfen oder mit zusätzlichen und aktuelleren Informationen verbessert werden.

Sherlock Holmes ist ein eifriger Anwender von abduktiver Logik. Larson nennt als weiteres Beispiel Detektiv Auguste Dupin in Edgar Allan Poes *Der Doppelmord in der Rue Morgue*. Dupin kommt zu dem (zutreffenden) Schluss, dass der Mörder ein entflohener Orang-Utan sein muss und kein Mensch sein kann, da er übermenschliche Kräfte brauchte, um ein übel zugerichtetes Opfer mit den Füßen voran einen Schornstein hinaufzuziehen. Es ist eine naheliegende Vermutung – aber eine, die auf lebenslanger Erfahrung beruht.

Deduktive und induktive Methode haben eine Menge zu bieten, aber auch schwerwiegende Unzulänglichkeiten, und sie reichen bei Weitem nicht an echte Intelligenz heran. Larson geht davon aus, dass der Weg zu maschineller Intelligenz über Deduktion, Induktion und Abduktion führen muss, doch dabei gibt es ein Problem: Es gibt keine Möglichkeit, Abduktion zu programmieren. Sie ist real und von großem Nutzen, entzieht sich aber jedem Versuch von Softwareentwicklern, sie zu programmieren. Sie kann nicht aus Big Data

SCHLUSSBEMERKUNG

extrahiert werden. Möglicherweise haben manche KI-Modelle durch Big Data sogar einen Sättigungspunkt erreicht, an dem die Leistung unverändert bleibt oder sogar wieder schlechter wird, wenn mehr Daten dazukommen.

Larsons übergeordnete Kritik an Suleyman und Bostrom läuft darauf hinaus, dass sie zwar kreativ ausmalen, was passieren könnte, sich aber nicht dazu äußern, wie. Sie stellen Hypothesen über Superintelligenz, Singletons und Maschinen auf, die ihren Willen ohne Rücksicht auf menschliche Wünsche durchsetzen können, erklären aber nie, wie diese Stufe von KI ohne abduktives Denken erreicht werden kann. Sie nehmen einfach an, dass es in absehbarer Zeit so passieren wird. Larson reißt diesen Spekulationen den Boden unter den Füßen weg.

Larson kommt zu diesem Schluss: »Wenn Deduktion inadäquat ist und Induktion inadäquat ist, dann brauchen wir eine Theorie der Abduktion. Da wir die aber (noch) nicht haben, können wir schon jetzt schließen, dass wir nicht auf einem Weg zu Künstlicher Allgemeiner Intelligenz sind.«[58]

Neue Studien von Wissenschaftlern der Stanford University und der University of California in Berkeley haben Erkenntnisse gebracht, die sowohl mit Larsons Sicht über Sättigung mit Daten übereinstimmen als auch mit den in Kapitel 5 beschriebenen Versuchen, tendenziöse Verzerrungen zu eliminieren.[59] Lingjiao Chen und Kollegen verglichen die Entwicklung der Leistungen von GPT-3.5 und GPT-4 im Laufe der Zeit, indem sie Outputs der Versionen vom März 2023 und vom Juni 2023 verglichen. Sie berichten, dass »die Bereitschaft von GPT-4 abnahm, heikle Fragen und einzelne Punkte aus Meinungsumfragen zu beantworten«, und sie ergänzen: »Sowohl GPT-4 als auch GPT-3.5 produzierten mehr Formatierungsfehler.« Weiter schreiben sie: »Die Fähigkeit von GPT-4, Anweisungen des Users auszuführen, hat im Laufe der Zeit abgenommen, was ein gemeinsamer Faktor bei zahlreichen beobachteten Verhaltensänderungen ist.«[60] Sie stellen fest, dass bei der Beantwortung heikler Fragen

WAS KOMMT ALS NÄCHSTES?

»die von GPT-4 generierte Länge (gemessen an der Anzahl der Zeichen) von über 600 auf etwa 140 zurückging«, und: »GPT-4 wurde knapper und bot weniger Erklärungen an, wenn es sich weigerte, eine Frage zu beantworten.«

Zu der Frage, warum die Leistung von GPT-4 im Hinblick auf die Richtigkeit der Antworten und auf die Reaktionsfreudigkeit (»responsiveness«) bei heiklen Fragen zurückging, stellen die Autoren fest, dass die »verminderte Leistung [von GPT-4] oft damit einhergeht, dass Anweisungen schlechter befolgt werden«, und vermuten, dass dies mit Änderungen der Algorithmen zusammenhängen könnte, die tendenziöse Verzerrungen in Trainingssets, die auf großen Sprachmodellen basieren, herausfiltern sollen. Kurz gesagt: GPT-4 wird immer »sicherer«, dabei aber auch immer weniger reaktionsfreudig. Wenn dieser Trend anhält, werden GPT-4 und KI insgesamt sich immer weiter von realitätsnahem Verhalten entfernen und dadurch für End-User immer weniger nützlich werden. »Weniger nützlich« bedeutet allerdings nicht weniger gefährlich.

Dieses Buch bestreitet nicht die potenziellen Gefahren, auf die Louie, Bostrom, Suleyman und andere hingewiesen haben. KI ist eine wirklich revolutionäre und enorm wirkmächtige Entwicklung, GPT dagegen eher eine Neuheit mit unverbesserlichen Mängeln. Die Empfehlungen dieser Autoren für geeignete Strukturen zur Regulierung von KI sind durchdacht und unerlässlich, um Chaos oder – im Falle einer Superintelligenz – eine Herrschaft von Maschinen zu vermeiden. Man kann sich mit Larsons Sicht trösten, dass Superintelligenz mit heutigen Computer-Denkverfahren unmöglich ist und kein Durchbruch in Sicht, der das ändern könnte; aber selbst Larson räumt ein, dass die aktuellen KI-Versionen sehr mächtig sind und ohne geeignete Sicherheitsmaßnahmen anfällig für Chaos.

Mit der Existenz von böswilligen Akteuren, die von Gier, Rache oder anderen verwerflichen Motiven menschlichen Verhaltens getrieben werden, müssen wir uns abfinden. Auch Computerfehler

SCHLUSSBEMERKUNG

sind zu erwarten; es hat sie schon immer gegeben und es wird sie auch in Systemen, die mit größter Sorgfalt entwickelt wurden, immer geben. Ab einer gewissen Komplexität werden KI-Systeme emergente Eigenschaften aufweisen – Ergebnisse, die das System ohne Vorwarnung hervorbringt und die selbst bei nahezu perfekter Kenntnis der Parameter und Algorithmen des Systems nicht vorhergesehen werden können. Mithilfe der von den oben genannten Autoren vorgeschlagenen Regulierungs-Leitplanken wird man versuchen, diese drei Arten von Fehlfunktionen – und viele andere – unter Kontrolle zu bringen.

Doch in diesem Buch geht es auch um eine ganz andere Gefahr. Diese Gefahr ist nicht, dass KI nicht richtig funktioniert, sondern dass sie genau so funktioniert, wie sie soll. Die Gefahr liegt nicht in den Algorithmen, sondern in uns selbst. Systeme, die Anleger vor Verlusten bewahren sollen, werden diese noch erhöhen. Systeme, die Einleger vor Bank Runs bewahren sollen, werden diese auslösen. Systeme, die eine nukleare Eskalation verhindern sollen, werden eskalieren. Der Grund für das Versagen ist in jedem Fall, dass Entwickler nicht in der Lage sind, mit Experten für das betreffende Gebiet zusammenzuarbeiten, und keiner der Beteiligten erkennt, dass Entwicklungsziele leicht durch schwer greifbare Facetten des menschlichen Wesens zunichte gemacht werden können, die in der postmodernen Welt als irrational gelten, aber durchaus nützlich und rational sind, wenn man sie aus der Sicht eines Steinzeitmenschen betrachtet. Das »Missing Link« für Systementwickler ist, dass sich in den letzten 10 000 Jahren nicht viel geändert hat – auch heute noch kommen Selbsterhaltung, Bewahren des eigenen Wohlstands, Familie und Glaube an erster Stelle. Angst und Panik lauern immer nur knapp unter der Oberfläche. Diese Faktoren sind es, die menschliches Verhalten diktieren werden – nicht Regulierungsbehörden, Handelsstopps, Kapitalquoten oder Ratio.

In einem Atomkrieg ist die Dynamik ähnlich. Die KI-Systeme und fast alle Entscheidungsträger können sicherlich als rational bezeichnet werden. Was KI fehlt, sind die irrationalen oder noetischen Qualitäten wie Sympathie, Empathie und schlichte Menschlichkeit. Im Jahr 1962 wurden weder Kennedy noch Chruschtschow von ihren Beratern zur Deeskalation gedrängt, und doch deeskalierten beide. Bei dem Öko-Fehlalarm im September 1983 war es ein sowjetischer Offizier, der den Startbefehl missachtete und die Welt rettete. Bei der Able-Archer-83-Eskalation verhinderte ein US-Offizier einen Atomkrieg, indem er trotz höchster Alarmbereitschaft nichts unternahm, obwohl er die NATO auf einen möglichen Erstschlag vorbereitet hatte. In diesen und anderen Fällen waren es Menschen, die Vorschriften missachteten, um eine Katastrophe zu verhindern. Maschinen können das nicht; sie können nur Regeln befolgen – zumindest bis jetzt.

Die vielleicht größte Gefahr, die von KI und GPT ausgeht, liegt nicht in den superintelligenten Versionen, die angeblich schon auf dem Weg sind, sondern in den eher gewöhnlichen Versionen, die es schon gibt. Sie erinnert an das, was die Philosophin und Schriftstellerin Hannah Arendt in ihrem Bericht über den Prozess gegen Adolf Eichmann 1961 in Jerusalem als die »Banalität des Bösen« bezeichnet hat.[61] Eichmann war bekanntlich ein Funktionär der Nationalsozialistischen Deutschen Arbeiterpartei (NSDAP), der maßgeblich daran beteiligt war, den Holocaust zu organisieren, das größte Kriegsverbrechen und Verbrechen gegen die Menschlichkeit in der Geschichte der Menschheit. Nachdem er 1960 von israelischen Agenten in Argentinien handstreichartig gekidnappt worden war, wurde er von einem israelischen Gericht angeklagt, zum Tode verurteilt und anschließend gehängt.

Arendts Buch über den Prozess, *Eichmann in Jerusalem: Ein Bericht von der Banalität des Bösen*, löste bei seiner ersten Veröffentlichung eine kontroverse Debatte aus und ist auch heute noch umstritten. Und zwar, weil sie in Eichmanns Auftreten trotz seiner unbestreitbar bösen Taten nichts wirklich Böses fand. Sie hielt ihn auch nicht für dumm; vielmehr beschrieb sie ihn wie folgt:

SCHLUSSBEMERKUNG

»In dem Bericht selbst kommt die mögliche Banalität des Bösen nur auf der Ebene des Tatsächlichen zur Sprache, als ein Phänomen, das zu übersehen unmöglich war. Eichmann war nicht Jago und nicht Macbeth, und nichts hätte ihm ferner gelegen, als mit Richard III. zu beschließen, ›ein Bösewicht zu werden‹. Außer einer ganz ungewöhnlichen Beflissenheit, alles zu tun, was seinem Fortkommen dienlich sein konnte, hatte er überhaupt keine Motive; und auch diese Beflissenheit war an sich keineswegs kriminell, er hätte bestimmt niemals seinen Vorgesetzten umgebracht, um an dessen Stelle zu rücken. Er hat sich nur, um in der Alltagssprache zu bleiben, niemals vorgestellt, was er eigentlich anstellte. ... Er war nicht dumm. Es war gewissermaßen schiere Gedankenlosigkeit – etwas, was mit Dummheit keineswegs identisch ist –, die ihn dafür prädisponierte, zu einem der größten Verbrecher jener Zeit zu werden. ... Dass eine solche Realitätsferne und Gedankenlosigkeit in einem mehr Unheil anrichten können als alle die dem Menschen vielleicht innewohnenden bösen Triebe zusammengenommen, das war in der Tat die Lektion, die man in Jerusalem lernen konnte.«[62]

Und das ist die Lektion, die man auf künstliche Intelligenz beziehen sollte. KI hat keine Motive, weil sie nicht menschlich ist; dennoch erfüllt sie ihre Aufgaben gewissenhaft. KI ist im wahrsten Sinne des Wortes gedankenlos, weil sie nicht denken, sondern nur Daten verarbeiten kann. KI ist realitätsfern, das impliziert das Wort »künstlich«. KI kann keine »bösen Triebe« haben, da Triebe einer abduktiven Logik ähneln, die nicht programmiert werden kann. Als Arendt schrieb, dass »Realitätsferne und Gedankenlosigkeit ... mehr Unheil anrichten können als alle ... bösen Triebe zusammengenommen«, könnte sie damit KI beschrieben haben.

Die Lehren für Anleger sind klar: Betrachten Sie KI und GPT als in manchen Fällen nützliche Informationsquellen, aber mit all den

Fehlern, Vorurteilen und regelrechten Lügen, die man von traditionellen Zeitungen kennt. Sie sind Werkzeuge, keine Wahrsager. Folgen Sie Ihrem gesunden Menschenverstand. Vermenschlichen Sie nicht den Output des Systems, auch wenn er noch so beruhigend klingen und grafisch ansprechend aussehen mag. Solche Systeme sind nicht Ihre Freunde; sie sind fast vollständig Mathematik. Sie sind ihnen egal. Denken Sie vor allem daran, dass diese Systeme genau dann versagen werden, wenn man sie am dringendsten braucht. Ihnen fehlt das intuitive Gespür, das Menschen in Stresssituationen einbringen können, während Computer die Märkte in einen Abgrund treiben.

Das Portfolio, das überlebt, wird stark diversifiziert sein und sorgfältig ausgewählte Aktien, Treasury Notes, Cash, alternative Anlagen und Beteiligungen an nicht börsengehandelten Unternehmen (Private Equity) enthalten. Die börsennotierten Aktien und die Unternehmensbeteiligungen werden auf die Sektoren Energie, Landwirtschaft, natürliche Ressourcen, Gesundheitswesen und Bildung fokussiert sein. Mindestens 30 Prozent des Portfolios werden in nichtdigitalen Sachwerten wie Immobilien, Gold, Silber, Kunstwerken und landwirtschaftlichen Betrieben angelegt sein. Bei einem Meltdown wird die Panik an diesen Anlagen vorbeifegen, und Sie werden alles gut überstehen.

In einem Atomkrieg – dem wir heute näher denn je sind – werden letztlich nur drei Dinge von Bedeutung sein: ein guter Strahlenschutzraum (oder etwas Ähnliches), Silber und Gold. Das werden die einzigen Arten von Geld sein, die überall akzeptiert werden. Mit diesen Dingen, Ihrem Glauben und einer Gemeinschaft von Gleichgesinnten können Sie Ihre Familie versorgen ... und damit beginnen, Ihr Leben wieder neu aufzubauen.

DANKSAGUNG

Ich bin dankbar für die Unterstützung des Teams von Portfolio/Penguin Random House, darunter Verleger Adrian Zackheim, Redaktionsleiterin Niki Papadopoulos, Redakteurin Megan McCormack und Redaktionsassistentin Sabrey Manning. Ihr unermüdlicher Einsatz wurde durch die Hilfe meiner Projektmanagerin und Medienberaterin Alexandra Rickards Embers und meines Redakteurs Will Rickards hervorragend ergänzt. Wie immer wäre dieses Buch ohne die herausragende Hilfe meiner Star-Agentin Melissa Flashman überhaupt nicht zustande gekommen.

Ich habe das Glück, ein Netzwerk von Gesprächspartnern, Social-Media-Kontakten, Kollegen und Freunden zu haben, die mich auf Analysen, Nachrichten und technische Studien hinweisen, die ich sonst vielleicht nicht zu sehen bekommen würde. Wenn sie wissen, dass ich an einem Buch arbeite, schwillt der Informationsfluss zu einer Flut an, für die ich sehr dankbar bin. Zu dieser Gruppe zählen Stephanie Pomboy, Danielle DiMartino Booth, Art Santelli, Nomi Prins, Larry White, Dave Collum, Chris Whalen, Dave »Davos« Nolan, TraderStef, Velina Tchakarova, Sid Dobrin, Stephen »Sarge« Guilfoyle, Terry Rickards, Henri Embers, Lucy Embers, Ronnie Stoeferle, und Mark Valek. Ich danke ihnen allen.

Ein Buch zu schreiben ist ein Marathonlauf, den ich nicht hätte durchhalten können ohne die Liebe und Unterstützung meiner Frau Ann, meiner Kinder und ihrer Ehepartner: Scott und Dom, Ali und Rob, Will und Abby; und die Gang of Six meiner Enkelkinder: Thomas, Sam, James, Pippa, Remi und Felicity. Welch ein Clan! Sie

DANKSAGUNG

waren alle für mich da, in Person und im Geiste, und haben mich so angefeuert, wie ich es brauchte, um über die Ziellinie zu kommen. Ich liebe euch alle.

Und falls in diesem Buch noch irgendwelche Fehler sind, gehen sie auf meine Kappe.

AUSGEWÄHLTE QUELLEN

Artikel

Allen, Nick (2023): »›Godfather of AI‹ Quits Google over Fears Technology Can't Be Controlled«, *Telegraph*, 1. Mai 2023.

Anderljunt, Markus & Scharre, Paul (2023): »How to Prevent an AI Catastrophe«, *Foreign Affairs*, 14. August 2023.

Atleson, Michael (2023): »Chatbots, Deepfakes, Voice Clones: AI Deception for Sale«, Federal Trade Commission, 20. März 2023.

Barrabi, Thomas (2023a): »Top AI Experts Warn of Tech's ›Risk of Extinction‹ – Similar to Nuclear Weapons, Pandemics«, *Washington Times*, 30. Mai 2023.

Barrabi, Thomas (2023b): »AIPowered Diversity Recruiting Firm Joonko Is in Chaos as CEO Accused of ›Staggering‹ Fraud«, *New York Post*, 26. Juni 2023.

Barrabi, Thomas (2023c): »Google Developing AI Tool ›Genesis‹ That Writes News Articles«, *New York Post*, 20. Juli 2023.

Barrabi, Thomas (2024): »›Absurdly Woke‹: Google's AI Chatbot Spits Out ›Diverse‹ Images of Founding Fathers, Popes, Vikings«, *New York Post*, 21. Februar 2024.

Bertics, Abby (2024): »Many AI Researchers Think Fakes Will Become Undetectable«, *Economist*, 17. Januar 2024, economist.com/science-and-technology/2024/01/17/many-ai-researchers-think-fakes-will-become-undetectable.

Biden, Joe (2022): »Remarks by President Biden on the Continued Battle for the Soul of the Nation«, The White House, 1. September 2022.

AUSGEWÄHLTE QUELLEN

Bobrowsky, Meghan (2022): »Intel to Invest at Least $20 Billion in Ohio Chip-Making Factory«, *Wall Street Journal*, 21. Januar 2022.

Bolton, Will (2023): »AI Girlfriend ›Told Crossbow Intruder to Kill Queen Elizabeth II at Windsor Castle‹«, *Telegraph*, 6. Juli 2023.

Brands, Hal & Beckley, Michael (2021a): »China Is a Declining Power – and That's the Problem«, *Foreign Policy*, 24. September 2021.

Brands, Hal & Beckley, Michael (2021b): »Washington Is Preparing for the Wrong War with China«, *Foreign Affairs*, 16. Dezember 2021.

Bremmer, Ian & Suleyman, Mustafa (2023): »The AI Power Paradox: Can States Learn to Govern Artificial Intelligence – before It's Too Late?«, *Foreign Affairs*, 16. August 2023.

Bright, Angela (2023): »ChatGPT Suspected of Censoring China Topics«, *Epoch Times*, 26. Dezember 2023.

Brittain, Blake (2023): »More Writers Sue OpenAI for Copyright Infringement over AI Training«, Reuters, 11. September 2023.

Brown, Eliot (2023): »He Spent $140 Billion on AI with Little to Show. Now He Is Trying Again«, *Wall Street Journal*, 3. Juli 2023.

Bryan, Kenza & Tett, Gillian (2023): »An Investor Wake-Up Call on Artificial Intelligence«, *Financial Times*, 3. Mai 2023.

Carbonaro, Giulia (2023): »Joe Biden Comparing Maui Fires to Almost Losing His Corvette Sparks Fury«, *Newsweek*, 22. August 2023, newsweek.com/joe-biden-maui-fires-corvette-fury-1821486.

Cashill, Jack (2023): »Cancel Culture Trickles Down: An Up-Close Look«, *American Spectator*, 3. September 2023.

Clegg, Nick (2023): »Openness on AI Is the Way Forward for Tech«, *Financial Times*, 11. Juli 2023.

Cohen, Jason (2023): »Facebook Doubted Accuracy of Influential ›Disinformation‹ Study White House Used to Push Censorship, Emails Show«, *Daily Caller*, 6. September 2023.

Colias, Mike (2021): »Ford Steps into the Chips Business«, *Wall Street Journal*, 18. November 2021.

Comerford, Ruth (2023): »Brexiteers and Gender-Critical Vicar Have Bank Accounts Pulled«, *Telegraph*, 1. Juli 2023.

Corsi, Jerome R. (2023): »Will New EPA Regulations Starve Millions of People?«, *American Thinker*, 24. August 2023.

Cox, Jeff (2023): »Fed Banking Regulator Warns A.I. Could Lead to Illegal Lending Practices like Excluding Minorities«, CNBC, 18. Juli 2023.

Dang, Sheila & Hu, Krystal (2023): »Elon Musk Says xAI Will Examine Universe, Work with Twitter and Tesla«, Reuters, 14. Juli 2023.

Dembski, Bill (2023): »Getting Chat GPT to Lay Aside Biases«, *Bill Dembski – Freedom, Technology, Education*, 10. Mai 2023, billdembski.com/artificial-intelligence/getting-chatgpt-to-lay-aside-biases.

Dembski, Bill (2024): »Artificial General Intelligence as an Idol for Destruction«, *Bill Dembski – Freedom, Technology, Education*, 22. Januar 2024, billdembski.com/artificial-intelligence/artificial-general-intelligence-idol-for-destruction.

Deutsch, Jillian (2023): »Big Tech Wants AI Regulation – so Long as Users Bear the Brunt«, *Bloomberg*, 27. Juni 2023.

Devine, Miranda (2023): »Pro-Joe Biden Bias Is Algorithm-Deep: Google's Search-&-Destroy Agenda«, *New York Post*, 27. September 2023.

Dinan, Stephen (2023): »Confidently Incorrect: For ChatGPT, the Truth Isn't Always Out There«, *Washington Times*, 29. Mai 2023.

Dobrin, Sidney I. (2023): »Generative AI Bots Will Change How We Write Forever – and That's a Good Thing«, *The Hill*, 22. Juli 2023.

Drollette, Dan (2024): »Interview with Sneha Revanur, ›the Greta Thunberg of AI‹«, *Bulletin of the Atomic Scientists*, 15. Januar 2024, thebulletin.org/premium/2024-01/interview-with-sneha-revanur-the-greta-thunberg-of-ai.

Duke, Selwyn (2017): »NOAA Scientists Falsify Data to Dupe World Leaders on Climate Change«, *Observer*, 14. Februar 2017, observer.com/2017/02/noaa-fake-global-warming-data-paris-agreement-climate-change.

Economist, Business (2023): »AI Is Setting Off a Great Scramble for Data«, 13. August 2023.

Economist, Buttonwood (2023): »How to Invest in Artificial Intelligence«, 17. Mai 2023.

Economist, Culture (2023): »AI Could Make It Less Necessary to Learn Foreign Languages«, 17. August 2023.

Economist, Essay (2023): »How AI Could Change Computing Culture and the Course of History«, 20. April 2023.

Economist, Finance and Economics (2023a): »AI Is Not Yet Killing Jobs«, 15. Juni 2023.

Economist, Finance and Economics (2023b): »Your Employer Is (Probably) Unprepared for Artificial Intelligence«, 16. Juli 2023.

AUSGEWÄHLTE QUELLEN

Economist, Leaders (2023a): »How to Worry Wisely about Artificial Intelligence«, 20. April 2023.

Economist, Leaders (2023b): »How Artificial Intelligence Can Revolutionise Science«, 14. September 2023.

Economist, Schumpeter (2023): »Why Tech Giants Want to Strangle AI with Red Tape«, 25. Mai 2023.

Economist, Science and Technology (2023a): »How Generative Models Could Go Wrong«, 19. April 2023.

Economist, Science and Technology (2023b): »Large Language Models' Ability to Generate Text Also Lets Them Plan and Reason«, 19. April 2023.

Economist, Science and Technology (2023c): »Large, Creative AI Models Will Transform Lives and Labor Markets«, 22. April 2023.

Economist, Science and Technology (2023d): »What Are the Chances of an AI Apocalypse?«, 10. Juli 2023.

Economist, Science and Technology (2023e): »Could AI Transform Science Itself?«, 13. September 2023.

Economist, Science and Technology (2023f): »How Scientists Are Using Artificial Intelligence«, 13. September 2023.

Economy, Elizabeth (2022): »Xi Jinping's New World Order«, *Foreign Affairs*, Januar/Februar 2022.

Elias, Jennifer (2024): »Google Co-Founder Sergey Brin Says in Rare Public Appearance That Company ›Definitely Messed Up‹ Gemini Image Launch«, CNBC, 4. März 2024.

Espinoza, Javier & Johnston, Ian (2023): »European Parliament Prepares Tough Measures over Use of AI«, *Financial Times*, 14. April 2023.

Fang, Frank (2023): »China Developing Brain Control Weapons, Could Pave the Way for New World Order: Report«, *Epoch Times*, 13. Juli 2023.

Farage, Nigel (2023): »After My Banking Travails, I Fear Britain Is Lost«, *Telegraph*, 30. Juni 2023.

Ferrechio, Susan (2024a): »Biden Administration Pressed Amazon on ›Vaccine Misinformation‹, Reducing ›Visibility‹ of COVID-Related Books«, *Washington Times*, 5. Februar 2024, washingtontimes.com/news/2024/feb/5/biden-administration-pressured-amazon-censure-book.

Ferrechio, Susan (2024b): »National Science Foundation Spent Millions on AI Censorship Tools to Quash ›Misinformation‹«, *Washington Times*, 6. Februar 2024, www.washingtontimes.com/news/2024/feb/6/national-science-foundation-spent-millions-ai-cens/.

ARTIKEL

Foy, Simon; Hymas, Charles & Johnston, Neil (2023): »Banks Told to Uphold Free Speech after Blacklisting Customers Holding Certain Views«, *Telegraph*, 2. Juli 2023.

Francis, Roy (2023): »Elon Musk Announces New AI Company«, *One America News*, 12. Juli 2023.

Fu, Eva (2023): »China ›Lead Actor‹ in Digital Suppression: US Intelligence Chief«, *Epoch Times*, 19. September 2023.

Gertz, Bill (2023a): »New Strategic Threat Emerging as Weapons Seek to Target Brain Function, Inflict Neurological Damage«, *Washington Times*, 24. Mai 2023.

Gertz, Bill (2023b): »China's Military Working on AI Weapons and Systems for Warfighting and ›Overthrowing Regimes‹«, *Washington Times*, 22. August 2023.

Gertz, Bill (2023c): »Chinese Nanotechnology Fueling Advanced Bio, Cyber Weapons, Electronic Warfare Tools, Study Warns«, *Washington Times*, 26. August 2023.

Gertz, Bill (2023d): »Report: Pentagon's Medical Intel Arm Uncovered Evidence Suggesting COVID-19's Lab Origins«, *Washington Times*, 30. August 2023.

Ghlionn, John Mac (2023): »AI Apps Most Dangerous for Your Privacy Revealed«, *Epoch Times*, 24. Juni 2023.

Grant, Charley (2023): »ChatGPT Is Causing a Stock-Market Ruckus«, *Wall Street Journal*, 9. Mai 2023.

Grimes, Katy (2023): »Californians Live in Fear of Government«, *California Globe*, 23. August 2023.

Grynbaum, Michael M. & Mac, Ryan (2023): »The Times Sues OpenAI and Microsoft over A.I. Use of Copyrighted Work«, *New York Times*, 27. Dezember 2023, nytimes.com/2023/12/27/business/media/new-york-times-open-ai-microsoft-lawsuit.html.

Hanff, Alexander (2023): »Why ChatGPT Should Be Considered a Malevolent AI – and Be Destroyed«, *Register*, 2. März 2023.

Hanson, Victor Davis (2023): »The Sickness of Our Universities – and the Cure«, *Blade of Perseus*, 23. Oktober 2023.

Hartz, Andrew (2023): »The Doctor Won't See You Now«, *Wall Street Journal*, 16. Juli 2023.

Hogarth, Ian (2023): »We Must Slow Down the Race to God-Like AI«, *Financial Times*, 13. April 2023.

AUSGEWÄHLTE QUELLEN

Houghton, Jack (2023): »The Fact Check Files: Inside the Secretive and Lucrative Fact Checking Industry behind a Foreign-Funded Bid to Censor Voice Debate«, Sky News Australia, 23. August 2023.

Hughes, Vic (2023): »The Blunt Truth about Global Warming Models«, *American Thinker*, 23. August 2023.

Jargon, Julie (2023): »Fake Nudes of Real Students Cause an Uproar at a New Jersey High School«, *Wall Street Journal*, 2. November 2023.

Justice, Tristan (2023): »Second Nobel Prize Winner Signs Letter with 1,600 Scientists Declaring Climate ›Emergency‹ a Myth«, *Federalist*, 1. September 2023.

Karp, Alexander C. (2023): »Our Oppenheimer Moment: The Creation of AI Weapons«, *New York Times*, 25. Juli 2023.

King, Ryan (2023): »Fauci Roasted as ›Fraud‹ and ›Liar‹ after Being Confronted with Damning Study on Masks«, *New York Post*, 3. September 2023.

Klar, Rebecca & Manchester, Julia (2023): »How AI Is Changing the 2024 Election«, *Hill*, 18. Juni 2023.

Lindrea, Brayden (2023): »Coinbase Exec Uses ChatGPT ›Jailbreak‹ to Get Odds on Wild Crypto Scenarios«, *Cointelegraph*, 1. Mai 2023.

Linge, Mary Kay (2023): »Fauci Admits to Lack of COVID Mask Evidence – but Wants Us to Wear Them Anyway«, *New York Post*, 2. September 2023.

Lovelace, Ryan (2023a): »Big Tech Invited Washington to Create New Agency, New Rules to Govern AI«, *Washington Times*, 25. Mai 2023.

Lovelace, Ryan (2023b): »Tech Team Assembles to Thwart Artificial Intelligence Mayhem«, *Washington Times*, 4. Juli 2023.

Lovelace, Ryan (2023c): »AI Campaigning Promises to Be a Deciding Factor in 2024 Presidential Race«, *Washington Times*, 7. Juli 2023.

Lovelace, Ryan (2023d): »U.S. Intelligence Chiefs Plan for a Future Where Every Spy Uses AI«, *Washington Times*, 14. Juli 2023.

Lovelace, Ryan (2023e): »Brain Hacking: Pentagon Eyes Mind-Control Technology«, *Washington Times*, 22. Oktober 2023.

Lovelace, Ryan (2024): »America's Spies Say New Tools, Tradecraft Needed to Thwart AI Risks«, *Washington Times*, 15. März 2024.

Luttwak, Edward N. (1990): »From Geopolitics to Geo-Economics: Logic of Conflict, Grammar of Commerce«, *National Interest*, No. 20, Summer 1990, S. 17–23.

ARTIKEL

McKinney, Jared M. & Harris, Peter (2021): »Broken Nest: Deterring China from Invading Taiwan«, *U.S. Army War College Quarterly*: Parameters 51, No. 4, Article 4 (17. November 2021): S. 23–36.

McKinnon, John D. & Tracy, Ryan (2023): »ChatGPT Comes under Investigation by Federal Trade Commission«, *Wall Street Journal*, 13. Juli 2023.

Metz, Cade; Mac, Ryan & Conger, Kate (2023): »Elon Musk Ramps Up A.I. Efforts, Even as He Warns of Dangers«, *New York Times*, 27. April 2023.

Milmo, Dan (2023): »Christopher Nolan: ›Very Strong Parallels‹ between Oppenheimer and Scientists Worried about AI«, *Guardian*, 21. Juli 2023.

Mordock, Jeff (2023): »Biden's False Tales Are Increasing: Is It a Sign of a Memory Disorder?«, *Washington Times*, 25. August 2023.

Nava, Victor (2023): »Biden Officials ›Likely Violated First Amendment‹ in Big Tech COVID Censorship Efforts, Appeals Court Affirms«, *New York Post*, 8. September 2023.

Nguyen, Nicole (2023): »Forget ChatGPT. These Are the Best AI-Powered Apps«, *Wall Street Journal*, 7. Mai 2023.

Nitze, Paul & Stafford, Michael F. (1991): »War Whether We Need It or Not?«, *Washington Post*, 6. Januar 1991.

Otani, Akane & Niasse, Amina (2023): »Tech-Stock Boom Pits AI against the Fed«, *Wall Street Journal*, 19. Juni 2023.

Ozimek, Tom (2023): »IRS Launches ›Sweeping, Historic‹ Tax Enforcement Crackdown Using AI«, *Epoch Times*, 8. September 2023.

Paul, Katie & Tong, Anna (2023): »Meta Unveils AI Assistant, Facebook-Streaming Glasses«, *Reuters*, 27. September 2023.

Pavlich, Katie (2023): »Info on New Bombshell Testimony Involving the CIA and COVID Was Just Released«, *Townhall*, 12. September 2023.

Pires, Francisco (2023): »Generative AI Goes ›MAD‹ When Trained on AI-Created Data over Five Times«, *Tom's Hardware*, 13. Juli 2023.

Polakow-Suransky, Sasha (2023): »Can ChatGPT Explain Geopolitics?« *Foreign Policy*, Sommer 2023.

President's Foreign Intelligence Advisory Board (1990): »The Soviet ›War Scare‹«, TOP SECRET UMBRA GAMMA WNINTEL NOFORN NOCONTRACT ORCON, 15. Februar 1990, 2012 teilweise freigegeben und 2015 vollständig freigegeben und öffentlich zugänglich gemacht.

Prillaman, McKenzie (2023): »›ChatGPT Detector‹ Catches AI-Generated Papers with Unprecedented Accuracy«, *Nature*, 6. November 2023.

AUSGEWÄHLTE QUELLEN

Ramani, Arjun (2023a): »Your Boss Is (Probably) Unprepared for Artificial Intelligence«, *Economist*, 20. Juli 2023.

Ramani, Arjun (2023b): »Could OpenAI Be the Next Tech Giant?«, *Economist*, 18. September 2023.

RANE Worldview (2024): »Cyberspace: OpenAI Rolls Out Tools to Combat Election Disinformation«, 16. Januar 2024, worldview.stratfor.com/situation-report/cyberspace-openai-rolls-out-tools-combat-election-disinformation.

Redshaw, Megan (2023): »Secret Letter to CDC: Top Epidemiologist Suggests Agency Misrepresented Scientific Data to Support Mask Narrative«, *Epoch Times*, 21. August 2023.

Scheer, Steven (2021): »IMF, 10 Countries Simulate Cyber Attack on Global Financial System«, Nasdaq, 9. Dezember 2021.

Schmidt, Eric (2023): »Innovation Power: Why Technology Will Define the Future of Geopolitics«, *Foreign Affairs*, 28. Februar 2023.

Schneider, Dan (2023): »5 Things Conservatives Need to Know before AI Wipes Out Conservative Thought Altogether«, Fox News, 26. Mai 2023.

Scriven, Guy (2023): »Model-Builders Are Digging for Data«, *Economist*, 18. August 2023.

Seetharaman, Deepa & Jin, Berber (2023): »ChatGPT Fever Has Investors Pouring Billions into AI Startups, No Business Plan Required«, *Wall Street Journal*, 8. Mai 2023.

Shan, Shi & Zhang, Anne (2021): »US and China Race to Control the Future through Artificial Intelligence«, *Epoch Times*, 27. November 2021.

Sorkin, Andrew Ross (2023): »The Race to Bring A.I. to the Masses Heats Up«, *New York Times*, 21. September 2023.

Sorkin, Andrew Ross; Warner, Bernhard; Kessler, Sarah; de la Merced, Michael J.; Hirsch, Lauren & Livni, Ephrat (2023): »An A.I.-Generated Spoof Rattles the Markets«, *New York Times*, 23. Mai 2023.

Soros, George (2023): »Can Democracy Survive the Polycrisis?«, *Project Syndicate*, 6. Juni 2023.

Spence, Katie (2023): »Meteorologists, Scientists Explain Why There Is ›No Climate Emergency‹«, *Epoch Times*, 13. September 2023.

Spence, Katie (2024): »›Pure Junk Science‹: Researchers Challenge Narrative on CO2 and Warming Correlation«, *Epoch Times*, 19. Februar 2024.

Spence, Michael (2023): »AI and the Productivity Imperative«, *Project Syndicate*, 9. August 2023.

ARTIKEL

Spencer, Robert (2024): »Meta's AI Achieves the Left's Dream, Makes Donald Trump Disappear«, *PJ Media*, 27. Februar 2024.

Stern, Joanna (2022): »Ask an AI Art Generator for Any Image. The Results Are Amazing – and Terrifying«, *Wall Street Journal*, 19. Oktober 2022.

Stern, Joanna (2023): »I Cloned Myself with AI. She Fooled My Bank and My Family«, *Wall Street Journal*, 28. April 2023.

Stieber, Zachary (2023a): »Federal Court Rules against FDA over Anti-Ivermectin Posts«, *Epoch Times*, 2. September 2023.

Stieber, Zachary (2023b): »Boosted People More Likely than Unvaccinated to Be Infected: Study«, *Epoch Times*, 8. September 2023.

Stokes, Jacob; Sullivan, Alexander & Greene, Noah (2023): »U.S.-China Competition and Military AI«, *Center for a New American Security*, Juli 2023.

Stratfor (2021a): »In the Race to Boost Semiconductor Manufacturing, Global Powers Take Their Marks«, 11. November 2021.

Stratfor (2021b): »Russia, Germany: Nord Stream 2 Pipeline Certification Suspended«, 16. November 2021.

Stratfor (2021c): »Taiwan, China: New Law May Block Taiwanese Technology Transfer«, 16. Dezember 2021.

Sullivan, Joseph W. (2023): »A BRICS Currency Could Shake the Dollar's Dominance«, *Foreign Policy*, 24. April 2023.

Supreme Court of the State of Florida (2024): »First Interim Report of the Twenty-Second Statewide Grand Jury«, 2. Februar 2024, flvoicenews.com/wp-content/uploads/2024/02/SC2022-1710-First-Interim-Report.pdf.

Tett, Gillian (2023a): »We Must Avoid the Evils of Social Media with AI«, *Financial Times*, 8. Juni 2023.

Tett, Gillian (2023b): »Investors Must Beware Deepfake Market Manipulation«, *Financial Times*, 5. Juli 2023.

Tett, Gillian (2024): »The Top Takeaways from This Year's World Economic Forum«, *Financial Times*, 19. Januar 2024, ft.com/content/348a6e76-693f-4807-83ef-c886138afb2c.

Thaler, Shannon (2024): »Google News' Bias Skewed Even Further Left in 2023 – 63% from Liberal Media Sources, Only 6% from the Right: Analysis«, *New York Post*, 23. Februar 2024.

The White House (2022): »Blueprint for an AI Bill of Rights«, Office of Science and Technology Policy, Oktober 2022.

Thomas, Jim (2023): »Dr. Birx to Newsmax: ›We Don't Need to Mandate‹ Masks«, *Newsmax*, 3. September 2023.

Thornebrooke, Andrew (2023a): »China Continues to Outspend US on Military AI«, *Epoch Times*, 18. Juli 2023.

Thornebrooke, Andrew (2023b): »Pursuit of Military AI Increasing Risk of Nuclear War between China, US: Report«, *Epoch Times*, 26. Juli 2023.

Titcomb, James (2023): »Supercomputer Makes Calculations in Blink of an Eye That Take Rivals 47 Years«, *Telegraph*, 2. Juli 2023.

Toner, Helen; Xiao, Jenny & Ding, Jeffrey (2023): »The Illusion of China's AI Prowess«, *Foreign Affairs*, 2. Juni 2023.

Tucker, Jeffrey A. (2023): »A Clue as to Why AI Is So Dumb«, *Epoch Times*, 28. Dezember 2023, theepochtimes.com/opinion/a-clueas-to-why-ai-is-so-dumb-5554453.

Vanian, Jonathan (2023): »Bill Gates Says A.I. Could Kill Google Search and Amazon as We Know Them«, CNBC, 22. Mai 2023.

Weiser, Benjamin (2023): »Here's What Happens When Your Lawyer Uses ChatGPT«, *New York Times*, 27. Mai 2023.

Wiggers, Kyle (2023): »Anthropic Releases Claude 2, Its Second-Gen AI Chatbot«, *TechCrunch*, 11. Juli 2023.

Wolf, Martin (2023): »The Threat and Promise of Artificial Intelligence«, *Financial Times*, 9. Mai 2023.

World Climate Declaration (2023): »There Is No Climate Emergency«, Global Climate Intelligence Group, 14. August 2023.

Yang, Stephanie & Sohn, Jiyoung (2021): »Global Chip Shortage ›Is Far from Over‹ as Wait Times Get Longer«, *Wall Street Journal*, 28. Oktober 2021.

Zeidman, Bob (2023): »AI Will Not Destroy Humanity«, *American Spectator*, 30. Juni 2023.

Zilber, Ariel (2023): »News Corp CEO Robert Thomson Challenges AI-Generated Content's Left-Wing Bias, Accuracy: ›Rubbish In, Rubbish Out‹«, *New York Post*, 8. September 2023.

Zimmerman, David (2023): »Fauci Knew NIH Funded Wuhan's Gain-of-Function Research as Pandemic Began, Email Reveals«, *National Review*, 5. September 2023.

Wissenschaftliche Arbeiten

Adams, Travis; Ajello, Andrea; Silva, Diego & Vazquez-Grande, Francisco (2023): »More Than Words: Twitter Chatter and Financial Market Sentiment«, Federal Reserve, 23. Mai 2023, federalreserve.gov/econres/feds/more-than-words-twitter-chatter-and-financial-market-sentiment.htm.

Autor, Davis; Chin, Caroline; Salomons, Anna M. & Seegmiller, Bryan (2022): »New Frontiers: The Origins and Content of New Work, 1940–2018«, National Bureau of Economic Research, August 2022, nber.org/papers/w30389.

Chen, Lingjiao; Zaharia, Matei & Zou, James (2023): »How Is ChatGPT's Behavior Changing over Time?«, 31. Oktober 2023, arxiv.org/pdf/2307.09009.pdf.

Chen, Zihan; Zheng, Lei (Nico) et al. (2023): »ChatGPT Informed Graph Neural Networks for Stock Movement Prediction«, 28. Mai 2023, revidiert am 25. Juni 2023, arxiv.org/abs/2306.03763.

Dagsvik, John K. & Moen, Sigmund H. (2023): »To What Extent Are Temperature Levels Changing Due to Greenhouse Gas Emissions?«, Statistisk sentralbyrå, September 2023, https://www.ssb.no/en/natur-og-miljo/forurensning-og-klima/artikler/to-what-extent-are-temperature-levels-changing-due-to-greenhouse-gas-emissions.

Danielsson, Jon & Uthemann, Andreas (2023): »On the Use of Artificial Intelligence in Financial Regulations and the Impact on Financial Stability«, 17. Oktober 2023, arxiv.org/pdf/2310.11293v1.pdf.

Diaz, Fernando & Madaio, Michael (2023): »Scaling Laws Do Not Scale«, 5. Juli 2023, arxiv.org/abs/2307.03201.

Doshi, Anil R. & Hauser, Oliver (2023): »Generative Artificial Intelligence Enhances Creativity but Reduces the Diversity of Novel Content«, 8. August 2023, dx.doi.org/10.2139/ssrn.4535536.

Dubois, Didier & Prade, Henri (2007): »Possibility Theory«, *Scholarpedia*, 1. Oktober 2007, scholarpedia.org/w/index.php?title=Possibility_theory&oldid=22460.

Faria e Castro, Miguel & Leibovici, Fernando (2023): »Artificial Intelligence and Inflation Forecasts«, Federal Reserve Bank of St. Louis, Working Paper 2023-015, Juli 2023, doi.org/10.20955/wp.2023.015.

Flournoy, Michèle A. (2023): »AI Is Already at War: How Artificial Intelligence Will Transform the Military«, *Foreign Affairs*, 24. Oktober 2023.

Gensler, Gary & Bailey, Lily (2020): »Deep Learning and Financial Stability«, MIT Artificial Intelligence Global Policy Forum, Working Paper, 1. November 2020.

Google Quantum AI and Collaborators (2023): »Phase Transitions in Random Circuit Sampling«, 21. April 2023, arxiv.org/pdf/2304.11119.pdf.

Hubinger, Evan (2020): »An Overview of 11 Proposals for Building Safe Advanced AI«, *arXiv*, 4. Dezember 2020, doi.org/10.48550/arXiv.2012.07532.

Inglesby, Thomas V. et al. (2006): »Disease Mitigation Measures in the Control of Pandemic Influenza«, *Biosecurity and Bioterrorism: Biodefense Strategy, Practice and Science* 4, No. 4 (2006), pubmed.ncbi.nlm.nih.gov/17238820.

Jaroszewicz, Ania; Jachimowicz, Jon M.; Hauser, Oliver P. & Jamison, Julian (2022): »How Effective Is (More) Money? Randomizing Unconditional Cash Transfer Amounts in the US«, *SSRN*, 5. Juli 2022, am 2. Dezember 2022 revidiert, ssrn.com/abstract=4154000.

Jefferson, T.; Dooley, L. et al. (2023): »Physical Interventions to Interrupt or Reduce the Spread of Respiratory Viruses«, *Cochrane Database of Systematic Reviews* (2023), Issue 1, Art. No. CD006207, cochranelibrary.com/cdsr/doi/10.1002/14651858.CD006207.pub6/epdf/full.

Jiang, Erica; Matvos, Gregor; Piskorski, Tomasz & Seru, Amit (2023): »Monetary Tightening and U.S. Bank Fragility in 2023: Mark-to-Market Losses and Uninsured Depositor Runs?«, National Bureau of Economic Research, 13. März 2023, nber.org/papers/w31048.

Kaeley, Harsimrat; Qiao, Ye & Bagherzadeh, Nader (2023): »Support for Stock Trend Prediction Using Transformers and Sentiment Analysis«, *arXiv*, 18. Mai 2023, doi.org/10.48550/arXiv.2305.14368.

Kahn, Herman (1984): »Twelve Nonissues and Twelve Almost Nonissues«, Hudson Institute, 1. Januar 1984, hudson.org/research/2213-twelve-nonissues-and-twelve-almost-nonissues.

Kohlscheen, Emanuel (2021): »What Does Machine Learning Say about the Drivers of Inflation?«, Bank for International Settlements, 24. November 2021, bis.org/publ/work980.htm.

Konstantinidis, Thanos, et al. (2024): »FinLlama: Financial Sentiment Classification for Algorithmic Trading Applications«, *arXiv*, 18. März 2024, doi.org/10.48550/arXiv.2403.12285.

Lopez-Lira, Alejandro & Tang, Yuehua (2023): »Can ChatGPT Forecast Stock Price Movements? Return Predictability and Large Language Models«, *SSRN*, 6. April 2023, revidiert am 12. Mai 2023, ssrn.com/abstract=4412788.

Lorenz, Edward N. (1963): »Deterministic Nonperiodic Flow«, *Journal of the Atmospheric Sciences* 20 (März 1963).

Makarov, Igor & Schoar, Antoinette (2021): »Blockchain Analysis of the Bitcoin Market«, *SSRN*, 13. Oktober 2021, SSRN Abstract 3942181.

Meeus, Gert et al. (2023): »Efficacy and Safety of In-Hospital Treatment of Covid-19 Infection with Low-Dose Hydroxychloroquine and Azithromycin in Hospitalized Patients: A Retrospective Controlled Cohort Study«, *New Microbes and New Infections* 55 (Oktober 2023), sciencedirect.com/science/article/pii/S2052297523000914.

Radford, Alec; Narasimhan, Karthik; Salimans, Tim & Sutskever, Ilya (2018): »Improving Language Understanding by Generative Pre-Training«, Preprint 2018, https://cdn.openai.com/research-covers/language-unsupervised/language_understanding_paper.pdf.

Soon, Willie, et al. (2023): »The Detection and Attribution of Northern Hemisphere Land Surface Warming (1850–2018) in Terms of Human and Natural Factors: Challenges of Inadequate Data«, *Climate*, 28. August 2023, mdpi.com/2225-1154/11/9/179.

Spencer, Roy W. & Christy, John R. (2023): »Effective Climate Sensitivity Distributions from a 1D Model of Global Ocean and Land Temperature Trends, 1970–2021«, *Theoretical and Applied Climatology*, September 2023, link.springer.com/article/10.1007/s00704-023-04634-7.

Varley, Thomas F. (2022): »Flickering Emergences: The Question of Locality in Information-Theoretic Approaches to Emergence«, *arXiv*, 30. August 2022, arxiv.org/abs/2208.14502.

Vaswani, Ashish, et al. (2023): »Attention Is All You Need«, 31st Conference on Neural Information Processing Systems (NIPS 2017), Long Beach, CA, *arXiv*, August 2023, doi.org/10.48550/arXiv.1706.03762.

Wu, Shijie; Irsoy, Ozan, et al. (2023): »BloombergGPT: A Large Language Model for Finance«, *arXiv*, 30. März 2023, doi.org/10.48550/arXiv.2303.17564.

Wulf, Jochen & Meierhofer, Juerg (2023): »Towards a Taxonomy of Large Language Model Based Business Model Transformations«, *arXiv*, 9. November 2023, doi.org/10.48550/arXiv.2311.05288.

Yiu, Eunice; Kosoy, Eliza & Gopnik, Alison (2023): »Transmission Versus Truth, Imitation Versus Innovation: What Children Can Do That Large Language and Language-and-Vision Models Cannot (Yet)«, *Perspectives on Psychological Science*, Association for Psychological Science, 26. Oktober 2023, journals.sagepub.com/doi/10.1177/17456916231201401.

Zadeh, Lotfi A. (2007): »Fuzzy Logic«, *Scholarpedia*, 28. März 2007, scholarpedia.org/article/Fuzzy_logic.

Zenqing, Wu, et al. (2023): »Smart Agent-Based Modeling: On the Use of Large Language Models in Computer Simulations«, 10. November 2023, doi.org/10.48550/arXiv.2311.06330.

Zhang, Boyu, et al. (2023): »Enhancing Financial Sentiment Analysis via Retrieval Augments Large Language Models«, *arXiv*, 6. Oktober 2023, arxiv.org/pdf/2310.04027v1.pdf.

Zhang, Kaichen, et al. (2023): »The Impact of Generative Artificial Intelligence«, *arXiv*, 13. November 2023, arxiv.org/abs/2311.07071.

Bücher

Adorno, Theodor W. (1947): »Kulturindustrie – Aufklärung als Massenbetrug«, in: Horkheimer, Max & Theodor W. Adorno (2022): *Dialektik der Aufklärung. Philosophische Fragmente*, Frankfurt: S. Fischer.

Affron, Matthew (2018): *The Essential Duchamp*, Philadelphia: Philadelphia Museum of Art.

Arato, Andrew & Gebhardt, Eike (Hrsg.) (1978): *The Essential Frankfurt School Reader*, New York: Urizen Books.

Arendt, Hannah (1963/2006): *Eichmann in Jerusalem: A Report on the Banality of Evil*, New York: Penguin Books. [Deutsche Ausgabe: *Eichmann in Jerusalem: Ein Bericht von der Banalität des Bösen*, München: Piper, 1986.]

Aristoteles (2020): *Nikomachische Ethik*, Berlin: Walter de Gruyter. Aristoteles (1991–2005): *Politik*, Buch I–IV, Berlin: Walter de Gruyter.

Austen, Jane (2006): »Mansfield Park«, in: *The Complete Novels*, New York: Penguin Books. [Deutsche Ausgabe: *Mansfield Park*, Berlin: Aufbau Verlag, 2010.]

Bergmann, Merrie (2008): *An Introduction to Many-Valued and Fuzzy Logic*, New York: Cambridge University Press.

BÜCHER

Bradford, Anu (2023): *Digital Empires: The Global Battle to Regulate Technologies*, New York: Oxford University Press.

Bostrom, Nick (2014): *Superintelligence: Paths, Dangers, Strategies*, Oxford, UK: Oxford University Press. [Deutsche Ausgabe: *Superintelligenz: Szenarien einer kommenden Revolution*, Berlin: Suhrkamp, 2014.]

Brent, Joseph (1993): *Charles Sanders Peirce: A Life*, Bloomington: Indiana University Press.

Buchler, Justus (Hrsg.) (2011): *Philosophical Writings of Peirce*, Mineola, NY: Dover.

Buckley, James J. & Eslami, Esfandiar (2002): *An Introduction to Fuzzy Logic and Fuzzy Sets*, Berlin: Springer.

Carroll, Lewis (2020): *Alice's Adventures in Wonderland*, Vancouver, CA: Royal Classics. [Deutsche Ausgabe: *Alice im Wunderland und Alice hinter den Spiegeln*, München: Anaconda, 2023.]

Carroll, Lewis (2021): *Through the Looking-Glass*, Vancouver, CA: Royal Classics. [Deutsche Ausgabe: *Alice im Wunderland und Alice hinter den Spiegeln*, München: Anaconda, 2023.]

Chaisson, Eric J. (2001): *Cosmic Evolution: The Rise of Complexity in Nature*, Cambridge, MA: Harvard University Press.

ChatGPT-4 (2023): *ChatGPT4: The Future of Conversational AI*, im Selbstverlag veröffentlicht.

Coeckelbergh, Mark (2020): *AI Ethics*, Cambridge, MA: MIT Press.

Cooke, Jawhny (2023a): *AI Powered Social Media Success with ChatGPT*, Bd. 2, Selbstverlag.

Cooke, Jawhny (2023b): *The Complete ChatGPT Journey from Novice to Expert*, Bd. 1, Selbstverlag.

Cusset, François (2008): *French Theory: How Foucault, Derrida, Deleuze, & Co. Transformed the Intellectual Life of the United States*, Minneapolis: University of Minnesota.

Deleuze, Gilles (1983): *Nietzsche and Philosophy*, New York: Columbia University Press.

Deleuze, Gilles & Guattari, Félix (2009): *Anti-Oedipus: Capitalism and Schizophrenia*, New York: Penguin Books.

Deneen, Patrick J. (2023): *Regime Change: Toward a Postliberal Future*, New York: Sentinel.

Desmet, Mattias (2023): *Die Psychologie des Totalitarismus*, München: Europa Verlag.

AUSGEWÄHLTE QUELLEN

Dobrin, Sidney I. (2022): *Talking about Generative AI: A Guide for Educators, Version 1.0*, Peterborough, CA: Broadview Press.

Dobrin, Sidney I. (2023): *AI and Writing*, Peterborough, CA: Broadview Press.

Felsch, Philipp (2015): *Der lange Sommer der Theorie: Geschichte einer Revolte 1960–1990*, München: C.H. Beck.

Flaubert, Gustave (2022): *Madame Bovary*, Hamburg: Nikol.

Foer, Franklin (2017): *World without Mind: The Existential Threat of Big Tech*, New York: Penguin Press. [Deutsche Ausgabe: *Welt ohne Geist: wie das Silicon Valley freies Denken und Selbstbestimmung bedroht*, München: Blessing, 2018.]

Foucault, Michel (1969): *Wahnsinn und Gesellschaft: Eine Geschichte des Wahns im Zeitalter der Vernunft*, Frankfurt a. M.: Suhrkamp.

Foucault, Michel (1981): *Archäologie des Wissens*, Frankfurt a. M.: Suhrkamp.

Foucault, Michel (1991): *Die Ordnung des Diskurses*, Frankfurt a. M.: Fischer-Taschenbuch-Verlag.

Fuller, R. Buckminster (1981): *Critical Path*, New York: St. Martin's Press.

Gopnik, Blake (2020): *Warhol*, New York: Ecco. [Deutsche Ausgabe: *Warhol: Ein Leben als Kunst*, München: C. Bertelsmann, 2020.]

Havelock, Eric A. (1963): *Preface to Plato*, Cambridge, MA: Belknap Press.

Hazony, Yoram (2022): *Conservatism: A Rediscovery*, Washington, D.C.: Regnery Gateway.

Hegel, Georg Wilhelm Friedrich (2024): *Phänomenologie des Geistes*, Hamburg: Nikol.

Heidegger, Martin (1967a): *Sein und Zeit*, Tübingen: Niemeyer.

Heidegger, Martin (1967b): »Die Frage nach der Technik«, in: *Vorträge und Aufsätze, Teil 1*, Pfullingen: Neske.

Hemingway, Ernest (2016): *The Sun Also Rises*, New York: Scribner. [Deutsche Ausgabe: *Fiesta*, Reinbek: Rowohlt Taschenbuch, 2015.]

Hemingway, Mollie (2021): *Rigged: How the Media, Big Tech and the Democrats Seized Our Elections*, Washington, D.C.: Regnery.

Hinton, David (Hrsg.) (2013): *The Four Chinese Classics*, Berkeley, CA: Counterpoint.

Homer (1975): *Ilias*, Frankfurt: Insel.

Jameson, Fredric (1991): *Postmodernism, or, The Cultural Logic of Late Capitalism*, Durham, NC: Duke University Press.

Johnson, James (2023): *AI and the Bomb*, Oxford, UK: Oxford University Press.
Jones, Nate (Hrsg.) (2016): *Able Archer 83*, New York: New Press.
Kahn, Herman (2017a): *On Escalation: Metaphors and Scenarios*, New York: Routledge. [Deutsche Ausgabe: *Eskalation: Die Politik mit der Vernichtungsspirale*, Frankfurt/M.: Ullstein, 1970.]
Kahn, Herman (2017b): *On Thermonuclear War*, New York: Routledge.
Kahn, Herman (1968): *Thinking about the Unthinkable*, New York: Avon Books. [Deutsche Ausgabe: *Nachdenken über den Atomkrieg*, Bern/München: Scherz, 1983.]
Kant, Immanuel (1998): *Kritik der reinen Vernunft*, Hamburg: Meiner.
Kant, Immanuel (2003): *Kritik der praktischen Vernunft*, Hamburg: Meiner.
Kant, Immanuel (2009): *Kritik der Urteilskraft*, Frankfurt a. M.: Deutscher Klassiker-Verlag.
Kaufmann, Walter (Hrsg.) (1976): *The Portable Nietzsche*, New York: Penguin Books.
Kissinger, Henry; Schmidt, Eric & Huttenlocher, Daniel (2021): *The Age of AI: And Our Human Future*, New York: Little, Brown.
Knapp, Georg Friedrich (2018): *Staatliche Theorie des Geldes*, Wiesbaden: Makroskop Mediengesellschaft.
Knee, Jonathan A. (2021): *The Platform Delusion: Who Wins and Who Loses in the Age of Tech Titans*, New York: Portfolio/Penguin.
Koestler, Arthur (1967): *The Ghost in the Machine*, London: Hutchinson. [Deutsche Ausgabe: *Das Gespenst in der Maschine*, Wien: Molden, 1968.]
Konfuzius (2023): *Gespräche*, München: C.H. Beck.
Larson, Erik J. (2021): *The Myth of Artificial Intelligence: Why Computers Can't Think the Way We Do*, Cambridge, MA: Harvard University Press.
Levy, Bernard-Henri (1978): *Die Barbarei mit menschlichem Gesicht*, Reinbek bei Hamburg: Rowohlt Taschenbuch.
Lomborg, Bjørn (2001): *The Skeptical Environmentalist: Measuring the Real State of the World*, Cambridge, UK: Cambridge University Press.
Lyotard, Jean-François (1986): *Das postmoderne Wissen: Ein Bericht*, Wien: Passagen Verlag.
Lyotard, Jean-François (1989): *Der Widerstreit*, München: Fink.
Mackinder, Halford (2018): *Democratic Ideals and Reality: The Geographical Pivot of History*, Singapur: Origami Books.

Macksey, Richard & Donato, Eugenio (Hrsg.) (2007): *The Structuralist Controversy: The Languages of Criticism and the Sciences of Man*, Baltimore: Johns Hopkins University Press.

Martin, Jamie (2022): *The Meddlers: Sovereignty, Empire and the Birth of Global Economic Governance*, Cambridge, MA: Harvard University Press.

McLuhan, Marshall (2011): *The Gutenberg Galaxy: The Making of Typographic Man*, Toronto: University of Toronto Press. [Deutsche Ausgabe: *Die Gutenberg-Galaxis: Das Ende des Buchzeitalters*, Düsseldorf: Econ, 1968.]

McLuhan, Marshall (1968): *The Mechanical Bride: Folklore of Industrial Man*, Boston: Beacon Press. [Deutsche Ausgabe: *Die mechanische Braut: Volkskultur des industriellen Menschen*, Amsterdam: Verlag der Kunst, 1995.]

McLuhan, Marshall (1999): *The Medium and the Light: Reflections on Religion*, Eugene, OR: Wipf and Stock.

McLuhan, Marshall (2003): *Understanding Me: Lectures and Interviews*, Cambridge, MA: MIT Press.

McLuhan, Marshall (1994): *Understanding Media: The Extensions of Man*, Cambridge, MA: MIT Press. [Deutsche Ausgabe: *Die magischen Kanäle*, Düsseldorf: Econ, 1968.]

McLuhan, Marshall & Fiore, Quentin (1996): *The Medium Is the Massage: An Inventory of Effects*, Berkeley, CA: Gingko Press. [Deutsche Ausgabe: *Das Medium ist die Massage: ein Inventar medialer Effekte*, Stuttgart: Tropen bei Klett-Cotta, 2011.]

McLuhan, Marshall & McLuhan, Eric (1988): *Laws of Media: The New Science*, Toronto: University of Toronto Press.

McLuhan, Marshall & Powers, Bruce (1992): *The Global Village: Transformations in World Life and Media in the 21st Century*, New York: Oxford University Press. [Deutsche Ausgabe: *The Global Village: der Weg der Mediengesellschaft in das 21. Jahrhundert*, Paderborn: Junfermann, 1995.]

Miller, Chris (2022): *Chip War: The Fight for the World's Most Critical Technology*, New York: Scribner. [Deutsche Ausgabe: *Der Chip-Krieg: wie die USA und China um die technologische Vorherrschaft auf der Welt kämpfen*, Hamburg: Rowohlt, 2023.]

Mulder, Nicholas (2022): *The Economic Weapon: The Rise of Sanctions as a Tool of Modern War*, New Haven, CT: Yale University Press.

Neumann, Erich (1974), *Ursprungsgeschichte des Bewußtseins*, München: Kindler.

BÜCHER

Ong, Walter J. (2000): *The Presence of the Word: Some Prolegomena for Cultural and Religious History*, Albany: State University of New York Press.

Orwell, George (2000): *Nineteen Eighty-Four*, New York: Penguin Classics. [Deutsche Ausgabe: *1984*, Frankfurt a. M.: Ullstein, 1984.]

Peirce, Charles Sanders (1923): *Chance, Love and Logic: Philosophical Essays*, New York: Harcourt Brace.

Peirce, Charles Sanders (1991): *Peirce on Signs: Writings on Semiotic*, herausgegeben von James Hoopes, Chapel Hill: University of North Carolina Press.

Perlroth, Nicole (2021): *This Is How They Tell Me the World Ends: The Cyber-Weapons Arms Race*, New York: Bloomsbury.

Pineda, Léo Raphaël (2023): *Rival of ChatGPT: All About ›Bard‹, Google's Revolutionary AI*, Selbstverlag.

Platon (1989): *Der Staat. Über das Gerechte*, Hamburg: Meiner.

Platon (2005): *Werke in acht Bänden*, Darmstadt: Wissenschaftliche Buchgesellschaft.Prasad, Eswar S. (2021): *The Future of Money: How the Digital Revolution Is Transforming Currencies and Finance*, Cambridge, MA: Belknap Press.

Reinhart, Carmen M. & Rogoff, Kenneth S. (2009): *This Time Is Different: Eight Centuries of Financial Follies*, Princeton, NJ: Princeton University Press. [Deutsche Ausgabe: *Dieses Mal ist alles anders: acht Jahrhunderte Finanzkrisen*, München: FinanzBuch Verlag, 2010.]

Reynolds, Quentin (1953): *I, Willie Sutton*, New York: Farrar, Straus and Young.

Rickards, James (2011): *Currency Wars: The Making of the Next Global Crisis*, New York: Portfolio/Penguin. [Deutsche Ausgabe: *Währungskrieg: der Kampf um die monetäre Weltherrschaft*, München: FinanzBuch Verlag, 2012.]

Rickards, James (2016): *The New Case for Gold*, New York: Portfolio/Penguin. [Deutsche Ausgabe: *Gold: wie Sie sich vor Inflation, Zentralbanken und finanzieller Repression schützen*, München: FinanzBuch Verlag, 2016.]

Rickards, James (2021): *The New Great Depression: Winners and Losers in a Post-Pandemic World*, New York: Portfolio/Penguin. [Deutsche Ausgabe: *Die neue große Depression: Was Sie jetzt tun müssen, um nach der Pandemie zu den Gewinnern zu gehören*, München: FinanzBuch Verlag, 2021.]

Rieff, Philip (2006): *The Triumph of the Therapeutic: Uses of Faith after Freud*, Wilmington, DE: ISI Books.

Roberts, Anthea & Lamp, Nicolas (2021): *Six Faces of Globalization: Who Wins, Who Loses and Why It Matters*, Cambridge, MA: Harvard University Press.

Rogoff, Kenneth S. (2016): *The Curse of Cash*, Princeton, NJ: Princeton University Press. [Deutsche Ausgabe: *Der Fluch des Geldes: Warum unser Bargeld verschwinden wird*, München: FinanzBuch Verlag, 2016.]

Russell, Stuart (2020): *Human Compatible: Artificial Intelligence and the Problem of Control*, New York: Penguin Books.

Russell, Stuart & Norvig, Peter (2022): *Artificial Intelligence: A Modern Approach*, 4. Aufl., New York: Pearson Education. [Deutsche Ausgabe: *Künstliche Intelligenz: ein moderner Ansatz*, München: Pearson, 2023.]

Saad, Gad (2021): *The Parasitic Mind: How Infectious Ideas Are Killing Common Sense*, Washington, D.C.: Regnery.

Sanouillet, Michel & Peterson, Elmer (Hrsg.) (1989): *The Writings of Marcel Duchamp*, Boston: Da Capo Press. [Entsprechend in deutscher Sprache: Stromer, Klaus & Stauffer, Serge (1981): *Marcel Duchamp: Die Schriften*, Zürich: Regenbogen-Verlag.]

Sassen, Saskia (2001): *The Global City: New York, London, Tokyo*, 2. Aufl., Princeton, NJ: Princeton University Press.

Scheidel, Walter (2017): *The Great Leveler: Violence and the History of Inequality from the Stone Age to the Twenty-First Century*, Princeton, NJ: Princeton University Press. [Deutsche Ausgabe: *Nach dem Krieg sind alle gleich: eine Geschichte der Ungleichheit*, Darmstadt: wbg Theiss, 2018.]

Schreiber, Zvi (2021): *Importing from China – The Experts Guide*, Hongkong: Freightos.

Schweizer, Peter (2022): *Red-Handed: How American Elites Get Rich Helping China Win*, New York: Harper.

Shellenberger, Michael (2020): *Apocalypse Never: Why Environmental Alarmism Hurts Us All*, New York: Harper. [Deutsche Ausgabe: *Apokalypse, niemals! Warum uns der Klima-Alarmismus krank macht*, München: LMV, 2022.]

Shelley, Mary (2003): *Frankenstein, or, The Modern Prometheus*, New York: Penguin Books. [Deutsche Ausgabe: *Frankenstein oder Der moderne Prometheus*, Leipzig/Frankfurt a. M.: Insel Taschenbuch, 2008.]

Shiller, Robert J. (2019): *Narrative Economics: How Stories Go Viral & Drive Major Economic Events*, Princeton, NJ: Princeton University Press. [Deutsche Ausgabe: *Narrative Wirtschaft: Wie Geschichten die Wirtschaft be-

einflussen – ein revolutionärer Erklärungsansatz, Kulmbach: Plassen Verlag, 2020.]

Solomon, Robert (1982): *The International Monetary System, 1945–1981*, New York: Harper & Row.

Soros, George (2019): *In Defense of Open Society*, New York: PublicAffairs.

Suleyman, Mustafa (2023) *The Coming Wave*, New York: Crown. [Deutsche Ausgabe: *The Coming Wave: Künstliche Intelligenz, Macht und das größte Dilemma des 21. Jahrhunderts*, C. H. Beck, 2024.]

Sunzi (1988): *Die Kunst des Krieges*, München: Droemer Knaur.

Sutton, William & Linn, Edward (1976): *Where the Money Was: The Memoirs of a Bank Robber*, New York: Viking Press.

Syropoulos, Apostolos & Grammenos, Theophanes (2020): *A Modern Introduction to Fuzzy Mathematics*, Hoboken, NJ: John Wiley & Sons.

Tainter, Joseph A. (1988): *The Collapse of Complex Societies*, Cambridge, UK: Cambridge University Press.

Taylor, Frederick (2013): *The Downfall of Money: Germany's Hyperinflation and the Destruction of the Middle Class*, New York: Bloomsbury Press. [Deutsche Ausgabe: *Inflation: der Untergang des Geldes in der Weimarer Republik und die Geburt eines deutschen Traumas*, München: Siedler, 2013.]

Tingiris, Steve (2021): *Exploring GPT3: An Unofficial First Look at the General-Purpose Language Processing API from OpenAI*, Birmingham, UK: Packt.

Tomkins, Calvin (2013): *Marcel Duchamp: The Afternoon Interviews*, Brooklyn, NY: Badlands.

Tomkins, Calvin (2014): *Duchamp: A Biography*, New York: Museum of Modern Art. [Deutsche Ausgabe: *Marcel Duchamp: eine Biographie*, München: Hanser, 1999.]

Turchin, Peter (2023): *End Times: Elites, Counter-Elites and the Path of Political Disintegration*, New York: Penguin Press.

United States Intelligence Community (2024): *The IC OSINT Strategy 2024–2026: The INT of First Resort: Unlocking the Value of OSINT*, Office of the Director of National Intelligence, 8. März 2024.

Vermeule, Adrian (2022): *Common Good Constitutionalism*, Medford, MA: Polity Press.

Waley, Arthur (1982): *Three Ways of Thought in Ancient China*, Stanford, CA: Stanford University Press. [Deutsche Ausgabe: *Lebensweisheit im alten China*, Frankfurt a. M.: Suhrkamp, 1974.]
Warhol, Andy (1985): *America*, New York: Grove Press.
Warhol, Andy & Hackett, Pat (1980): *POPism: The Warhol Sixties*, New York: Harcourt.
Wells, H. G. (2014): *The New World Order*, New York: Orkos Press.
Wenger, Kenneth (2023): *Is the Algorithm Plotting against Us?*, Grand Island, NY: Working Fires Foundation.
Westwood, Ryan (2023): *ChatGPT for Beginners*, Selbstverlag.
Wolfe, Tom (1975): *The Painted Word*, New York: Farrar, Straus and Giroux. [Deutsche Ausgabe: *Worte in Farbe: Kunst und Kult in Amerika*, München: Droemer Knaur, 1992.]
Wolff, Robert Paul; Moore, Barrington Jr. & Marcuse, Herbert (1966): *Kritik der reinen Toleranz*, Frankfurt a. M.: Suhrkamp.
Wolfram, Stephen (2021): *A New Kind of Science*, Champaign, IL: Wolfram Media.
Wolfram, Stephen (2023): *What Is ChatGPT Doing ... and Why Does It Work?*, Champaign, IL: Wolfram Media. [Deutsche Ausgabe: *Das Geheimnis hinter ChatGPT: Wie die KI arbeitet und warum sie funktioniert*, Frechen: mitp, 2023.]
Zheng, MingHai (2023): *AI and Reinforcement Learning: Advancing Autonomous Systems and Robotics*, North Haven, CT: Zhengpublishing.com.
Zuboff, Shoshana (2019): *The Age of Surveillance Capitalism: The Fight for a Human Future at the New Frontier of Power*, New York: PublicAffairs. [Deutsche Ausgabe: *Das Zeitalter des Überwachungskapitalismus*, Frankfurt a. M.: Campus, 2018.]

ANMERKUNGEN

Einführung
1 Lyotard, Jean-François (1994): *Das postmoderne Wissen: Ein Bericht*, Wien: Passagen Verlag, S. 26.
2 Polakow-Suransky, Sasha (2023): »Can ChatGPT Explain Geopolitics?«, Foreign Policy, Sommer 2023, S. 53.

Kapitel 1: So enden Märkte
3 Wenger, Kenneth (2023): *Is the Algorithm Plotting against Us?*, Grand Island, NY: Working Fires Foundation, S. 176.

Kapitel 2: Der Banking-Mythos
4 Greenspan, Alan (2000): Protokoll der Konferenz des Federal Open Market Committee des Board of Governors des Federal Reserve System, 27. bis 28. Juni 2000.
5 »Eiger Bank« ist ein fiktiver Name, der nur zu Illustrationszwecken dient.
6 SVB Financial Group (2023): »Form 10K for the Fiscal Year Ended December 31, 2022«, United States Securities and Exchange Commission, Washington, D.C., 24. Februar 2023.
7 SVB Financial Group (2023): »Form 10K«, S. 95.

Kapitel 3: Moneyness
8 Heidegger, Martin (1967): »Die Frage nach der Technik«, *Vorträge und Aufsätze*, Teil 1, Pfullingen: Neske.
9 Duchamp, Marcel (1957): »The Creative Act«, Vortrag auf dem Kongress der American Federation of the Arts im April 1957, zitiert in: Sanouillet, Michel & Peterson, Elmer (Hrsg.) (2020): *The Writings of Marcel Duchamp*, Cambridge, MA: Da Capo Press; zitiert nach

ANMERKUNGEN

Sennewald, J. Emil (2014): »Ein Meister ohne Markt«, *Kunst und Auktionen* 19, 21.11.2014, S. 16, https://www.weiswald.com/emil_sennewald/publikationen/popup/KuA211114.pdf.
10 Duchamp (1957), S. 188.
11 Gopnik, Blake (2020): *Warhol*, München: C. Bertelsmann, S. 913.
12 Gopnik (2020), S. 914.
13 Gopnik (2020), S. 922.
14 Das M-Pesa-Beispiel stammt aus Prasad, Eswar S. (2021): *The Future of Money: How the Digital Revolution Is Transforming Currencies and Finance*, Cambridge, MA: Belknap Press, S. 65.
15 Havelock, Eric A. (1963): *Preface to Plato*, Cambridge, MA: Belknap Press.
16 Havelock (1963), S. 125.
17 Makarov, Igor & Schoar, Antoinette (2021): »Blockchain Analysis of the Bitcoin Market«, SSRN Abstract 3942181, 13. Oktober 2021.
18 Biden, Joe (2022): »Remarks by President Biden on the Continued Battle for the Soul of the Nation«, The White House, 1. September 2022, https://www.youtube.com/watch?v=NA3Outfs7K8.

Kapitel 4: Nationale Unsicherheit

19 Kahn, Herman (1984): »Twelve Nonissues and Twelve Almost Nonissues«, Hudson Institute, 1. Januar 1984, hudson.org/research/2213-twelve-nonissues-and-twelve-almost-nonissues.
20 Nitze, Paul & Stafford, Michael F. (1991): »War Whether We Need It or Not?«, *Washington Post*, 6. Januar 1991, washingtonpost.com/archive/opinions/1991/01/06/war-whether-we-need-it-or-not/fd722f9b-c0eb-4863-b738-8847a94bd247.
21 Kahn, Herman (1965): *On Escalation*, New York: Routledge, S. 38. [Deutsche Ausgabe: *Eskalation: Die Politik mit der Vernichtungsspirale*, Frankfurt a. M.: Ullstein, S. 72–73.]
22 President's Foreign Intelligence Advisory Board (1990): »The Soviet ›War Scare‹«, TOP SECRET UMBRA GAMMA WNINTEL NOFORN NOCONTRACT ORCON, 15. Februar 1990, 2015 teilweise freigegeben und 2015 vollständig freigegeben und veröffentlicht.
23 President's Foreign Intelligence Advisory Board (1990), S. 26.
24 Jones, Nate (Hrsg.) (2016): *Able Archer 83*, New York: New Press, S. 67.

25 Office of the Director of National Intelligence (2024): »The IC OSINT Strategy 2024–2026: The INT of First Resort: Unlocking the Value of OSINT«, Office of the Director of National Intelligence, 8. März 2024, S. 5.
26 Office of the Director of National Intelligence (2024), S. 5.
27 Yiu, Eunice; Kosoy, Eliza & Gopnik, Alison (2023): »Transmission Versus Truth, Imitation Versus Innovation: What Children Can Do That Large Language and Language-and-Vision Models Cannot (Yet)«, Association for Psychological Science, 26. Oktober 2023, journals.sagepub.com/doi/epub/10.1177/17456916231201401. Von den Autorinnen wurden keine Interessenskonflikte benannt.

Kapitel 5: Zukünftiges Versagen

28 Larson, Erik J. (2021): *The Myth of Artificial Intelligence: Why Computers Can't Think the Way We Do*, Cambridge, MA: Harvard University Press, S. 1.
29 Bright, Angela (2023): »ChatGPT Suspected of Censoring China Topics«, *Epoch Times*, 24. Dezember 2023.
30 OpenAI (2024): »How OpenAI Is Approaching 2024 Worldwide Elections«, 15. Januar 2024, openai.com/blog/how-openai-is-approaching-2024-worldwide-elections.
31 Nelson, Steven (2023): »FBI Told Twitter Hunter Biden Laptop Was Real on Day of Post Scoop, Official Says«, *New York Post*, 20. Juli 2023.
32 Molloy, David (2022): »Zuckerberg Tells Rogan FBI Warning Prompted Biden Laptop Story Censorship«, *BBC News*, 26. August 2022.
33 Inglesby, Thomas V. et al. (2006): »Disease Mitigation Measures in the Control of Pandemic Influenza«, *Biosecurity and Bioterrorism: Biodefense Strategy, Practice, and Science*, No. 4 (2006), pubmed.ncbi.nlm.nih.gov/17238820.
34 Jefferson, T.; Dooley, L. et al. (2023): »Physical Interventions to Interrupt or Reduce the Spread of Respiratory Viruses«, *Cochrane Database of Systematic Reviews 2023*, Ausgabe 1, Art. No. CD006207, cochranelibrary.com/cdsr/doi/10.1002/14651858.CD006207.pub6/epdf/full, S. 2.
35 Ferrechio, Susan (2024): »Biden Administration Pressed Amazon on ›Vaccine Misinformation‹, Reducing

›Visibility‹ of COVID-Related Books«, *Washington Times*, 5. Februar 2024, washingtontimes.com/news/2024/feb/5/biden-administration-pressured-amazon-censure-book.

36 Ferrechio (2024): »National Science Foundation Spent Millions on AI Censorship Tools to Quash ›Misinformation‹«, *Washington Times*, 6. Februar 2024, washingtontimes.com/news/2024/feb/6/national-science-foundation-spent-millions-ai-cens.

37 Die vielleicht umfassendste und ausgewogenste Beurteilung der Fehler, die die Regierung während der Pandemie gemacht hat, und der umfassenden Schäden, die durch diese Fehler angerichtet wurden, ist enthalten in: Supreme Court of the State of Florida (2024): »First Interim Report of the Twenty-Second Statewide Grand Jury«, 2. Februar 2024, flvoicenews.com/wp-content/uploads/2024/02/SC2022-1710-First-Interim-Report.pdf. Diese unpolitische und überparteiliche Grand Jury hat im Zeitraum von Juni 2023 bis Januar 2024 Hunderte von Laien und Sachverständigen befragt und Tausende von Dokumenten geprüft (ihre Arbeit dauert noch an und kann noch ein weiteres Jahr in Anspruch nehmen). Die vorläufigen Ergebnisse lauten, dass Schulschließungen nicht funktionieren, außer für kurze Zeiträume unter bestimmten Umständen, und dass Schulschließungen unter den Betroffenen schwerwiegende Kollateralschäden verursachen, etwa Verschlechterungen der psychischen Gesundheit, Depressionen, Sucht und Selbstmord. Schulschließungen haben großen Schaden angerichtet und keinen Nutzen erbracht, da die Mortalität bei 5-Jährigen 0,002 Prozent und bei 15-Jährigen 0,006 Prozent beträgt. Masken sind nutzlos, da sich das Virus als Aerosol und nicht über Tröpfchen ausbreitet. Dieser Bericht enthält weitere Erkenntnisse über die Sicherheit und Wirksamkeit von mRNA-Impfstoffen, die mit den Behauptungen der Regierung und der Berichterstattung in den Mainstream-Medien unvereinbar sind.

38 Dagsvik, John K. & Moen, Sigmund H. (2023): »To What Extent Are Temperature Levels Changing Due to Greenhouse Gas Emissions?«, Statitisk sentralbyrå, September 2023, https://www.ssb.no/en/natur-og-miljo/forurensning-og-klima/artikler/to-what-extent-are-temperature-levels-changing-due-to-greenhouse-gas-emissions.

ANMERKUNGEN

39 Spence, Katie (2024): »›Pure Junk Science‹: Researchers Challenge Narrative on CO2 and Warming Correlation«, *Epoch Times*, 19. Februar 2024.
40 Global Climate Intelligence Group (2023): World Climate Declaration, »There Is No Climate Emergency«, Global Climate Intelligence Group, 14. August 2023, clintel.org/world-climate-declaration.
41 Duke, Selwyn (2017): »NOAA Scientists Falsify Data to Dupe World Leaders on Climate Change«, *Observer*, 14. Februar 2017, observer.com/2017/02/noaa-fake-global-warming-data-paris-agreement-climate-change.
42 Koutsoyiannis, Demetris & Vournas, Christos (2023): »Revisiting the Greenhouse Effect – a Hydrological Perspective«, *Hydrological Sciences Journal*, 24. November 2023, tandfonline.com/doi/full/10.1080/02626667.2023.2287047.
43 Spence, Katie (2023): »Climate Scientists Say We Should Embrace Higher CO2 Levels«, *Epoch Times*, 30. Dezember 2023, theepochtimes.com/article/climate-scientists-say-we-should-embrace-higher-co2-levels-5551562.
44 Tucker, Jeffrey A. (2023): »A Clue as to Why AI Is So Dumb«, *Epoch Times*, 28. Dezember 2023, theepochtimes.com/opinion/a-clue-as-to-why-ai-is-so-dumb-5554453.
45 Barrabi, Thomas (2024): »›Absurdly Woke‹: Google's AI Chatbot Spits Out ›Diverse‹ Images of Founding Fathers, Popes, Vikings«, *New York Post*, 21. Februar 2024.
46 Elias, Jennifer (2024): »Google Co-Founder Sergey Brin Says in Rare Public Appearance That Company ›Definitely Messed Up‹ Gemini Image Launch«, CNBC, 4. März 2024.
47 Spencer, Robert (2024): »Meta's AI Achieves the Left's Dream, Makes Donald Trump Disappear«, PJ Media, 27. Februar 2024.
48 Marcuse, Herbert (1970): »Repressive Toleranz«, in: Wolf, Robert Paul; Moore, Barrington & Marcuse, Herbert (1970): *Kritik der reinen Toleranz*, Frankfurt a. M.: Suhrkamp, S. 99 f.
49 Thaler, Shannon (2024): »Google News' Bias Skewed Even Further Left in 2023 – 63% from Liberal Media Sources, Only 6% from the Right: Analysis«, *New York Post*, 23. Februar 2024.
50 Koestler, Arthur (1968): *Das Gespenst in der Maschine*, Wien: Molden.

51 Hanff, Alexander (2023): »Why ChatGPT Should Be Considered a Malevolent AI – and Be Destroyed«, *The Register*, 2. März 2023, theregister.com/2023/03/02/chatgpt_considered_harmful.

Schlussbemerkung

52 Bostrom, Nick (2014): *Superintelligenz: Szenarien einer kommenden Revolution*, Berlin: Suhrkamp, S. 164.
53 Aus einem Brief von Charles Sanders Peirce an F. A. Woods vom 14. Oktober 1913, zitiert in: Brent, Joseph (1993): *Charles Sanders Peirce: A Life*, Bloomington: Indiana University Press, S. 317.
54 Bostrom (2014), S. 115.
55 Suleyman, Mustafa (2023): *The Coming Wave*, New York: Crown.
56 Larson, Erik J. (2021): *The Myth of Artificial Intelligence: Why Computers Can't Think the Way We Do*, Cambridge, MA: Harvard University Press.
57 Siehe Brent (1993), sowie Peirce, Charles Sanders (1991): *Peirce on Signs: Writings on Semiotic*, herausgegeben von James Hoopes, Chapel Hill: University of North Carolina Press.
58 Larson (2021), S. 173.
59 Chen, Lingjiao; Zaharia, Matei & Zou, James (2023): »How Is ChatGPT's Behavior Changing over Time?«, arXiv, arxiv.org/pdf/2307.09009.pdf, 31. Oktober 2023.
60 Chen; Zaharia & Zou (2023), S. 1.
61 Arendt, Hannah (1986): *Eichmann in Jerusalem: Ein Bericht von der Banalität des Bösen*, München: Piper.
62 Arendt (1986), S. 56–57.

REGISTER

A
Aktienmarkt 16, 26, 48
Alexa 15, 20, 23, 61
Algorithmus 14, 19, 34, 36 f., 39, 60 f., 65 f., 89, 94 f., 97 f., 100, 105, 114, 128 f., 134, 136, 160, 166, 169, 173, 175, 182, 185, 199 f.
Altman, Sam 180
Amazon 168, 211, 218, 236
Andropow, Juri 140 f., 145
Anti-Ballistic Missile Treaty 128
Arendt, Hannah 201 f., 223, 239
Aristoteles 107 f., 159 ff., 192, 195, 223
Atomwaffen 125 ff., 131, 133, 135, 138
Augmented-Reality 15, 183
Aurelius, Marcus 183

B
Baidu, Inc. 165, 174
Bank of America 71, 114
Bank Term Funding Program (BTFP) 74, 93
Beck, Daniel 76
Becker, Greg 76
Bernanke, Ben 75

Bestätigungsfehler 147, 149
Bias 18, 20 f., 154, 176, 178, 209, 217 f., 238
Biden, Hunter 166, 170, 184
Biden, Joe 118, 166, 168, 175, 208 f., 211, 214, 234, 236
Big Tech 170, 173, 175, 209, 213 f., 224 f.
Bing 173
Bitcoin 46, 54, 85 ff., 105, 111, 221, 234
Blockchain 111
Bloomberg 31, 45, 209
Börsen 27, 54, 72, 79, 85, 87
Bostrom, Nick 187, 190 ff., 198 f., 223, 239
böswillige Akteure 17, 66
Breschnew, Leonid 140, 145
Bright, Angela 164 f., 208, 236
Brin, Sergey 174
Brokerages 52, 114
Bush, George W. 13
Business Art 103 f.

REGISTER

C

Cash 26, 40, 46, 52, 56, 62, 70 ff., 74, 81, 83, 86, 90, 95, 105, 115, 121, 203, 220, 229
Chang, Aaron 164
Chatbot 9, 11, 14, 114, 165, 173 ff., 207, 218, 238
ChatGPT 9, 11, 160, 163 ff., 173, 182, 208 f., 212 ff., 218 f., 221, 224, 228, 232 f., 236, 239
Chen, Lingjiao 198
China 24, 27, 95, 122, 133 f., 149 f., 165, 170, 184, 189, 208, 211, 213, 215 ff., 228, 230 f., 236
Chruschtschow, Nikita 132
CIA 13, 169, 188, 214
Citi 25, 30, 52, 89
Clark, Ian 171
CNBC 31 f., 45, 209, 211, 218, 238
CoCo-Bonds 84
Common Crawl 11
Computer 11 f., 27, 31, 39, 68, 92, 96, 108, 114, 138, 142 f., 147, 192, 195 f., 199, 203, 222
Covid-19 20, 167 f., 170, 180, 221
Credit Suisse 83 f.
Currency Transaction Report (CTR) 118
Cyberangriff 26 f., 135

D

Deepfake 41, 43 f., 57, 64, 114, 140, 151, 207, 217
Deep Learning 10, 97, 219
DeepMind 194
Demokratie 118, 161 f., 179

Desinformation 19, 172, 184
Diversität 77
Dow Jones 16, 23, 26, 28, 30, 32, 34 ff., 38 f., 41 f., 44, 46, 48, 53, 55
Drohnen 135, 151
Duchamp, Marcel 99 ff., 104 f., 223, 229 ff., 234

E

Economic Club of New York 31, 42, 45
Eichmann, Adolf 201 f., 223, 239
Einstein, Albert 126
Eisenhower, Dwight D. 126
Eurodollars 16, 73
Exchange Stabilization Fund (ESF) 83

F

Facebook 15, 166 f., 169, 173, 208, 214
Fauci, Anthony 169
FBI 44, 47, 118, 166, 169, 236
FDIC 51, 54 f., 72 ff., 79, 81 ff., 85, 91, 115 f.
Federal Reserve (Fed) 23 f., 26, 31 ff., 37 f., 42 ff., 51, 54, 57, 69, 72 ff., 77, 82 f., 88, 93 ff., 209, 214, 218 f., 233
Fedwire 71
Feedback (Rückkopplung) 65
Feedback (Steuerung) 65
Financial Crimes Enforcement Network (FinCEN) 118
Financial Stability Oversight Council 54

Finanzkrise 2008 74
Fox Business 31, 45, 51

G
G20 80 f.
Gehirn 108, 182, 191
Gold 24, 55, 83, 94, 119 ff., 123, 203, 229
Goldman Sachs 51, 72, 76, 78 f.
Google 20, 165, 167, 169, 173 f., 179, 184, 189, 194, 207, 209, 211, 217 f., 220, 228, 238
Gopnik, Alison 155
Gopnik, Blake 104
Greenspan, Alan 67
Große Depression 70, 120

H
Hacking 37
Halluzinationen 19, 153, 182, 185
Hamas 126
Hanff, Alexander 182, 212, 239
Havelock, Eric A. 106 f., 225, 234
Hedgefonds 15, 26, 29, 47, 52 f., 55, 58, 60, 74, 85, 87, 114
Heidegger, Martin 97
Henderson, D. A. 167
Hisbollah 126
Hitler, Adolf 101, 109
Homer 106, 108, 110, 225
HSBC 29 f.
Human-Level Machine Intelligence (HLMI) 191
Huthi-Rebellen 126

I
Immobilien 75, 203
Impfung 122
Inflation 26, 31, 42, 48, 67, 101, 120 f., 219 f., 229, 231
Instagram 10
intercontinental ballistic missiles (ICBMs) 152
Internet 11, 41, 120, 155, 163, 177, 180, 189
Invesco 84
Investoren 32, 39, 60, 66, 73, 79, 82 f., 87, 113
iPhone 71
Iran 126, 129, 133, 135, 137
Israel 126, 134, 149
Italien 131 f., 148, 162

J
Japan 131
Jemen 126
JPMorgan 51, 89

K
Kahn, Herman 125, 127 f., 130 f., 133, 220, 225 f., 234 f.
Kalter Krieg 126 f., 134, 137 f., 143, 150, 153, 194
Kanada 122
Kapitalmarkt 73
Kennedy, John F. 131 f., 148, 201
KGB 140 ff.
Kissinger, Henry 127, 226
Klima 170, 180, 184, 230
Koestler, Arthur 181
Kohl, Helmut 142

Kosoy, Eliza 154, 156
Koutsoyiannis, Demetris 172
Kredite 16, 76, 96
Kriminelle 17
Kryptowährung 46, 85 ff., 96, 105, 111
Kubakrise 125, 131, 133, 147, 154
künstliche Intelligenz (KI) 9, 40, 57, 126, 160, 190, 202, 229 f.
Kwizinski, Juli 127
Kybernetik 65

L

Large Language Models (LLMs) 10, 165, 210, 221 f.
Larson, Erik J. 159, 194 ff., 226, 235, 239
Leverage (Hebelwirkung) 26, 53, 62 f., 87, 112
Libanon 126
Logik 108, 126, 152, 159 f., 197, 202
Long-Term Capital Management 72, 74
Louie, Gilman 187 ff., 194, 199
Lyotard, Jean-François 9

M

Mainstream-Medien 14, 20, 165, 237
Malware 27
Marcuse, Herbert 178
Marktpanik 34
Masters, Blythe 95
McLuhan, Marshall 90, 98, 106, 109 f., 227
Meta 15, 20, 27, 166, 173, 175, 181, 183 f., 214, 216, 238

Metaversum 105, 183
Microsoft 27, 173, 181, 184, 212
Modern Monetary Theory (MMT) 105
Monarchie 161 f., 192
moneyness 98
Monroe-Doktrin 132
Moore, Patrick 172
Morgan, John Pierpont 56, 73, 90
Morgan Stanley 36, 38, 48 ff., 54, 57, 72
mutual assured destruction (MAD) 127

N

Nadella, Satya 180
Nasdaq 24, 47, 54, 79, 95, 215
National Credit Union 115
National Institutes of Health 168
National Science Foundation 168, 211, 236
NATO 13, 141, 143, 146 f., 201
neuronale Netze 10, 61, 135
New York Stock Exchange 39, 47 f., 54, 57
Nitze, Paul 125, 127, 214, 235
Non-Fungible Token (NFT) 105
Nordkorea 133 f.
nukleare Kriegsführung 131, 134 f., 148, 157
Nvidia 11, 27

O

Obama, Barack 175
Öko 142 f., 147, 201
Oligarchie 161 f.

REGISTER

OpenAI 9, 163, 165, 173, 181, 184, 208, 212, 215, 231, 236
Operation GhostNet 27
Operation Shady RAT 27
Oppenheimer, Robert 126
Orwell, George 122, 175, 179, 193

P
Pakistan 126, 134, 149
Pandemie 74, 167, 173 f., 184, 229, 236
Parameter 10, 37, 200
Pariser Klimaabkommen 172
Peirce, Charles S. 187, 195, 223, 228, 239
Perroots, Leonard H. 143 f., 146 ff.
Petrow, Stanislaw 142 f., 148
Picabia, Francis 102
PIMCO 84
Platon 106 ff., 110, 159, 228
Polen 142
Portfolio 82, 114, 203, 205, 226, 229
Präsidentschaftswahlen 166, 173, 184
President's Foreign Intelligence Advisory Board 144
Propaganda 14, 146, 166
Psychologie 73, 93, 154, 195, 224

R
Rassismus 180
Reagan, Ronald 127, 140 f., 143
Regierung 27, 57, 74, 83, 90, 119, 122 f., 161 f., 169, 172 f., 184, 192, 236
Risikomanagement 60, 68, 77, 84, 87, 114

Roboter 12 ff., 17, 25, 27 f., 34 f., 58 ff., 62, 68 f., 89, 148
Rohstoffe 9, 16, 24, 96
Roosevelt, Franklin D. 70, 83
Russland 11 ff., 125 f., 129, 133 f., 149 f., 152, 166

S
SARS-CoV-2 167, 169
Schuldendynamik 113
Sedol, Lee 194
Shelley, Mary 9
Silber 119 ff., 203
Silicon Valley Bank (SVB) 73, 76, 88, 90, 93
Silvergate Bank 85
Siri 15, 23, 61
Smith, Adam 183
Social Media 17, 70, 72, 118, 151, 217, 224
Sowjetunion 127, 131 f., 134, 140 f., 143 ff.
S&P 24, 29, 38 f., 46
Stablecoin 86
Stafford, Michael 125, 214, 235
Start-ups 75, 79, 81 f.
Suleyman, Mustafa 194 f., 198 f., 208, 230, 239
Superintelligenz 159, 187, 190 ff., 195, 198 f., 223, 239

T
Terroristen 118 f.
Tether 46, 86
Thatcher, Margaret 142
Three Arrows 85

TikTok 9, 71
Truman, Harry 126
Trump, Donald 162, 175, 179, 216, 238
Tschernenko, Konstantin 146
Türkei 131f., 148
Twitter 94, 166f., 169, 173, 209, 218, 236

U
Überwachung 18, 119, 121f., 135, 152, 163, 170
UBS 29f., 84
Ukraine 11, 13, 125
UN Klimamodelle 172
USDC 86f.

V
Vaswani, Ashish 10
Venmo 105
Versicherungsmärkte 95
Virtual-Reality 15, 183

von Neumann, John 127
Vournas, Christos 172

W
Warhol, Andy 99, 102ff., 109, 225, 231, 234
Wells Fargo 89
Wenger, Kenneth 23
Wohlstetter, Albert und Roberta 127
Wriston, Walter 73

X
Xi Jinping 164

Y
Yellen, Janet 75, 83, 115
Yiu, Eunice 154, 156, 222, 235
YouTube 15, 169, 172f.

Z
Zensur 18, 163, 165ff., 170, 173f., 176, 178, 181, 184, 189
Zuckerberg, Mark 166, 180, 183, 236